"十四五"职业教育国家规划教材

"十三五"职业教育国家规划教材

"十二五"职业教育国家规划教材
经全国职业教育教材审定委员会审定

Jinrong Qiye Kuaiji

新形态一体化

职业教育教学改革融合创新型教材·会计类

金融企业会计

第八版

唐丽华 主编

东北财经大学出版社 Dongbei University of Finance & Economics Press 大连

图书在版编目（CIP）数据

金融企业会计 / 唐丽华主编．—8版．—大连：东北财经大学出版社，2025.8．—（职业教育教学改革融合创新型教材·会计类）．—ISBN 978-7-5654-5774-6

Ⅰ．F830.42

中国国家版本馆CIP数据核字第2025P1G210号

金融企业会计

JINRONG QIYE KUAIJI

东北财经大学出版社出版

（大连市黑石礁尖山街217号　邮政编码　116025）

网　　址：http://www.dufep.cn

读者信箱：dufep@dufe.edu.cn

大连金华光彩色印刷有限公司印刷　东北财经大学出版社发行

幅面尺寸：185mm×260mm　字数：460千字　印张：20.75

2025年8月第8版　2025年8月第1次印刷

责任编辑：张旭凤　赵宏洋　责任校对：赵　楠

封面设计：原　皓　版式设计：原　皓

书号：ISBN 978-7-5654-5774-6　定价：49.80元

教学支持　售后服务　联系电话：（0411）84710309

如有印装质量问题，请联系营销部：（0411）84710711

富媒体智能型教材出版说明

“财经高等职业教育富媒体智能型教材开发系统工程”是“国家文化产业资金支持媒体融合重大项目”。项目以“融通”“融合”“共建”“共享”为特色，是东北财经大学出版社积极落实国家推动传统媒体与新媒体融合发展的重要举措之一。

“财济书院”智能教学互动平台是该工程项目建设成果之一。该平台通过系统、合理的架构设计，将教学资源与教学应用集成于一体，具有教学内容多元呈现、课堂教学实时交互、测试考评个性设置、用户学情高效分析等核心功能，是高校开展信息化教学的有力支撑和应用保障。

富媒体智能型教材是该工程项目建设成果之二。该类教材是我社供给侧结构性改革探索性策划的创新型产品，是一种新形态立体化教材。富媒体智能型教材秉持严谨的教学设计思想和先进的教材设计理念，为财经职业教育教与学、课程与教材的融通奠定了基础，有助于教学质量的提高和教学效果的提升。

从教材资源的呈现形式来说，富媒体智能型教材实现了传统纸质教材与数字技术的融合，通过二维码建立链接，将VR、微课、视频、动画、音频、图文和试题库等富媒体资源丰富地呈现给用户；从教材内容的选取整合来说，其实现了职业教育与产业发展的融合，不仅注重专业教学内容与职业能力培养的有效对接，而且很好地解决了部分专业课程学与训、训与评的难题；从教材的教学使用过程来说，其实现了线下自主与线上互动的融合，学生可以在有网络支持的任何地方自主完成预习、巩固、复习等，教师可以在教学中灵活使用随堂点名、作业布置及批改、自测及组卷考试、成绩统计分析等平台辅助教学工具。

“重塑教学空间，回归教学本源！”“财济书院”平台不仅仅是出版社提供教学资源和服务的平台，更是出版社为作者和广大院校创设的一个自主选择和自主探究的教与学的空间，作者和广大院校师生既是这个空间的使用者和消费者，也是这个空间的创造者和建设者，在这里，出版社、作者、院校共建资源，共享回报，共创未来。

东北财经大学出版社

第八版前言

党的二十大报告强调，教育、科技、人才是全面建设社会主义现代化国家的基础性、战略性支撑，并首次提出加快建设金融强国的战略目标。教育是国之大计、党之大计。本书全面贯彻党的教育方针，落实立德树人根本任务，将思政元素深度融入专业课程教学，不仅以“遵纪守法、诚实守信”为育人主线，全力培养遵纪守法、诚实守信的金融企业会计人才，而且紧扣金融工作的政治性、人民性要求，服务国家战略。

“金融企业会计”课程是我国普通高等学校会计类和金融类专业开设的核心课程之一。本书自2005年出版以来，受到了众多院校师生的欢迎，需求量稳定，并有幸相继入选“十二五”“十三五”“十四五”职业教育国家规划教材。为了不辜负广大师生对本书的厚爱，根据我国最新颁布的税收法律法规、《企业会计准则》的新变化、教材使用院校反馈的意见以及作者在课堂教学中发现的问题，我们在本书第七版的基础之上，进行了全面修订。

本次修订的目标仍然是及时吸收会计理论研究的最新成果，结合各金融机构最新行业管理办法和会计核算办法，力求使教材内容的更新与行业企业改革的实践同步。在本次修订中，我们还结合职业教育专业教学改革新动向，对常见基本业务的描述和核算作了进一步完善，有助于学习者扎根蓄力。

修订后，本书具有以下特点：

1. 内容与时俱进。本书以《企业会计准则》、财税法规制度、金融机构最新行业管理办法和会计核算办法等为依据，力求反映会计理论和金融企业会计实务改革发展的最新进展。

2. 思政润物无声。本书积极响应中共中央、国务院印发的《教育强国建设规划纲要（2024—2035年）》中建设具有强大思政引领力的中国特色社会主义教育强国的号召，力求使得专业课程既传授知识又传播思想，既锻造能力又塑造灵魂。本次修订强化了素养目标，穿插了更多融入思政元素的案例，希望学习者在课堂上通过思辨筑牢思想防线，树立正确的世界观、人生观、价值观，为以后从事财经工作树立牢固的思想屏障。

3. 资源数字赋能。本书积极响应党的二十大报告中提到的“推进信息化教学”的号召，力求满足信息化教学模式的改革需求，配套了适合线上线下混合教学的微课视频、扫码测试、拓展阅读等数字资源，为进一步推广和普及混合式教学提供了条件。

4. 体系构建完整。结合多年“金融企业会计”课程教学实践以及过去7版教材的使用反馈，此次修订再次完善了教材内容体系，并对教材所涵盖的知识点进行了系统的梳理，注重挖掘颗粒化知识点与技能点之间的内在联系，使之建立有效连接，让学习者在获取碎片化内容的同时，形成完整的系统认知。

5. 案例精耕细作。本书通过有代表性的案例，与《企业会计准则》的相关内容紧密相连，为进一步加强对金融企业会计的基本知识、基本业务和基本操作的理解提供了抓手。与此同时，学习者还可以通过学习这些案例来提高在实际工作中分析问题和解决问题的能力，知行合一。

本书由唐丽华（广州华商学院）担任主编，陈蒙梦（广州华商学院）、王祥明（大庆市建筑安装集团有限公司总会计师）担任副主编，杨金曼参与编写。此次修订的具体分工为：唐丽华负责第1~8章，陈蒙梦负责第9~11章，杨金曼（广州华商学院）负责第12~13章。

由于作者水平有限，书中难免有疏漏和不足之处，恳请读者批评指正，不断完善。

编　者

2025年6月

目　录

《金融企业会计》（第八版）配套微课资源列表

章	节	微课资源名称	页码
第1章 总　论	1.1.1　金融企业会计的概念	微课1　我国的金融机构体系	2
	1.3.2　金融企业的会计制度	微课2　银行会计内部控制制度	5
第2章 金融企业会计的基础知识	2.2.3　记账方法	微课3　重要单证	17
	2.4.1　账务组织	微课4　表外科目及其记账方法	26
	2.4.2　明细核算	微课5　计息余额表的编制	29
	2.4.3　综合核算	微课6　科目日结单	31
		微课7　日计表	32
第3章 存款业务的核算	3.2.2　单位活期存款的核算	微课8　单位存款利息的结计	44
第4章 贷款和贴现的核算	4.2.2　贷款收回的核算	微课9　校园贷	73
	4.5.1　银行受理商业汇票贴现的处理	微课10　贴现办理及计算	87
	4.5.2　票据贴现与贷款的区别	微课11　贴现凭证传递及会计处理	92
第5章 支付结算业务的核算	5.2.1　支票的核算	微课12　出票人和持票人不在同一家银行开户时相应的账务处理	100
	5.2.2　银行本票的核算	微课13　银行本票	104
		微课14　票据背书	104
第6章 联行往来业务的核算	6.2.2　会计科目设置和会计凭证	微课15　联行来账和联行往账	130

续表

章	节	微课资源名称	页码
第7章 金融机构 往来的核算	7.3.1 异地结算转汇的核算	微课16 存款准备金	161
第8章 现金出纳 业务的核算	8.1.1 现金出纳工作的概念及意义	微课17 假币识别	172
	8.1.2 现金出纳工作的职责	微课18 假币处理	172
第9章 外汇业务的核算	9.1.1 外汇与汇率	微课19 汇率	182
	9.2.1 外汇买卖的概念及分类	微课20 货币兑换	184
第10章 金融性公司 业务的核算	10.5.1 证券投资基金概述	微课21 基金利润	242
第11章 投资业务的核算	11.1.1 科目设置	微课22 转让金融商品应交增值税	254
第12章 内部财务的核算	12.1.1 固定资产概述	微课23 外购固定资产的增值税进项税额如何抵扣	266
第13章 年度决算及 财务会计报告	13.4.1 利润表的格式	微课24 利润表	308

《金融企业会计》（第八版）思政资源索引

续表

章	思政资源名称	页码
第 8 章 现金出纳业务的核算	开篇案例11　银行会计侵吞1 700万元现金炒股，逃亡三年最终落网	172
	拓展阅读8　粗心的柜员	174
第 9 章 外汇业务的核算	开篇案例12　前车之鉴 银行外汇违规被罚	182
	拓展阅读9　厉害了，祖国！	184
第 10 章 金融性公司业务的核算	开篇案例13　有温度的保险	208
	拓展阅读10　信托小知识	211
	开篇案例14　银行保险销售违规频发：监管重拳出击，维护金融秩序	219
	拓展阅读11　保险的起源	219
第 11 章 投资业务的核算	开篇案例15　银行有发展，金融资产有增长	254
	拓展阅读12　债权投资和其他债权投资的区别	257
第 12 章 内部财务的核算	拓展阅读13　大行工匠	276
	拓展阅读14　税收取之于民、用之于民	279
第 13 章 年度决算及财务会计报告	开篇案例16　银行年报竟“打马赛克”	302
	拓展阅读15　发展中的商业银行	305

第1章 总论

学习目标

通过本章的学习，掌握金融企业会计的概念、对象、承担的任务及发挥的作用，了解金融企业会计的工作组织。

价值引领

- 弘扬廉洁自律的传统美德，强化遵纪守法的法治观念。
- 坚持爱岗敬业、诚实守信的职业道德，厚植爱国主义情怀。
- 增强文化自信、制度自信，增强民族自豪感和国家认同感。

专业融合

- 明确金融企业会计人员的职责，传承廉洁奉公的传统美德，坚持依法合规的职业操守，树立实事求是的优良作风。
- 理解金融企业会计的任务，树立强烈的责任感和使命担当，激发爱国热情。
- 领悟金融企业会计的作用，增强对我国金融体系相关规定及制度的认同与自信。

能力培养

- 培养明辨是非的判断力和求真求实的思辨力。
- 培养联系具有普遍性、整体和部分对立统一的辩证思维和分析能力。
- 培养时政分析能力，将个人规划与银行发展及中国梦有机结合。

开篇案例 1

山西票号的兴衰

1.1 金融企业会计的对象

1.1.1 金融企业会计的概念

微课 1

我国的金融机构体系

我国的金融机构体系是以中国人民银行为领导、商业银行为主体、政策性金融机构为补充、多种金融机构并存、金融市场逐步发展的新型金融机构组织体系。

会计是经济管理的重要组成部分，它以货币为主要计量单位，采用一系列专门的程序和方法，对社会再生产过程中的资金运动进行反映和监督。金融企业会计是财务会计的一个分支，也是一门专业会计，是以货币为主要计量形式，采用特定的方法，对金融企业的经营活动内容、过程和结果进行核算和监督的行业会计，是金融企业管理的重要组成部分，是把会计的基本原理和基本方法具体应用到金融企业这一特殊行业的专业会计。

本书依据《企业会计准则》和《金融企业财务规则》，主要介绍银行类金融机构的金融业务及其核算，以及信托投资公司、证券投资公司和保险公司等非银行金融机构的会计核算。

1.1.2 金融企业会计的对象

会计对象是指会计进行反映和控制的内容。金融企业是经营货币和货币资本的机构，其各项经济活动直接表现为资金运动。金融企业资金的来源主要是吸收单位和个人的存款，同时可向国际金融组织和国外金融机构借款，在国内、国际资本市场发行各种债券等，这些资金构成了金融企业的负债。金融企业资金来源的另一个渠道是自有资本。对于所筹集的资金，应按照国家经济、金融方针政策，以有偿的原则加以运用，进行放款、贴现、投资等活动。金融企业的这种资金筹集和运用始终处于不断地更替变化中，金融企业会计就是要对这种资金的更替变化进行核算和监督，金融企业的资金运动和资金周转共同构成了金融企业会计的对象。

1.2 金融企业会计的作用与任务

开篇案例2

金融科技的合规之路：以蚂蚁集团为鉴

1.2.1 金融企业会计的作用

金融企业在国民经济中的特有职能，以及它所经营业务的特殊性质，决定了金融企业会计具有直接业务性、广泛社会性和严密监督性等特点。这就使它在管理金融企业业务活动、协调社会再生产、促进国民经济发展等方面具有重要作用。

1. 通过会计核算，实现各项金融业务活动

金融企业会计是金融企业的基础工作，处在业务活动的第一线，各项业务活动只有通过会计部门的账面记载，才能得以实现。会计核算工作在金融企业工作中具有重要的作用，其核算工作的质量直接影响金融企业作用的发挥。

2. 通过会计核算，对金融企业自身的业务活动及社会经济活动进行有效监督和控制

金融企业会计在进行日常核算工作、办理各项经济业务的过程中，会通过对会计凭证的审查、核对以及账务登记等，实施具体的财政监督、信贷监督和财务监督，制止不合理使用资金的行为，并通过会计手段，调节货币流通，正确、及时地办理结算，对自身及各单位的经营活动进行监控。

3. 通过会计核算，为金融决策提供有效信息

与其他行业会计相比，金融企业的会计信息更具有全面性、广泛性和综合性，既反映金融企业经营状况，又反映国民经济各部门、各单位的资金分布和往来情况。通过对金融企业业务的核算，可以掌握金融企业资产、负债的动态与规模，货币流通状况，银根松紧程度，国家预算执行情况，分析执行金融方针、政策中存在的问题，并据此为决策部门调整货币信贷政策、调节控制宏观经济提供有效的数据和信息。

4. 参与经营管理，提高经济效益

金融企业会计通过会计核算反映业务、财务及经营情况，实行全面的会计监督，并通过会计检查和分析，根据掌握的第一手资料，揭示经营过程中存在的问题和薄弱环节，查找原因，提出建议，参与经营决策，从而达到改善经营管理、管好用活资金的目的。与此同时，金融企业会计还注重搞好本身的各项管理，努力增加收入并减少支出等，从而为提高整体经营管理水平、提高社会和金融企业自身的经济效益发挥重要作用。

5. 保护投资者等各方关系人的权益

在经济业务发生后，金融企业通过会计凭证、会计账簿等资料，详细地记录投资者、

债权人及其他有关各方投入金融企业的资金和财产，保护各方的正当权益。同时，金融企业会计通过会计报表等形式向投资者、债权人等有关各方提供公正的信息，以满足他们各自投资、决策的需求。

1.2.2 金融企业会计的任务

为了充分发挥金融企业会计的作用，应正确规定会计部门的工作任务，从而明确会计的工作内容、职责范围、履行职责的方法及工作的依据。金融企业会计工作的任务主要有以下几个方面：

1. 正确组织会计核算

核算是会计工作的基本职责和基本工作任务，正确组织会计核算是充分发挥会计作用，搞好会计监督、分析和检查的基础。因此，金融企业会计在组织核算的过程中，必须按照国家的政策、法令、金融制度及其他有关规定，运用货币形式，通过记账、算账、报账等手段，计量、反映、分析金融企业的各项业务活动和财务收支情况，为一切与金融企业有利害关系的各方提供会计信息，满足有关各方了解金融企业财务状况和经营成果的需要，为贯彻政策、考核计划、分析国民经济情况和研究金融政策提供正确数据。

2. 做好服务和监督工作

金融企业会计在核算过程中，既要为客户提供高质量的金融服务，加速资金周转，又要加强柜面监督，确保各项制度、纪律的执行和资金财产的安全。因此，在办理资金划拨清算时，会计核算要做到准确、及时、真实和完整，严肃信用制度，维护结算秩序，及时、顺利地清偿债权债务，加速企业的资金周转。此外，要将监督与服务结合起来。在认真办理资金收付与划拨清算的同时，监督各单位严格执行财经纪律，管好、用好资金，保证国民经济持续、稳定、协调地发展。

3. 加强经济核算，提高经济效益

金融企业会计对金融企业的经营状况与经营结果承担着核算、反映的责任。金融企业会计应在国家有关政策的指导下聚集资金，管好资金，充分发挥资金的效益；认真组织好各项营业收入，特别是利息收入，保证各项利息计算的正确，及时组织各项营业收入入账；同时，要加强对支出的管理，努力节约各项费用支出，实行经济核算，降低成本，维护各项资金财产的安全，提高资金使用效益，为实现金融企业的利润目标做出努力。

4. 开展会计检查、辅导与会计分析

金融企业会计部门必须配备一定数量的会计检查和辅导人员，定期、不定期地开展会计检查和辅导工作，对会计凭证、账簿、报表等资料以及经营过程中执行财经纪律、会计制度的情况进行检查和辅导，对金融业务的合法性和合理性进行检查和辅导，总结经验，改进工作，解决和处理存在的问题。此外，金融企业会计部门还要定期分析会计资料，对金融企业的财务状况、经营成果、资金及财务变化情况进行分析研究，做出预测，提出建议和方案，参与决策，使金融企业的经营活动按预定计划开展。

1.3 金融企业会计的工作组织

1.3.1 金融企业会计机构的设置

拓展阅读1

《中国金融稳定报告（2024）》解读

金融企业的会计机构是其内部组织领导和直接从事会计工作的职能部门，是其职能体系中的重要组成部分。

金融企业会计机构的设置，应当与金融企业的管理体制、业务工作需要相适应。就我国目前的情况来看，县级、城市区级以上的金融企业，均应设置会计机构。以商业银行为例，一般说来，总行设会计司（部），省、自治区、直辖市分行设会计（结算）和计财处；地（市）二级分行设会计科（处），县支行（城市区级办事处）设会计股（科）。支行以下分理处等单位，因业务量小未设会计机构，但也必须配备专职会计人员和会计主管，经办会计核算及处理日常业务。

中国人民银行总行会计司管理全国金融企业的会计工作。各级金融企业会计机构，都必须在本行行长和上级机构的直接领导下，依据《中华人民共和国会计法》（以下简称《会计法》）和《企业会计准则》，在各自的工作范围内开展会计工作。

1.3.2 金融企业的会计制度

微课2

银行会计内部控制制度

金融企业的会计制度是对金融企业进行会计核算的原则、程序和方法的总称。根据《会计法》《企业财务会计报告条例》等有关法律、法规，财政部于2001年11月27日正式发布了《金融企业会计制度》。自2002年1月1日起，《金融企业会计制度》适用于在中华人民共和国境内依法成立的各类金融企业。2006年12月7日，财政部发布了《金融企业财务规则》，自2007年1月1日起施行。《金融企业会计制度》在过去一段时间为金融企业会计核算提供了较为明确的操作规范。不过，该制度已于2011年2月被列入财政部第十一批废止目录。现在，金融企业会计业务执行《企业会计准则》。

此外，各家金融企业还可以根据各项会计制度，结合自身经营业务的特点，制定本系统的会计制度和财务制度，报经中国人民银行总行审核备查后，在本系统内部使用。除了各家金融企业的总行制定本系统的会计制度外，其各自所属分行对总行制定的制度、办法，可做出必要的补充，但不能与《企业会计准则》和总行的规定相抵触，并在报送其上级机构审核备查的同时，抄报同级中国人民银行。如有不同意见，应及时反映，由上级单位修订，在修改前，仍按原规定执行。

1.3.3 会计人员

会计人员是直接从事会计核算、监督、分析、检查等各项工作的专业工作人员。会计人员的队伍状况、政治素质和业务素质以及责任心，直接决定了会计工作水平的提高和作用的发挥。因此，会计人员必须具备较高的政治素质，不适宜从事会计工作的人员要及时调离。

1. 会计人员的职责

① 遵守国家的法律，贯彻执行会计法规和会计制度。

② 按照会计制度的规定和有关操作规程，履行会计核算与监督职能，完成会计任务。

③ 认真组织、推动会计工作各项规章制度的贯彻执行。

④ 讲究职业道德，履行岗位职责，文明服务，优质高效，廉洁奉公。

2. 会计人员的权限

为保证会计人员履行职责，赋予会计人员的权限是：

① 有权要求开户单位及金融企业其他业务部门，认真执行财经纪律和金融企业的有关规章制度、办法。如有违反，会计人员有权制止并纠正，有权对本行各职能部门在资金使用、财产管理、财务收支方面实行会计监督。

② 会计人员对违法的收支，制止或纠正无效的，应向单位领导提出书面意见，要求处理。单位领导应当自接到书面意见之日起10天内做出书面决定。

③ 发现违反国家政策、财经纪律、弄虚作假等违法乱纪行为，会计人员有权拒绝执行，并向本行行长或上级行报告。

④ 有权越级反映情况。会计人员在行使职权的过程中，对违反国家政策、财经纪律和会计制度的事项，同本行行长（主任）意见不一致时，行长（主任）坚持办理的，会计人员可以执行，但必须向上级行提出书面报告，请求处理。如果有人对会计人员在行使职权的过程中进行刁难或打击报复，上级行要严肃处理。

推荐阅读资料及网站

1.《企业会计准则》

2. 中国民生银行官网，http：//www.cmbc.com.cn

复习思考题

1. 如何理解金融企业会计的概念？
2. 什么是金融企业会计的对象？其包括哪些内容？
3. 简述金融企业会计的特点。

4. 简述金融企业会计人员的职责和权限。

案例分析

江南银行会计核算问题

2024年5月，江南某城商行（以下简称“江南银行”）因会计核算问题被当地银保监局责令整改。经调查发现，该行在2023年底向当地一家房地产企业发放一笔5 000万元的贷款，该房地产企业在2023年已出现财务恶化迹象，如资产负债率超80%，多个项目资金紧张、进度延迟。按金融企业会计制度，江南银行应至少计提500万元贷款减值准备，却仅计提100万元，虚增利润400万元。

在资金清算方面，2023年江南银行与其他商业银行发生多笔大额资金拆借，总金额超10亿元。但部分资金拆借业务未及时入账，最长延迟5个工作日，且因利率计算公式错误，利息支出少计30万元。

此外，2023年年底江南银行内部审计部门发现上述问题后，未及时向管理层报告，也未要求纠正，暴露内部会计监督机制失效。

问题：

1. 结合金融企业会计的作用，分析江南银行上述会计核算混乱问题可能对其自身经营决策及金融市场稳定产生哪些负面影响？

2. 根据金融企业会计的任务，阐述江南银行应如何通过会计工作实现其任务，以促进企业的稳健发展？

3. 依据金融企业会计制度和金融会计的信息质量要求，评价江南银行在此次事件中违反了哪些会计制度规定和信息质量要求，并说明其应如何改进以满足相关要求？

第1章

扫码答题

第2章 金融企业会计的基础知识

学习目标

通过本章的学习，熟练掌握金融企业会计所要反映和监督的基本内容；了解金融企业会计科目与账户的分类方法和设置原则；了解金融企业会计的记账方法；掌握金融企业会计凭证的种类和填制要求；掌握金融企业账务组织和账务处理程序。

价值引领

◆坚定理想信念，树立正确的世界观、人生观、价值观。

◆恪守勤勉尽责的职业道德，发扬勇于担当、甘于奉献的伟大精神。

专业融合

◆理解“资产=负债+所有者权益”会计恒等式的平衡关系，树立正确的得失观，坚持勤勉履职、服务为本的职业操守。

◆结合金融企业会计要素、会计凭证的内容，引导树立遵守规定、客观真实、严谨细致的工作作风，做到坚持诚信，守法奉公，不做假账。

能力培养

◆通过学习金融企业会计基础知识，培养将金融企业经济业务转化为金融企业会计语言的能力。

◆培养运用原因和结果辩证统一的唯物辩证思维分析和解决问题的能力。

开篇案例3

银行小会计“家猫”变“硕鼠”，挪用公款被罚

2.1

会计要素和会计等式

2.1.1　会计要素

所谓会计要素，就是对会计对象按其经济特征所做的进一步分类。它是会计对象的基本组成部分。金融企业的会计要素由资产、负债、所有者权益、收入、费用及利润六项构成。

1. 资产

资产是指过去的交易或事项形成并由企业拥有或者控制的资源，该资源预期会给金融企业带来经济利益。它包括各种财产、债权和其他权利。

金融企业的资产应按流动性进行分类，主要分为流动资产、长期投资、固定资产、无形资产和其他资产。从事存贷业务的金融企业，还应按贷款发放的期限将贷款划分为短期贷款、中期贷款、长期贷款。

2. 负债

负债是指过去的交易或事项形成的现时义务，履行该义务预期会导致经济利益流出金融企业。它是金融企业对其债权人所承担的全部经济责任，反映的是金融企业债权人对其资产的要求权。

金融企业的负债按其流动性可分为流动负债和非流动负债。

3. 所有者权益

所有者权益是指所有者在企业资产中享有的经济利益，金额为资产减去负债后的余额。

金融企业的所有者权益主要包括实收资本（股本）、资本公积、其他综合收益、盈余公积、未分配利润、一般准备金。从事存贷款业务的金融企业计提的一般准备、从事保险业务的金融企业计提的总准备金、从事证券业务的金融企业计提的一般风险准备，以及从事信托业务的金融企业计提的信托赔偿准备也是所有者权益的组成部分。

4. 收入

收入是指金融企业在一定经营期间提供金融产品服务而实现的各种收入。

金融企业的收入主要包括利息收入、手续费及佣金收入、保费收入、租赁收入、其他业务收入、汇兑损益、公允价值变动损益、投资损益和营业外收入等。收入不包括为第三方或者客户代收的款项，如企业代垫的工本费、代邮电部门收取的邮电费。

5. 费用

费用是指金融企业提供金融商品服务过程中所发生的经济利益的流出，不包括为第三方或客户垫付的款项，主要包括利息支出、金融企业往来支出、手续费支出、汇兑损失等。

6. 利润

利润是指金融企业在一定会计期间的经营成果，包括营业利润、利润总额和净利润。

2.1.2 会计等式

会计要素是对会计对象具体内容的高度概括和按其经济特征所做的最基本分类。各要素之间存在着一定的数量关系。表明各会计要素之间基本关系的恒等式称为会计等式。

1. 资产、负债和所有者权益之间的基本关系

任何金融企业要从事经营活动，都必须拥有或控制一定数量与其经营规模相当的资产。资产无论以什么具体形态存在都要有与其相应的来源或形成渠道，这样，为其提供资产者必然对金融企业的资产享有一定的权利，这就形成了权益。资产和权益反映了同一资金的两个不同的侧面，资产反映了资金被运用分布的状态，权益反映了资金的来源，两者之间存在着相互依存、相互制约的关系。有一定量的资产，必然有与其相等的权益。两者之间的关系可用等式表示如下：

资产=权益

金融企业的资金有向投资者筹集和向债权人筹集两个途径。向投资者筹集的资金形成了所有者权益，投资者有定期收取投资报酬的权利。向债权人筹集的资金形成了负债，债权人有到期收回本金和定期收取利息的权利。因此，资产、负债和所有者权益之间的关系可以用等式表示如下：

资产=负债+所有者权益

这是会计的基本等式，反映了金融企业在某一时点资产与负债和所有者权益之间的恒等关系，因为上述三要素之间的数量关系表现了金融企业在一定时点上的财务状况，因此它是编制资产负债表的理论基础。

2. 收入、费用和利润之间的基本关系

金融企业从事经营活动的目的是获取利润。它的资产投入营运后，必然会取得收入，并将伴随着收入而发生相应的费用。将一定期间的收入与费用相比较，收入大于费用的差额是利润；反之，收入小于费用的差额是负利润，亦被称为亏损。

因此，收入、费用与利润的关系可以用等式表示如下：

收入-费用=利润

这一等式反映了金融企业某一时期收入、费用和利润的恒等关系。它是编制利润表的理论依据。

开篇案例4

从重庆荣昌汇丰村镇银行会计违规案看账户设置

2.2 账户和复式记账

2.2.1 会计科目

会计科目是对金融企业的各项要素的具体核算内容。按金融企业会计核算的要求进行分类核算反映的类别名称，是设置账户、归集和记载各项经济业务的依据，也是确定报表项目的基础。

1. 会计科目的设置原则

(1) 满足经营管理需要

会计科目必须根据业务性质、资产负债的流动性及特定的管理要求设置，以全面反映金融企业经营资金的结构及运用情况，满足经营管理的需要。

(2) 符合会计核算要求

会计科目的设置是会计核算的基础，因此，科目的设置要适应会计核算的要求，既不能过多或过少，也不能过繁或过简，要名称确切、含义清楚、核算内容明确，这样才有利于会计核算的组织和会计资料的提供。

(3) 根据资金性质设置会计科目，以全面反映资产、负债等增减变化的情况

金融企业会计科目根据资金性质分为资产类、负债类、所有者权益类和损益类，这样，通过核算就能够反映出资金结构状况。同时，为适应资金划拨清算的需要，各银行开办了联行往来系统，在会计科目中设有联行往来科目，这类科目的资产负债性质不确定，因此，作为资产负债共同类科目。

(4) 按国际通则设置会计科目

为了适应改革开放的需要，设置会计科目应遵照国际通用会计标准，按权责发生制和稳健性原则设置会计科目，应与国际通行的做法相一致，以促进改革开放，扩大国际交流。

2. 会计科目的分类

(1) 按会计科目使用范围分类

为了统一核算口径，提供统一的会计报表指标，财政部会同中国人民银行根据各行业业务的常规需要，制定了银行业会计科目和金融性公司会计科目，并将其划分为资产类、负债类、所有者权益类和损益类。金融性公司会计科目也是各金融性公司日常核算用科目，而各商业银行则在银行业会计科目的规定下，还各自制定了本系统内会计科目，在进

行具体业务核算时使用。但在编制银行业会计报表时，必须严格按照银行业会计科目的归属关系填报有关数据，以确保核算口径一致，指标可比。

（2）按与会计报表的关系分类

会计科目按其与会计报表的关系划分，可分为表内科目和表外科目。表内科目是指反映金融企业会计要素实际增减变化的会计科目。表外科目是指不反映金融企业会计要素实际增减变化，而用于反映各项登记备查事项的会计科目。

（3）表内科目按经济内容分类

根据《企业会计准则》，表内科目按经济内容分为资产、负债、所有者权益、损益四大类。其中，银行业表内科目还包括具有资产和负债双重性质的科目，即共同类科目。

① 资产类科目，是用来反映和监督金融企业资金的占用和分布的科目，包括各种资产、债权和其他权利。该类科目根据资产的流动性和经营管理的需要排列，主要包括库存现金、存放同业、贵金属、各类贷款、应收款项、存放在中央银行和联行及同业的款项、对外投资、固定资产和其他资产等科目。资产类科目余额反映在借方。

② 负债类科目，是用来反映金融企业资金取得和形成的渠道的科目。该类科目根据负债的期限长短和内容来排列，有流动负债和非流动负债两类，主要包括各类存款、向中央银行借款、联行或同业存放在本行的款项、拆入资金、各种应付款项等。负债类科目余额反映在贷方。

③ 共同类科目，是用来反映和核算金融企业发生的资金往来业务的科目，适用于联行往来、货币兑换、同城票据清算等业务。这类科目的特点是在日常核算中资产负债的性质不确定，其性质视科目的期末余额而定。其科目余额在借方表现为资产，在贷方表现为负债。在编制会计报表时应根据余额方向，分别纳入资产类或负债类反映，如联行往账、联行来账、辖内往来等科目。

④ 所有者权益类科目，是用来反映金融企业投资者在金融企业净资产中享有的经济利益的科目，包括所有者投入的资本金和留存利润，主要包括实收资本、资本公积、其他综合收益、盈余公积、本年利润和利润分配等科目。其大部分是贷方余额。利润分配科目可能是贷方余额，表示未分配的利润；也可能是借方余额，表示尚未弥补的亏损。

⑤ 损益类科目，是反映金融企业财务收支及经营损益的科目，主要包括收入类科目、成本支出及费用类科目，是计算金融企业损益的依据。在期末，损益类科目均转入“本年利润”科目。

银行业会计科目汇总见表2-1。

表2-1　**银行业会计科目表**

序号	编号	会计科目	序号	编号	会计科目
一、资产类			55	2101	交易性金融负债
1	1001	库存现金	56	2111	卖出回购金融资产款
2	1002	存放同业	57	2201	应付票据

续表

序号	编号	会计科目	序号	编号	会计科目
3	1003	存放中央银行款项	58	2202	应付账款
4	1011	存放同业款项	59	2205	预收账款
5	1015	其他货币资金	60	2211	应付职工薪酬
6	1021	结算备付金	61	2221	应交税费
7	1031	存出保证金	62	2231	应付利息
8	1051	拆出资金	63	2232	应付股利
9	1101	交易性金融资产	64	2241	其他应付款
10	1111	买入返售金融资产	65	2312	代理承销证券款
11	1121	应收票据	66	2313	代理兑付证券款
12	1122	应收账款	67	2314	代理业务负债
13	1123	预付账款	68	2501	长期借款
14	1131	应收股利	69	2502	应付债券
15	1132	应收利息	70	2701	长期应付款
16	1231	其他应收款	71	2702	未确认融资费用
17	1241	坏账准备	72	2801	预计负债
18	1251	贴现资产	73	2901	递延所得税负债
19	1301	贷款	三、共同类		
20	1302	贷款损失准备	74	3001	清算资金往来
21	1311	代理兑付证券	75	3002	货币兑换
22	1321	代理业务资产	76	3003	外汇结售
23	1431	贵金属	77	3101	衍生工具
24	1442	抵债资产	78	3201	套期工具
25	1461	融资租赁资产	79	3202	被套期项目
26	1501	债权投资	四、所有者权益类		
27	1502	债权投资减值准备	80	4001	实收资本
28	1503	其他债权投资	81	4002	资本公积

续表

序号	编号	会计科目	序号	编号	会计科目
29	1511	长期股权投资	82	4003	其他综合收益
30	1512	长期股权投资减值准备	83	4101	盈余公积
31	1521	投资性房地产	84	4102	一般风险准备
32	1531	长期应收款	85	4103	本年利润
33	1541	未实现融资收益	86	4104	利润分配
34	1601	固定资产	87	4201	库存股
35	1602	累计折旧	五、损益类		
36	1603	固定资产减值准备	88	6011	利息收入
37	1604	在建工程	89	6021	手续费及佣金收入
38	1605	工程物资	90	6031	保费收入
39	1606	固定资产清理	91	6041	租赁收入
40	1611	未担保余值	92	6051	其他业务收入
41	1701	无形资产	93	6061	汇兑损益
42	1702	累计摊销	94	6101	公允价值变动损益
43	1703	无形资产减值准备	95	6111	投资收益
44	1711	商誉	96	6301	营业外收入
45	1801	长期待摊费用	97	6402	其他业务成本
46	1811	递延所得税资产	98	6403	税金及附加
47	1901	待处理财产损溢	99	6411	利息支出
二、负债类			100	6421	手续费及佣金支出
48	2001	短期借款	101	6602	业务及管理费
49	2002	存入保证金	102	6701	资产减值损失
50	2003	拆入资金	103	6703	其他收益
51	2004	向中央银行借款	104	6711	营业外支出
52	2011	同业存放款项	105	6801	所得税费用
53	2012	吸收存款	106	6901	以前年度损益调整
54	2021	贴现负债			

互动课堂　　会计科目的"萝卜蹲"

活动目的：通过"萝卜蹲"游戏，加强对银行会计科目及归类的熟悉与掌握。

活动说明：每组5位同学，分别代表资产类科目、负债类科目、共同类科目、所有者权益类科目、损益类科目，一定时间（如3分钟）内按出局顺序进行排名，最后出局的同学得分最高。

老师组织：先介绍游戏规则，组织学生分小组站到指定位置，活动开始后老师逐个非有序报出上述5类会计科目的具体科目，直至每组时间结束。可结合活动表现考虑是否给予平时成绩加分。

学生活动：每位同学代表一个类别的科目，当老师说的会计科目属于自己的类别时需下蹲，若5秒之内未下蹲或者蹲错则出局。

2.2.2 账户

账户是指具有一定结构，用以分类记录经济业务引起会计要素的增减变动及其结果的一种记账载体。账户的具体表现形式是一种具有一定格式和结构的表格。

为了在账户中记录各项经济业务，每个账户既要有明确的经济内容，又要有便于记录的账户结构。各项经济业务引起的会计要素的变动尽管错综复杂，但从数量上看，不外乎是增加和减少两种情况，因此账户的基本结构也相应地划分为左、右两方。一方记录增加数，另一方记录减少数。增减相抵后的差额，称为账户余额。账户的基本结构采用"T"形，具体格式如下。

左方	账户名称（会计科目）	右方

在实际工作中，账户的基本格式是三栏式，见表2-2。

表2-2　　三栏式账户的基本格式

账户名称：

年		凭证号数	摘　要	借　方	贷　方	借或贷	余　额
月	日						

2.2.3　记账方法

记账方法就是在核算时，使用一定的记账符号，按照一定的记账规则，将各项业务和财务活动记入账户，以反映资产、负债增减变化的一种专门的技术方法。按记录方式的不同，金融企业会计的记账方法包括复式记账法和单式记账法。

微课3

重要单证

1　复式记账法

复式记账法就是对每一项经济业务，都要以相等的金额，同时在两个或两个以上相互联系的账户中进行登记的记账方法。借贷记账法是复式记账法的一种，借贷记账法的主要内容如下：

（1）记账符号

借贷记账法以“借”“贷”作为记账符号，将每个账户划分为借方和贷方两个基本部分。通常左方为借方，右方为贷方，即一方登记增加金额，一方登记减少金额。至于哪一方登记增加金额，哪一方登记减少金额，则取决于账户所要反映的经济内容。借贷记账法下各类账户的记账方向见表2-3。

表2-3　**借贷记账法下各类账户的记账方向**

借　方	贷　方
资产增加	资产减少
负债减少	负债增加
所有者权益减少	所有者权益增加
成本、费用增加	成本、费用减少
收入减少	收入增加

（2）记账规则

借贷记账法以“有借必有贷，借贷必相等”作为记账规则。当经济业务发生时，会同时引起至少两个账户发生变化，根据所涉资金增减变化的内在联系，在确定应记科目的基础上，以同等的金额记入一个账户的借方及另一个或多个账户的贷方；或者记入一个账户的贷方及另一个或多个账户的借方。有借方必有贷方，借贷双方金额必须相等。

（3）试算平衡

借贷记账法是根据复式记账原理，按照“资产=负债+所有者权益”的平衡理论来检查和平衡账务的。由于每笔业务始终坚持“有借必有贷，借贷必相等”的记账规则，因此每天或一定时期内的借方发生额和贷方发生额必然是相等的。也就是说，由于每天或一定时期内的上期借方余额和贷方余额是相等的，因此本期借方余额与贷方余额也必然是相等的。其账务平衡公式如下：

各科目借方本期发生额合计=各科目贷方本期发生额合计

各科目借方本期余额合计=各科目贷方本期余额合计

例2-1　1月11日，某金融企业收到居民存入活期存款78 800元，现金入库。其会计分录为：

借：库存现金　　78 800

　　贷：吸收存款——活期储蓄存款——某居民　　78 800

例 2-2　1月12日，借款单位大华工厂以活期存款60 000元归还短期贷款。其会计分录为：

借：吸收存款——活期存款——大华工厂　　60 000

　　贷：短期贷款　　60 000

例 2-3　1月23日，某金融企业向中国人民银行解交回笼现金80 000元。其会计分录为：

借：存放中央银行款项　　80 000

　　贷：库存现金　　80 000

例 2-4　1月24日，居民将活期存款60 000元转为定期存款。其会计分录为：

借：吸收存款——活期储蓄存款——某居民　　60 000

　　贷：吸收存款——定期储蓄存款——某居民　　60 000

根据以上四项经济业务的会计分录编制试算平衡表，见表2-4。

表2-4　试算平衡表

××年1月31日　　单位：元

账户名称	期初余额（假设）		本期发生额		期末余额	
	借　方	贷　方	借　方	贷　方	借　方	贷　方
库存现金	207 800		78 800	80 000	206 600	
存放中央银行款项	282 600		80 000		362 600	
存放同业款项	220 900				220 900	
短期贷款	1 106 200			60 000	1 046 200	
固定资产	101 500				101 500	
吸收存款		1 447 000	120 000	138 800		1 465 800
同业存放款项		217 000				217 000
实收资本		255 000				255 000
合　计	1 919 000	1 919 000	278 800	278 800	1 937 800	1 937 800

2. 单式记账法

单式记账法是指对已发生的每一笔业务，只单方记入一个账户或一个科目的记账方法。目前在其他部门会计中基本不用，在金融企业会计中仅适用于对表外科目的记录。

根据规定，金融企业对业务上使用的重要空白凭证、未发行的国家债券、待结算凭证、代保管有价值物品等应设置表外科目登记，并进行单式记账。以收入和付出作为记账符号，账簿设“收入”“付出”“余额”三栏，业务事项发生时记收入，销账或减少时记付出，余额表示结存或剩余。

例2-5　某银行存款柜组领回重要空白凭证支票100本。其会计分录为：

收入：重要空白凭证——支票　　100

例2-6　某企业购买支票20本。其会计分录为：

付出：重要空白凭证——支票　　20

例2-7　某银行为其客户东艺公司承兑一张面额为200 000元的银行承兑汇票，并按票面金额的5‰收取手续费，其会计分录为：

借：吸收存款——活期存款——东艺公司　　1 000

　　贷：手续费及佣金收入　　1 000

同时表外科目登记如下：

收入：银行承兑汇票——东艺公司　　200 000

2.3 会计凭证

2.3.1　会计凭证的特点

会计凭证是记录经济业务、办理资金收付和明确经济责任的书面证明，也是登记账簿、核对账务和事后查考的依据。由于金融企业会计凭证需要在金融企业内部有关部门间进行传递流转方能完成业务与核算手续，因此又称其为“传票”。

拓展阅读2

《关于推广应用电子凭证会计数据标准的通知》解读

金融企业日常业务量大、会计核算分工细，决定了它的会计凭证有以下特点：

1. 除个别业务外，大多采用单式凭证

采用单式凭证既有利于加速凭证传递和分工记账，又便于在结账时按科目清分传票，编制科目日结单进行综合核算，适应了金融企业业务量大、分工细的特点。

2. 大量使用特定凭证代替记账凭证

金融企业办理对外业务，一般都以客户提交的有关凭证代替收付款证明，大量采用客户来行办理业务所提交的原始凭证，经审核后代替记账凭证。同时，这些会计凭证已具备了记账凭证的要素，且大都采用多联套写方式，这样既可以避免重复劳动，提高工作效率，又可使办理业务的收、付款单位及其双方开户银行都有一张同一内容的凭证，从而保证了有关方面核算的一致性，也便于审核和装订保管。

3. 凭证传递环节多

以银行为例，银行办理每笔业务，从收到凭证到业务处理完毕，凭证不仅要在内部各柜组（如现金出纳柜、会计柜等）之间进行传递，有的还要在异地联行之间进行传递。因此，会计凭证传递环节多，也是其特点之一。

2.3.2 会计凭证的种类

会计凭证按填制程序和用途的不同，可分为原始凭证和记账凭证。

1. 原始凭证

原始凭证是在经济业务发生时取得或填制的、用以记录和证明经济业务的发生和完成情况的原始依据。原始凭证按其来源不同可分为外来原始凭证和自制原始凭证。外来原始凭证是经济业务发生时从外部取得的凭证，如开户单位签发的各种结算凭证、从其他单位收到的划款通知等。自制原始凭证是办理各种业务时，根据业务需要而自制的凭证，如银行填制的特种转账借方、贷方凭证，利息计算清单等。

2. 记账凭证

记账凭证是根据原始凭证编制或用原始凭证代替的凭证，它是登记账簿的直接依据。这里需要说明的是，金融企业在办理各项业务的过程中，为了避免重复劳动、提高工作效率，较普遍地用审核后的单位或客户来行办理业务所提交的原始凭证，代替记账凭证。

（1）记账凭证按填制方法的不同，分为单式记账凭证和复式记账凭证

① 单式记账凭证。单式记账凭证是指一笔业务的借方和贷方科目要分别编制两张或两张以上的凭证，在一张凭证上只填记一个会计科目或账户。其优点是在手工记账时，便于分工记账、传递和按科目汇总发生额。其缺点是业务不集中，不便于事后查对。目前，银行会计因其账务处理的特殊性一般采用单式记账凭证。

② 复式记账凭证。复式记账凭证是指一笔业务的借方和贷方科目都填列在一张凭证上，并凭以记入两个或两个以上账户。其优点是科目对应关系明确，可以清楚地反映资金

的来龙去脉，便于查对。其缺点是在手工记账时，不便于分工记账、传递和按科目汇总发生额。

（2）记账凭证

按其格式和使用范围的不同，又分为基本凭证和特定凭证（主要指银行会计凭证）

①基本凭证。基本凭证是银行会计人员根据原始凭证及业务事项，自行填制并凭以记账的凭证。按其性质和用途的不同，可分为现金收付凭证、转账凭证、特种转账凭证和表外科目收付凭证四类。在这四类凭证中，除现金收付凭证采用复式记账凭证形式外，其他三类凭证均采用单式记账凭证形式。

第一，现金收付凭证。它是指用于反映银行现金收入和付出事项的记账凭证。这类凭证有现金收入传票和现金付出传票两种，其格式分别见表2-5和表2-6。

表2-5　**中国××银行现金收入传票**

总字第　　号
字第　　号

（贷）　　年　月　日

户名或账号	摘　要	金　额									
		千	百	十	万	千	百	十	元	角	分

附单据　张

会计　　出纳　　复核　　记账

表2-6　**中国××银行现金付出传票**

总字第　　号
字第　　号

（借）　　年　月　日

户名或账号	摘　要	金　额									
		千	百	十	万	千	百	十	元	角	分

附单据　张

会计　　出纳　　复核　　记账

第二，转账凭证。它是指用于反映银行转账事项，仅供银行内部使用，不对外传递的记账凭证。这类凭证有转账借方传票和转账贷方传票两种，其格式分别见表2-7和表2-8。

第三，特种转账凭证。这类凭证供银行内部使用，可对外传递，适用于未设专用凭证但又涉及外单位的一切转账业务。这类凭证有特种转账借方传票和特种转账贷方传票两种，其格式分别见表2-9和表2-10。

表 2-7 **中国××银行转账借方传票**

年　　月　　日

传票编号

科目	（借）	对方科目：

户名或账号	摘　要	金　额										附单据 张
		千	百	十	万	千	百	十	元	角	分	

会计　　　　复核　　　　记账

表 2-8 **中国××银行转账贷方传票**

年　　月　　日

传票编号

科目	（贷）	对方科目：

户名或账号	摘　要	金　额										附单据 张
		千	百	十	万	千	百	十	元	角	分	

会计　　　　复核　　　　记账

表 2-9 **中国××银行特种转账借方传票**

年　　月　　日

总字第　　号
字第　　号

收款单位	全　称			付款单位	全　称		
	账号或地址				账号或地址		
	开户银行		行号		开户银行		行号

金额	人民币（大写）	千	百	十	万	千	百	十	元	角	分	附单据 张

原凭证金额		赔偿金		科目（借）
原凭证名称		号　码		对方科目（贷）
转账原因			银行盖章	会计　复核　记账

表 2-10 **中国××银行特种转账贷方传票**

总字第	号
字第	号

年 月 日

收款单位	全 称				付款单位	全 称			
	账号或地址					账号或地址			
	开户银行		行号			开户银行		行号	
金额	人民币（大写）						千百十万千百十元角分		
原凭证金额		赔偿金		科目（贷）					
原凭证名称		号 码							
转账原因	银行盖章			对方科目（借）					
				会计	复核	记账			

附单据 张

第四，表外科目收付凭证。它是指用于反映银行各项备查事项的记账凭证。这类凭证有表外科目收入传票和表外科目付出传票两种，其格式分别见表 2-11 和表 2-12。

表 2-11 **中国××银行表外科目收入传票**

总字第	号
字第	号

年 月 日

表外科目（收入）

户 名	摘 要	金额 千	百	十	万	千	百	十	元	角	分
合 计											

附单据 张

会计 保管 复核 记账

表 2-12 **中国××银行表外科目付出传票**

总字第	号
字第	号

年 月 日

表外科目（付出）

户 名	摘 要	金额 千	百	十	万	千	百	十	元	角	分
合 计											

附单据 张

会计 保管 复核 记账

②特定凭证。特定凭证是指根据各项具体业务的特点和用途而制定的专用凭证。这类凭证一般由银行统一印制，客户购入和填写，并提交银行凭以办理业务，银行则用以代替传票并凭以入账，如现金支票、转账支票等。也有某些特定凭证由银行填制并凭以办理业务，如银行汇票等。这类凭证在银行会计凭证中占大多数，种类较多，具体内容将在以后各章中加以介绍。

2.3.3 会计凭证的基本内容

金融企业会计凭证虽然种类多，具体的格式和内容也不一样，但所有的会计凭证都必须填写与经济业务记载有关的基本要素。这些基本要素为：

① 凭证的名称及编制的年、月、日（特定凭证中的日期由客户填写）；

② 收、付款单位开户银行的名称和行号；

③ 收、付款单位的户名和账号；

④ 货币符号和大小写金额；

⑤ 款项来源、用途、摘要及附件张数；

⑥ 会计分录和凭证编号；

⑦ 单位按照有关规定的签章；

⑧ 金融机构及有关人员的签章。

2.3.4 会计凭证的填制

会计凭证是会计核算的起点和基础。不论哪一种会计凭证，都必须按规定填写，凭证的填写要求字迹清晰、数字准确，各栏要求填写完整。同时还应注意下列要点。

1. 按不同业务编制传票

每发生一笔现金收入或现金付出业务，只编制一张现金科目的对方科目传票。每发生一笔转账业务，要分别填制转账借方传票和转账贷方传票，并且业务发生涉及多少个账户，就应填多少张转账传票。

2. 按规定填写传票

当传票内容填错时，应按规定更正或重填。根据《中华人民共和国票据法》（以下简称《票据法》）的规定，票据的金额、日期、收款人三项内容中任何一项内容填错，均应重新填制凭证，更正无效。其他内容填错，可按规定更正，不必重填。非票据会计凭证填错，应按会计制度规定更正或重填。

3. 按不同业务加盖印鉴或戳记

会计凭证应按规定加盖印鉴或戳记。对现金收入业务，在收妥现金之后，应在现金传票上加盖“现金收讫”戳记。对现金付出业务，在付出现金后，应在凭证上加盖“现金付讫”戳记。对转账业务，在转账完毕时应加盖“转讫”戳记。银行对外填制的各种凭证应加盖业务专用章。对联行业务应加盖“联行业务专用章”；对银行汇票或银行承兑汇票，出票时应按规定加盖“汇票专用章”；对银行本票，在出票时应按规定加盖“银行本票专用章”。

2.3.5　会计凭证的审查

凭证的审查是指对凭证的正确性、合法性、真实性和完整性进行确认，这是反映和监督经济业务的重要环节。审查的具体内容主要有：

① 是否属于本单位受理的凭证。

② 使用的凭证种类是否正确，凭证的基本内容、联数与附件是否完整齐全，是否超过有效期限。

③ 账号与户名是否相符。

④ 大小写金额是否一致，字迹有无涂改。

⑤ 密押、印鉴是否真实齐全。

⑥ 款项来源、用途是否填写清楚，是否符合有关规定。

⑦ 内部科目的账户名称及使用是否正确。

⑧ 计息、收费、赔偿金等的计算方法与数额是否正确。

经过审核，对于符合要求的凭证，予以账务处理或进行传递。对于不符合要求的凭证，应拒绝受理；如属内容不全或填写有差错的凭证，应向客户解释清楚，要求客户重填；如属伪造凭证等违法乱纪行为，要追究责任，配合有关部门严肃处理。

2.3.6　会计凭证的传递

金融企业会计凭证的传递，是指从收到或编制凭证起，直到业务处理完毕、传票装订保管为止的整个过程。

会计凭证的传递，必须做到准确及时，手续严密。为了维护金融企业资金的安全，在人机并用的情况下，凭证传递的基本要求为：

① 现金收入业务，先收款，后记账，先记现金收入日记簿，后记分户账，以防止漏收或错收款项，保证账款一致。

② 现金付出业务，先记账（或通过电子计算机查询余额），后付款，先记入付款人的分户账，后记入现金付出日记簿，之后才支付现金，以防止透支、冒领事故的发生。

③ 转账业务，先记付款人账，后记收款人账，代收他行票据必须坚持收妥抵用，以防止单位套用金融机构资金，造成金融机构垫款。

2.3.7　会计凭证的整理、装订和保管

会计凭证是重要的会计档案，是事后查考的依据。为了保证会计资料的完整性和安全性，必须按规定装订归档，妥善保管。

1. 凭证的整理

每天营业终了轧完账之后，对当天已办完会计核算的会计凭证整理装订，应将同一会计科目的全部传票集中在一起，按现金付出、现金收入、转账借方、转账贷方顺序排列，每个会计科目的凭证应排列在本科目的科目日结单后面。装订后，将当天所有传票依次逐张编列总号。

2. 凭证的装订

凭证经整理后，外加传票封面和封底，封面上要写明日期、传票总数、册数、号码等内容。装订成册后，在结绳处用纸条加封，由装订人员加盖骑缝章，装订人员、会计主管人员应在封面上盖章，以明确责任。确认无误后入库保管。

2.4 账务组织、核算、处理和核对

2.4.1 账务组织

微课4
表外科目及其记账方法

账务组织就是指各种账簿的设置以及各类账簿在数字记载和账务核对方面的相互关系。账务组织主要由各种账簿组成，但为了核算的严谨性，还设置了有关表、单，作为账务组织的组成部分。金融企业的账务组织从核算体系上划分，包括明细核算和综合核算两个系统。

2.4.2 明细核算

明细核算是对每一个会计科目分户的详细记录，由分户账、登记簿、余额表和现金收入日记簿以及现金付出日记簿组成。其核算程序如图2-1所示。

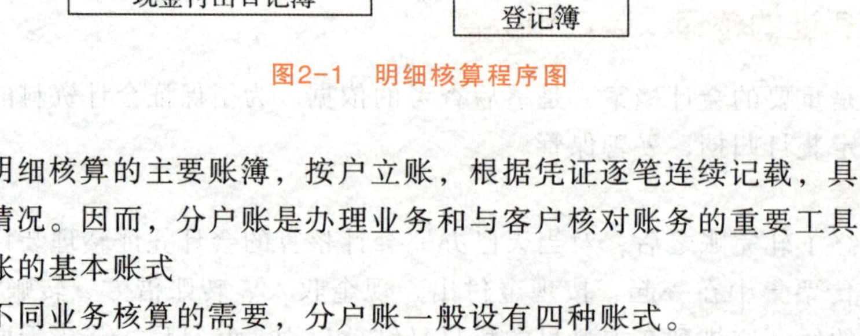

图2-1 明细核算程序图

1. 分户账

分户账是明细核算的主要账簿，按户立账，根据凭证逐笔连续记载，具体反映每个账户的资金活动情况。因而，分户账是办理业务和与客户核对账务的重要工具。

（1）分户账的基本账式

为了适应不同业务核算的需要，分户账一般设有四种账式。

①甲种账（见表2-13）又称“分户式账页”，设有借方发生额、贷方发生额和余额三

栏，适用于不计息存款、内部往来资金及损益类科目的明细账。

本账总页数
本户页数

表 2-13

中国××银行（　　）

________账

户名:　　　　账号:　　　　领用凭证记录:

年		摘　要	凭证号码	对方科目代号	借　方	贷　方	借或贷	余额	复核盖章
月	日				（位数）	（位数）		（位数）	

会计　　　　　　　　　　　　　记账

②乙种账（见表2-14）又称“计息式账页”，设有借方发生额、贷方发生额、余额、日数、积数五栏，适用于在账页上直接计算利息积数的账户。

本账总页数
本户页数

表 2-14

中国××银行（　　）

________账

户名:　　　　账号:　　　　领用凭证记录:　　　　利率:

年		摘　要	凭证号码	对方科目代号	借　方	贷　方	借或贷	余额	日数	积数	复核盖章
月	日				（位数）	（位数）		（位数）		（位数）	

会计　　　　　　　　　　　　　记账

③丙种账（见表2-15），设有借方发生额、贷方发生额、借方余额、贷方余额四栏，用以记录需要在借、贷双方反映余额的账户。

④丁种账（见表2-16）又称“销账式账页”，设有借方发生额、贷方发生额、余额和销账四栏，适用于记录逐笔销账的一次性业务，它兼有分户核算的作用，同时这种反映方法可以在同一行看出资金的全部面貌，便于核对账务。

以上是分户账的四种基本格式，各金融企业可根据需要全部使用或使用其中的几种。由于取消了借、贷双方同时反映余额的科目，因此，丙种账使用甚少。

（2）分户账的有关规定

①填明账页上首，不得省略（如科目、户名、账号、货币符号、利率、账页编号以及额度等），更换新账页时，应将前页的最后余额过入新账页的第一行余额栏内，并在摘要栏注明“承前页”。对乙种账页还应将计息累计积数同时结转过页。日期栏填写前页最后一笔记账日期。

表 2-15

中国××银行（　　）

______账

本账总页数
本户页数

户名:　　　　账号:　　　　领用凭证记录:

年		摘　要	凭证号码	对方科目代号	发生额		余　额		复核盖章
					借方	贷方	借方	贷方	
月	日				（位数）	（位数）	（位数）	（位数）	

会计　　　　记账

表 2-16

中国××银行（　　）

______账

本账总页数
本户页数

户名:

年		账号	户名	摘要	凭证号码	对方科目代号	借方	销　账			贷方	借或贷	余额	复核盖章
月	日						（位数）	年	月	日	（位数）		（位数）	

会计　　　　记账

②记账时先核对好户名、账号、币别、印鉴、业务内容，防止串户、冒领、透支等事故的发生。

③经济业务发生后，必须根据传票逐笔记载和逐笔结出余额，在分户账摘要栏内简明扼要地写明业务内容和有关凭证号码。采用电算化的应由电脑自动轧出余额。

2. 登记簿

登记簿是明细核算的辅助性账簿，是为了适应表内、表外科目某些业务需要而设立的账簿，主要适用于那些在分户账上未能记录或不必要分户记录的重要事项的登记，如对客户交来的托收单据的记录等。其格式可参照分户账，根据需要自行设计，通常有特定格式和一般格式两种。特定格式的登记簿是为了满足某些业务的需要而设置的；一般格式的登记簿（见表 2-17）通常都设有收入、付出和余额三栏，用来反映数量及金额情况。

3. 余额表

余额表是指用于登记余额的表格，是核对总账与分户账余额和计算利息的重要工具。余额表分为计息余额表和一般余额表。

表2-17

中国××银行（　　）

________账

本账总页数	
本户页数	

户名：

年		摘　　要	收　入		付　出		余　额		复核盖章
月	日		数量	金额（位数）	数量	金额（位数）	数量	金额（位数）	

会计　　　　　　　　　　　　　　　　记账

微课5

计息余额表的编制

（1）计息余额表

计息余额表（见表2-18）最主要的功能就是计息，适用于计息科目。每日营业终了时，根据同一科目分户账的最后余额逐户填列。当天即使余额不变动或遇节假日，仍应将上日余额填入。每日填记后，还应按科目加计余额合计数，并与总账同一科目余额核对相符。

表2-18

计息余额表

年　　月

科目名称：　　　　　　　　　　　　　　　　共　　页

科目代号：　　　　　　　　　　　　　　　　第　　页

账号 / 户名 / 余额 / 日期					复核盖章
	（位数）	（位数）	（位数）	（位数）	
上月底止累计应计息积数					
1					
⋮					
10天小计					
11					
⋮					
20天小计					
21					
⋮					
本月合计（本月计息积数）					
应加积数					
应减积数					
本期累计应计息积数					
应付利息					
备　注					

会计　　　　　　　　复核　　　　　　　　记账

（2）一般余额表

一般余额表（见表2-19）适用于不计息的科目，按各分户账当日最后余额填制。

表2-19 一般余额表 共 页

年 月 日 第 页

科目代号	户 名	摘 要	余 额（位数）	科目代号	户 名	摘 要	余 额（位数）

会计 复核 制表

4. 现金收入、付出日记簿

现金收入日记簿（见表2-20）和现金付出日记簿（格式与现金收入日记簿相同）是记载和控制现金收入、现金付出笔数和金额的序时账簿，是现金收入和现金付出的明细记录。现金收入、付出日记簿应由出纳根据已办理的业务，对编列顺序号的现金收入传票和现金付出传票逐笔记载，结出当日库存数，并与实际现金库存数核对相符。

表2-20 现金收入日记簿 共 页

柜组名称： 年 月 日 第 页

凭证号数	科目代号	户名或账号	金 额（位数）	凭证号数	科目代号	户名或账号	金 额（位数）

会计 复核 出纳

2.4.3 综合核算

综合核算是按会计科目进行的总括记录，由科目日结单、总账和日计表组成。综合核算程序如图2-2所示。

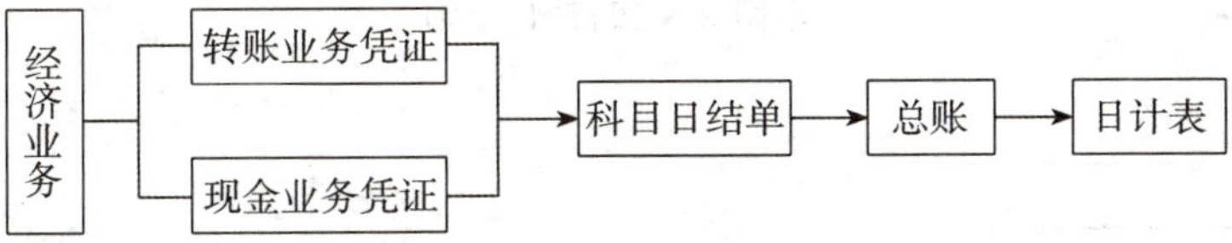

图2-2　综合核算程序图

1. 科目日结单

微课6

科目日结单

科目日结单，也称总传票，是每一会计科目当日借、贷方发生额和传票张数的汇总记录，是轧平当日账务的重要工具，也是登记总账的依据。

每天营业结束，将当天处理的全部传票按科目进行整理，同一科目的传票再分现金付出、现金收入、转账借方、转账贷方各自加计合计数和传票张数，填入科目日结单有关栏内。

其格式见表2-21。

表2-21

中国××银行（　　）

科目日结单

年　　月　　日

凭证种类	借　　方		贷　　方	
	传票张数	金　额 （位数）	传票张数	金　额 （位数）
现金				
转账				
合　计				

附单据　张

事后监督　　　　复核　　　　记账　　　　制单

2. 总账

总账是各科目的总括记录，是综合核算和明细核算相互核对及统驭分户账的主要工具，是定期编制各种会计报表的依据。总账按科目设置，每日根据该科目的科目日结单的借、贷方发生额合计数登记，每日占一行，并结出当天余额，10天一小计，每月终了，加计本月的借贷方发生额和本年累计发生额。每月需更换一次账页。对那些借贷双方反映余额的科目，其余额应根据余额表或分户账各户的借方、贷方余额分别反映，不得轧差记载。总账格式包括借方发生额、贷方发生额和借方余额、贷方余额四栏，见表2-22。

表2-22　　中国××银行（　　）

总　账

科目代号：________

科目名称：________　　　　第　　号

<table>
<tr><td rowspan="2">年　月</td><td colspan="3">借　方</td><td colspan="2">贷　方</td></tr>
<tr><td colspan="3">（位数）</td><td colspan="2">（位数）</td></tr>
<tr><td>上年年底余额</td><td colspan="3"></td><td colspan="2"></td></tr>
<tr><td>本年累计发生额</td><td colspan="3"></td><td colspan="2"></td></tr>
<tr><td>上月月底余额</td><td colspan="3"></td><td colspan="2"></td></tr>
<tr><td>上月月底累计未计息积数</td><td colspan="3"></td><td colspan="2"></td></tr>
<tr><td rowspan="3">日　期</td><td colspan="2">发生额</td><td colspan="2">余　额</td><td>核对盖章</td></tr>
<tr><td>借　方</td><td>贷　方</td><td>借　方</td><td>贷　方</td><td rowspan="2">复核员</td></tr>
<tr><td>（位数）</td><td>（位数）</td><td>（位数）</td><td>（位数）</td></tr>
<tr><td>1</td><td></td><td></td><td></td><td></td><td></td></tr>
<tr><td>⋮</td><td></td><td></td><td></td><td></td><td></td></tr>
<tr><td>10天小计</td><td></td><td></td><td></td><td></td><td></td></tr>
<tr><td>11</td><td></td><td></td><td></td><td></td><td></td></tr>
<tr><td>⋮</td><td></td><td></td><td></td><td></td><td></td></tr>
<tr><td>20天小计</td><td></td><td></td><td></td><td></td><td></td></tr>
<tr><td>21</td><td></td><td></td><td></td><td></td><td></td></tr>
<tr><td>⋮</td><td></td><td></td><td></td><td></td><td></td></tr>
<tr><td>30</td><td></td><td></td><td></td><td></td><td></td></tr>
<tr><td>31</td><td></td><td></td><td></td><td></td><td></td></tr>
<tr><td>月　计</td><td></td><td></td><td></td><td></td><td></td></tr>
<tr><td>自年初累计</td><td></td><td></td><td></td><td></td><td></td></tr>
<tr><td>本月累计应计息积数</td><td></td><td></td><td></td><td></td><td></td></tr>
<tr><td>本月累计未计息积数</td><td></td><td></td><td></td><td></td><td></td></tr>
</table>

会计　　　　复核　　　　记账

微课7

日计表

3. 日计表

日计表（见表2-23）是反映当日业务活动的会计报表，也是轧平当天全部业务的主要工具。它根据当天各总账账户的发生额和余额填制。借方、贷方发生额和余额的合计数必须各自平衡。

表2-23 **日计表**

年 月 日 共 页 第 页

科目代号	科目名称	发生额		余 额	
		借 方	贷 方	借 方	贷 方
		（位数）	（位数）	（位数）	（位数）
合 计					

行长（主任） 会计 复核 制表

2.4.4 账务处理和账务核对

1. 账务处理

账务处理也称会计核算形式，各种不同的核算形式都是根据登记总账的依据而命名的。以商业银行为例，它的会计核算形式既不同于工商企业中的汇总记账凭证核算形式，也不完全等同于科目汇总表核算形式，而是科目日结单核算形式。运用科目日结单汇总每一科目的当日借、贷方发生额，再据以登记总账，是银行会计核算形式的显著特点。具体程序如下：

① 根据经济业务编制现金收入、付出传票和转账借方、贷方传票；

② 根据现金传票和转账传票登记现金收（付）日记簿和各种分户账及登记簿，并根据分户账编制余额表；

③ 根据现金传票和转账传票编制科目日结单；

④ 根据科目日结单登记总账；

⑤ 进行总分核对和账实核对；

⑥ 根据总账编制日计表。

2. 账务核对

账务核对是防止账务差错、保证账务记载正确和资金安全的一项必要措施。账务核对可以确保账务正确，做到账账、账款、账据、账实、账表和内外账务六相符。具体包括每日核对与定期核对等形式。

（1）每日核对

① 总分核对。每日营业终了，总账各科目余额与同科目分户账或余额表各户余额合计数额核对相符。

② 账款核对。现金收、付日记簿的合计数，必须与现金科目总账借方、贷方发生额核对相符；现金库存簿的库存数应与实际库存现金和库存现金科目总账的当日余额核对相符。

（2）定期核对

凡未能每日核对的账务，均属定期核对的内容，定期核对的内容包括以下几个方面：

① 使用丁种账记账的科目，每旬末加计未销账的各笔金额总数，与该科目总账核对相符。

② 计息积数核对。将余额表上的计息积数按旬、按月、按结息期与同科目总账的同期余额累计数核对相符。对应加、应减积数，应审查数字是否正确。

③ 各种卡片账的核对。如定期储蓄账卡、联行账卡、农贷账卡等，按月与各科目总账核对相符。

④ 账实核对。这包括固定资产、金银、物品、有价单证、重要空白凭证等，每月账实核对相符，房屋器具定期和在年终决算前账实核对相符。

⑤ 内外账务核对。这包括银行与各单位之间、中国人民银行与商业银行以及其他金融机构之间的往来款项按月或按季采用一定的对账方法进行核对。

每日核对和定期核对二者必须有机结合，才能确保会计核算质量。

账务处理与核对的关系如图 2-3 所示。

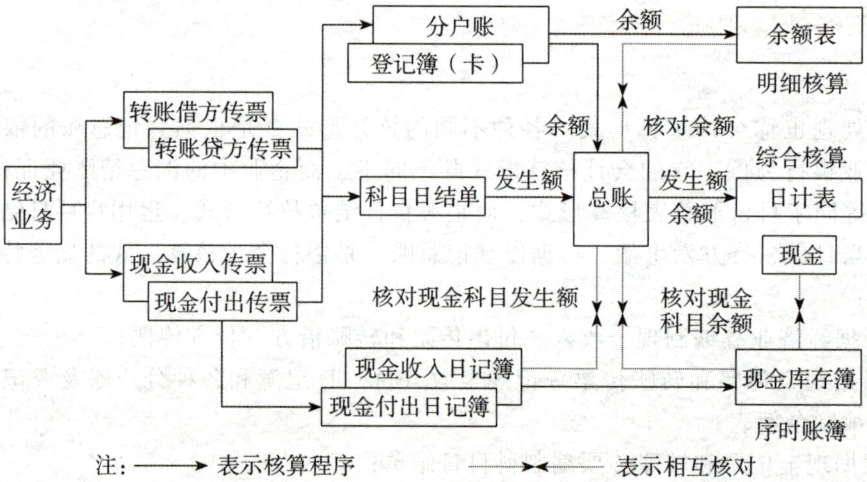

图2-3 账务处理与核对的关系图

2.4.5 记账规则和错账冲正

记账是会计核算的主要内容，为了正确、完整、及时地记载各项经济业务，必须遵循一定的记账规则。记账中发生差错，也应按照规定的冲正方法进行更正。

1. 记账规则

① 账簿的各项内容，必须根据传票的有关事项逐笔记载，做到内容完整、数字准确、摘要简明、字迹清晰，严禁弄虚作假。如传票内容错误或遗漏不全，应更正或补充后再记账。

② 记账应用蓝黑墨水钢笔书写，复写账页可用圆珠笔及双面复写纸套写。红色墨水笔只能用于划线和冲账以及按规定用红字书写的有关文字说明。

③ 账簿上所记载的文字及数字，一般只占全格的1/2。摘要栏文字如一格写不完，可以在下一格连续填写，但其金额应填在末一行的金额栏内。账簿余额结算时，应在元位以“θ”表示结平。

④ 账簿上的一切记载，不准涂改、刀刮、皮擦、挖补和用药水销蚀。

⑤ 因漏记使账页发生空格时，应在空格的摘要栏用红字注明“空格”字样。

⑥ 一切账簿记载均以人民币“元”为单位，元以下计至角、分位，分位以下四舍五入。

2. 错账更正

在会计核算中，由于种种原因，可能会产生各种各样的差错，会计人员发现账簿记录错误时，应采用正确的方法进行更正。

① 划线更正。在当日发现账簿记错日期或金额时，应以一道红线把全行数字画销，再将正确的数字填在画销数字的上边，并由记账员在红线左端盖章。如果画错红线，可在红线两端用红色墨水画“×”销去，并由记账员在右端盖章。如果文字写错，只需将错字用一道红线画销，将正确的文字写在画线文字的上方。

② 红蓝字同方冲正。凡隔日发现记账串户，应填制同一方向的红蓝字冲正传票办理冲正。在红字传票摘要栏注明“冲销×月×日错账”字样，记入错账串入户。在蓝字传票摘要栏注明“补充×月×日账”字样，记入正确账户。原传票和原记错账页的摘要栏用红字注明“已于×月×日冲正”字样。

③ 蓝字反方更正。如果发现上年度错账，应填制蓝字反方向传票更正，即先用蓝字填制一张与错账方向相反的传票，在摘要栏注明“冲销×月×日错账”字样，用以冲销错账；再用蓝字填制一张正确传票补记入账。在摘要栏注明“补记×月×日错账”字样。

无论采用哪种方法更正错账，其冲正传票都必须经会计主管人员审查盖章后才能办理冲账，并对错账的日期、内容、金额及冲正的日期等进行登记，以便考核、分析研究、改进工作。另外，凡因冲正错账影响到利息计算的，都应计算应加、应减积数，并在余额表或乙种账页中注明。

推荐阅读资料及网站

《企业会计准则》

复习思考题

1. 金融企业的会计要素有哪几项？各项具体包括哪些内容？
2. 银行会计凭证的特点是什么？
3. 简述银行账务处理程序的特点及具体操作步骤。

4. 什么是科目日结单？它有何作用？

5. 简述银行日常账务核对的内容。

6. 错账更正的方法有哪些？简要回答各种更正方法的适用情况。

案例分析

滨海银行会计核算差错事件

2024 年 3 月，滨海银行因会计核算差错被监管机构要求限期整改。具体情况如下：

（1）滨海银行于2023年初购置一栋办公大楼，入账价值为8 000万元，预计使用年限为20年，预计净残值为400万元。然而，该行在入账时直接将办公大楼成本全部计入当年费用，导致费用虚增7 620万元，净利润大幅减少。

（2）2023年5月，客户张三在滨海银行存入定期存款50万元，存期1年，年利率2%。银行未按规定为张三开设独立的定期存款账户，而是将该笔存款错误地记入了活期存款账户，并按活期利率0.3%计息。截至2024年3月，少付张三利息7 567.12元。

（3）在2023年10月的一笔大额贷款发放业务中（贷款金额3 000万元），滨海银行的关键会计凭证如贷款合同、放款通知书等原始凭证丢失，无法提供完整的记账依据，导致该笔贷款的会计核算真实性受到质疑。

问题：

1. 结合金融企业会计的会计要素和会计等式相关知识，分析滨海银行上述会计核算差错（固定资产核算错误、存款业务账户处理错误）对会计要素和会计等式产生了哪些具体影响，并阐述其对财务报表造成的不良后果。

2. 根据金融企业会计的账户和复式记账相关内容，阐述滨海银行应如何纠正上述存款业务账户处理错误，并说明在固定资产核算中应采用怎样的正确记账方法来符合复式记账原则。

3. 依据金融企业会计的会计凭证、账务组织、核算、处理和核对要求，评价滨海银行在此次事件中违反了哪些规定，并针对会计凭证缺失问题提出具体的改进措施以满足相关要求。

第2章

扫码答题

第3章 存款业务的核算

学习目标

通过本章的学习，了解商业银行账户的种类与管理，了解银行开户的条件及有关办法，掌握银行各项存款业务的核算程序及处理手续，掌握存放同业利息的计算方法。

价值引领

- 坚守依法合规、服务为本的职业操守。
- 践行爱国、敬业、诚信、友善的社会主义核心价值观。

专业融合

- 维护存款人的合法权益，懂得饮水思源，以强烈的责任感兢兢业业地工作。
- 存款业务的核算及相关业务办理须严格遵守规定，做到廉洁自律，严守道德底线。
- 结合监督机制，深刻认识违反法律规定必有相应处罚，存敬畏之心，有所为，有所不为。

能力培养

- 培养金融企业会计岗位要求的专业胜任能力。
- 培养运用“事物是运动、变化、发展的”唯物辩证观对金融企业存款业务的核算事项进行思考和综合分析的能力。

开篇案例 5

银行会计“空存实转”挪用巨款，获刑十年！

3.1 存款业务概述

3.1.1 存款业务的意义和存款种类

1. 存款业务的意义

存款业务是银行以信用方式吸收社会闲置资金的筹资活动，是银行吸收信贷资金的主要渠道。存款是银行负债的重要组成部分，是银行生存和发展的基础，是银行信贷资金的重要来源，也是发放贷款、扩大信贷规模的物质基础，对促进市场经济发展、调整货币流通、稳定金融、缓和市场供求矛盾、支援国家建设具有重要的意义。

2. 存款的种类

（1）按照存款的对象分为单位存款和居民个人储蓄存款

① 单位存款是指银行吸收的各类企业、事业单位、机关、学校和部队等具有团体法人营业执照和社团登记资格的实体的存款。

② 居民个人储蓄存款是指银行吸收的城乡居民闲置和积余的现金所形成的存款。

（2）按照存款的稳定性分为活期存款和定期存款

① 活期存款是指存入时不确定存期，可以随时存取的存款，包括单位活期类存款和活期类储蓄存款。

② 定期存款是指存入时约定存期，存款到期时才能支取的存款，包括单位定期类存款和定期类储蓄存款。

（3）按照存款的币种分为人民币存款和外币存款

① 人民币存款是指单位及城乡居民等存入的人民币款项所形成的存款。

② 外币存款是指单位及城乡居民等存入的外币款项所形成的存款。

3.1.2 存款业务的核算要求

存款业务面对各单位和个人，政策性强，业务量大，涉及银行和客户的经济利益，因此，银行在办理存款业务核算时，应符合以下要求：

1. 正确使用科目和账户

银行要按规定正确使用会计科目，为各单位开立符合资金性质和管理要求的账户。对个人开立的储蓄账户，也要按银行规定办理，以便正确、及时、真实地反映存款的增减变化情况及其结果。

2. 准确、及时地办理存款业务

银行在办理存款业务时，应当按照支付结算原则和账务处理程序的要求，准确、及时地传递会计凭证，处理有关业务，以保证存款业务的核算质量。

3. 维护存款人的合法权益

银行应保证单位及个人对存款的支配权。对单位存款应坚持“谁的钱进谁的账，由谁支配”的原则，除国家有专门规定外，禁止银行代任何单位或个人扣款，禁止银行擅自停止存款人对存款的支取。

3.1.3　存款业务的主要会计科目

存款业务涉及的主要会计科目如下：

1. 吸收存款

本科目为负债类会计科目，核算企业（银行）吸收的除同业存放款项之外的其他各种款项，余额在贷方，反映企业（银行）吸收的除同业存放款项以外的其他各项存款余额。本科目按照存款单位及类别，设置本金、利息调整等科目进行明细核算。

2. 应付利息

本科目核算银行按照合同约定支付的利息，包括吸收存款、分期付息到期还本的长期借款、发行债券等应支付的利息。本科目按照存款的种类进行明细核算。

3. 利息支出

本科目核算企业（银行）发生的利息支出，包括吸收存款与其他金融机构（中央银行）发生的资金往来业务、回购金融资产等产生的利息支出。本科目按利息支出项目进行明细核算。

3.2
单位存款业务的核算

3.2.1　单位银行结算账户的管理

存款人以单位名称开立的办理信贷、支付结算和现金收付业务的人民币活期存款账户为单位银行结算账户。

1. 单位银行结算账户的种类

按照《企业银行结算账户管理办法》的规定，单位银行结算账户按用途分为基本存款账户、一般存款账户、专用存款账户和临时存款账户。

（1）基本存款账户

基本存款账户是存款人因办理日常转账结算和现金收付需要而开立的结算账户。单位银行结算账户的存款人只能在银行开立一个基本存款账户，这是存款人的主办账户。存款人日常经营活动的资金收付及其工资、奖金和现金的支取，应通过该账户办理。

（2）一般存款账户

一般存款账户是存款人因借款或其他结算需要，在基本存款账户开户银行以外的银行营业机构开立的银行结算账户。该账户可以办理现金缴存，但不得办理现金支取。

（3）专用存款账户

专用存款账户是存款人按照法律、行政法规和规章的规定，对其特定用途的资金进行专项管理和使用而开立的银行结算账户。该账户用于办理各项专用资金的收付。

（4）临时存款账户

临时存款账户是存款人因临时需要并在规定期限内使用而开立的银行结算账户。该账户用于办理临时机构以及存款人临时经营活动发生的资金收付。支取现金应按照国家现金管理的规定办理。

2.异地开立有关银行结算账户

存款人有下列情形之一的，可以在异地开立有关银行结算账户：

① 营业执照注册地与经营地不在同一行政区域（跨省、市、县），需要开立基本存款账户的。

② 办理异地借款和其他结算，需要开立一般存款账户的。

③ 存款人因附属的非独立核算单位或派出机构发生的收入汇缴或业务支出，需要开立专用存款账户的。

④ 异地临时经营活动需要开立临时存款账户的。

3.存款人申请开户的证明文件

（1）申请开立基本存款账户

① 企业法人，应出具企业法人营业执照正本。

② 非法人企业，应出具企业营业执照正本。

③ 机关和实行预算管理的事业单位，应出具政府人事部门或编制委员会的批文或登记证书和财政部门同意其开户的证明；非预算管理的事业单位，应出具政府人事部门或编制委员会的批文或登记证书。

④ 军队、武警团级（含）以上单位以及分散执勤的支（分）队，应出具军队军级以上单位财务部门、武警总队财务部门的开户证明。

⑤ 社会团体，应出具社会团体登记证书，宗教组织还应出具宗教事务管理部门的批文或证明。

⑥ 民办非企业组织，应出具民办非企业登记证书。

⑦ 外地常设机构，应出具其驻在地政府主管部门的批文。

⑧ 外国驻华机构，应出具国家有关主管部门的批文或证明；外资企业驻华代表处、办事处应出具国家登记机关颁发的登记证。

⑨ 个体工商户，应出具个体工商户营业执照正本。

⑩ 居民委员会、村民委员会、社区委员会，应出具其主管部门的批文或证明。

⑪独立核算的附属机构，应出具其主管部门的基本存款账户开户登记证和批文。

⑫其他组织，应出具政府主管部门的批文或证明。

⑬申请开立基本存款账户的存款人为从事生产、经营活动纳税人的，还应出具市场监督管理部门核发的营业执照。

（2）申请开立一般存款账户的证明

存款人申请开立一般存款账户，应向银行出具：

① 开立基本存款账户规定的证明文件。

② 基本存款账户开户登记证。

③ 存款人因向银行借款需要，应出具借款合同；存款人因其他结算需要，应出具有关证明。

（3）申请开立专用存款账户的证明

申请开立专用存款账户，应向银行出具其开立基本存款账户规定的证明文件、基本存款账户开户登记证和下列证明文件：

① 基本建设资金、更新改造资金、政策性房地产开发资金、住房基金、社会保障基金，应出具主管部门批文。

② 财政预算外资金，应出具财政部门的证明。

③ 粮、棉、油收购资金，应出具主管部门批文。

④ 单位银行卡备用金，应按照中国人民银行批准的银行卡章程的规定出具有关证明和资料。

⑤ 证券交易结算资金，应出具证券公司或证券管理部门的证明。

⑥ 期货交易保证金，应出具期货公司或期货管理部门的证明。

⑦ 金融机构存放同业资金，应出具其证明。

⑧ 收入汇缴资金和业务支出资金，应出具与基本存款账户存款人有关的证明。

⑨ 党、团、工会设在单位的组织机构经费，应出具该单位或有关部门的批文或证明。

⑩ 其他按规定需要专项管理和使用的资金，应出具有关法规、规章或政府部门的有关文件。

（4）申请开立临时存款账户的证明

存款人申请开立临时存款账户，应向银行出具下列证明文件：

① 临时机构，应出具其驻在地主管部门同意设立临时机构的批文。

② 异地建筑施工及安装单位，应出具其营业执照正本或其隶属单位的营业执照正本，以及施工及安装地建设主管部门核发的许可证或建筑施工及安装合同。

③ 异地从事临时经营活动的单位，应出具其营业执照正本以及临时经营地市场监督管理部门的批文。

④ 注册验资资金，应出具市场监督管理部门核发的企业名称预先核准通知书或有关

部门的批文。

（5）异地开立单位银行结算账户的证明

异地开立单位银行结算账户，除出具单位银行结算账户的有关证明文件外，还应出具下列相应的证明文件：

① 经营地与注册地不在同一行政区域的存款人，在异地开立基本存款账户的，应出具注册地中国人民银行分支行的未开立基本存款账户的证明。

② 异地借款的存款人，在异地开立一般存款账户的，应出具在异地取得贷款的借款合同。

③ 因经营需要在异地办理收入汇缴和业务支出的存款人，在异地开立专用存款账户的，应出具隶属单位的证明。

4. 单位存款户的开户手续

申请开立账户时，存款人应填制一式三联的开户申请书，连同相关的证明文件一并送交经办行。经办行审核开户申请书是否填写正确、相关资料是否齐全、手续是否完备。审核无误后，由存款人向开户行填制印鉴卡，预留银行印鉴。经办行根据存款人的账户性质，确定会计科目、编制账号、设置账簿，登记“开销户登记簿”。

开立基本账户，开户行必须将开户申请书及相关的证明文件和银行审核意见等开户资料报送中国人民银行当地分支行，经其核准后办理开户手续。开立一般存款账户、专用存款账户和临时存款账户的，开户银行必须将开户申请书报送中国人民银行备案。

办理开户手续后，存款人可向开户银行领购银行统一印制的有关票据和各种结算凭证，办理款项存取和支付结算。

5. 单位银行结算账户的使用要求

使用单位银行结算账户，必须遵守国家的政策、法令，遵守银行信贷、结算和现金管理以及《企业银行结算账户管理办法》等有关规定。存款人的账户只能办理存款人本身的业务活动，不得出租和转让账户；不得将单位款项转入个人银行结算账户；不得违反规定支取现金；不得利用开立银行结算账户逃废银行债务；不得出租、出借银行结算账户；不得从基本存款账户之外的银行结算账户转账存入、将销货收入或现金存入单位信用卡账户；法定代表人或主要负责人、存款人地址以及其他开户资料的变更事项必须在规定期限内通知银行。

3.2.2 单位活期存款的核算

活期存款是企业的主要存款形式。所有企业均需在银行开立活期存款账户来办理现金存取和转账结算等业务。单位活期存款的核算，包括存入和支取两个方面，存入和支取又分为存取现金和转账存取两种方式，本章只讲述存取现金这种方式，转账存取方式在支付结算业务中讲述。

对于存款的核算，以往银行一般设置“吸收存款”会计科目。“吸收存款”是负债类科目，它核算企业（银行）吸收的除了同业存放款项以外的其他各种存款，即收到的除金融机构以外的企业或者个人、组织的存款，包括单位存款（企业、事业单位、机关、社会团体等）、个人存款、信用卡存款、特种存款、转贷款资金和财政性存款等。目前实务中也可将本科目的二级明细科目直接做一级科目进行核算。

1. 存入现金的核算

存款单位向开户银行存入现金时，应填制一式两联的现金存款单（其格式见表3-1），连同现金一并送交开户银行出纳部门。出纳部门审核现金存款单、清点现金无误后，将第一联盖上“现金收讫”章作为回单退交存款单位；然后根据现金存款单第二联登记现金收入日记簿，登记完毕后将第二联送会计部门，代现金收入传票登记单位存款分户账。其会计分录为：

借：库存现金

　　贷：吸收存款——活期存款——××单位存款

表3-1　　　　**现金存款单**

中国××银行现金存款单（现收传票）

科目:　　　　　　年　　月　　日

<table>
<tr><td>总字第　　号</td></tr>
<tr><td>现金日记账　　号</td></tr>
</table>

<table>
<tr><td>存款单位全称</td><td></td><td>账　　号</td><td colspan="9"></td><td rowspan="3">附件
张</td></tr>
<tr><td>款项来源</td><td></td><td>开户银行</td><td colspan="9"></td></tr>
<tr><td colspan="3" rowspan="2">人民币
（大写）</td><td>百</td><td>十</td><td>万</td><td>千</td><td>百</td><td>十</td><td>元</td><td>角</td><td>分</td></tr>
<tr><td></td><td></td><td></td><td></td><td></td><td></td><td></td><td></td><td></td></tr>
</table>

<table>
<tr><td rowspan="2">券　别</td><td rowspan="2">张数</td><td colspan="8">金　　额</td><td rowspan="2">券　别</td><td rowspan="2">张数</td><td colspan="5">金　　额</td><td rowspan="2">收款银行盖章</td></tr>
<tr><td>十</td><td>万</td><td>千</td><td>百</td><td>十</td><td>元</td><td>角</td><td>分</td><td>千</td><td>百</td><td>十</td><td>元</td><td>角</td><td>分</td></tr>
<tr><td></td><td></td><td></td><td></td><td></td><td></td><td></td><td></td><td></td><td></td><td></td><td></td><td></td><td></td><td></td><td></td><td></td><td rowspan="7"></td></tr>
<tr><td></td><td></td><td></td><td></td><td></td><td></td><td></td><td></td><td></td><td></td><td></td><td></td><td></td><td></td><td></td><td></td><td></td></tr>
<tr><td></td><td></td><td></td><td></td><td></td><td></td><td></td><td></td><td></td><td></td><td></td><td></td><td></td><td></td><td></td><td></td><td></td></tr>
<tr><td></td><td></td><td></td><td></td><td></td><td></td><td></td><td></td><td></td><td></td><td></td><td></td><td></td><td></td><td></td><td></td><td></td></tr>
<tr><td></td><td></td><td></td><td></td><td></td><td></td><td></td><td></td><td></td><td></td><td></td><td></td><td></td><td></td><td></td><td></td><td></td></tr>
<tr><td></td><td></td><td></td><td></td><td></td><td></td><td></td><td></td><td></td><td></td><td></td><td></td><td></td><td></td><td></td><td></td><td></td></tr>
<tr><td></td><td></td><td></td><td></td><td></td><td></td><td></td><td></td><td></td><td></td><td></td><td></td><td></td><td></td><td></td><td></td><td></td></tr>
</table>

会计　　　　复核　　　　记账　　　　出纳

2. 支取现金的核算

存款单位向开户银行支取现金时，应签发现金支票（其格式见表3–2），填明收款人、用途和金额，加盖预留银行印鉴，由取款人背书并填列证件名称及号码后送交开户银行柜员。柜员接到现金支票后，应重点审查：支票是否真实；记载事项是否齐全；大小写金额是否相符；是否在提示付款期限内；签章与预留印鉴是否相符。经审查无误后，以现金支票代现金付出传票，登记取款单位分户账后，凭以付款。其会计分录为：

借：吸收存款——活期存款——××单位存款

　贷：库存现金

表3–2　**现金支票**

<table>
<tr>
<td>××银行现金支票存根
支票号码
附加信息：________
____
____
____
出票日期　年　月　日
收款人：
金　额：
用　途：
单位主管　　会计</td>
<td>支票付款期限十天</td>
<td>××银行　现金支票　（省别简称）　支票号码：
出票日期（大写）　年　月　日　付款行名称：
收款人：　出票人账号：
人民币（大写）　千 百 十 万 千 百 十 元 角 分
用途________
上列款项请从我账户内支付
出票人签章：　复核：　记账：</td>
</tr>
</table>

微课8

单位存款利息的结计

现金支票是登记现金付出日记簿的依据。银行柜员配款复核后，向取款人支付现金。

3. 单位活期存款利息结计的核算

（1）利息结计的基本规定

利息结计的基本公式为：

利息=本金×存期×利率

其中：“本金”是指存款单位存入银行的存款余额。本金元位起息，元以下不计息。“存期”是指存款人的存款时间，要求按日历天数计算，算头不算尾，即存入日计息，支取日不计息，存期从存入日算至支取的前一日为止。“利率”是指一定存期的利息与存款金额的比率。利率一般分为年利率、月利率、日利率三种，其中年利率以百分号表示；月利率以千分号表示；日利率以万分号表示。三者之间可以换算，一年按360天计算。

月利率=年利率÷12

日利率=月利率÷30

　　　=年利率÷360

单位活期存款除非清户，一般均连续不间断地发生存取款业务，因此，活期存款利息一般采取定期结息的做法，即按季结计利息。单位活期存款由于存取款次数频繁，其余额经常发生变动，计算利息可采用积数法，积数法计算公式为：

利息=累计计息积数×日利率

累计计息积数=每日余额累计数

（2）利息的账务处理

利息金额计至分，分以下四舍五入；存款利息一般均采用转账方式结计，于结息日的次日为客户转账到本金账户中。根据计算的利息金额填制两联特种转账收入传票、一联特种转账付出传票及计息清单；以一联特种转账付出传票与一联特种转账收入传票对转，其分录为：

借：利息支出——活期存款利息支出

　贷：应付利息

次日转入单位活期存款账户：

借：应付利息

　贷：吸收存款——活期存款——××企业户

另一联特种转账收入传票连同计息清单作收账通知送交存款单位。

（3）单位活期存款的计息形式

单位活期存款按季度计息，从上月季末21日至本季末月20日。每季末20日为结息日，即3月20日、6月20日、9月20日、12月20日。结息时应把结息日当天计算在内。计息天数按实际天数（日历天数），算头不算尾，即从存入日算至支取前一天为止。计息形式有两种，即计息余额表计息和明细账页上计息。

①计息余额表计息（加法计算法）。该方法适用于存款余额变动频繁的存款账户。采用该方法计算利息，银行会计部门每日营业终了，将各计息分户账的最后余额逐户抄列在计息余额表中，如当天的余额未发生变化或遇节假日，应照抄上日余额。如遇更正错账，应及时在计息余额表的“应加积数”或“应减积数”栏内进行调整。结息日，逐户将全季的累计积数乘以日利率，即得出各户应计利息。

例3-1　某公司3月21日至6月20日活期存款账户累计积数为42 960 000元，年利率为0.36%。则利息为：

利息=42 960 000×（0.36%÷360）=429.6（元）

②明细账页上计息（乘法计算法）。该方法适用于存款余额变动不多的存款户。在活期存款明细账采用乙种账格式时，由于账页上设有“日数”和“积数”两栏，因此在登记明细账结出余额后，可以直接计算出积数，填入“积数”栏。日数的计算是从上一次记账日期算至本次记账日期的前一日止，即“算头不算尾”，再以上一次存款余额乘以日数，计算出计息积数。如更换账页，应将累计积数过入新账页第一行内。待结息日营业终了，再计算出该季每笔余额实存天数的合计数，以检验总积数的计算是否正确。其中，第一季度计息天数为90天（平年）或91天（闰年），第二季度和第三季度计息天数为92天，第

四季度计息天数为91天。在结息日，将各明细账户的积数分别相加，计算出本季度累计积数，再将本季度累计积数乘以日利率，即可得出应付利息数。

例 3-2 相关资料见表3-3。

表3-3　　（乙种账）建行大直支行活期存款分户账

户名：中兴商厦　　账号：11013569　　月利率：0.3‰　　金额单位：元

2022年		摘　要	借方发生额	贷方发生额	借或贷	余　额	日　数	积　数
月	日							
5	1	承前页			贷	3 400	41 3	36 000 10 200
	4	转　付	1 000		贷	2 400	5	12 000
	9	转　收		2 500	贷	4 900	14	68 600
	23	转　付	1 800		贷	3 100	10	31 000
6	2	现　付	1 000		贷	2 100	16	33 600
	18	转　付	1 200		贷	900	3	2 700
	21	结息转入		1.94		901.94	92	194 100

计算利息为：

194 100×（0.3‰÷30）=1.94（元）

会计分录为：

借：利息支出——活期存款利息支出　　1.94

　贷：应付利息　　1.94

次日转入单位活期存款账户：

借：应付利息　　1.94

　贷：吸收存款——活期存款——××企业户　　1.94

3.2.3 单位定期存款的核算

单位定期存款是指单位将其活期存款账户中暂时不用的资金一次性转出，约定存期，到期支取本息的存款。单位定期存款起存金额为1万元（或等值外币），须一次性存入，多存不限；期限分为3个月、半年、1年、2年、3年和5年6个档次，并按不同利率档次分设账户。不得将定期存款用于结算或从定期存款账户中提取现金。

1. 单位定期存款存入的核算

单位向银行办理定期存款时，应签发转账支票交银行会计部门。银行会计部门审核无误后，以转账支票代借方传票登记单位分户账，并填写一式三联的单位定期存单，以第一联存单代定期存款转账贷方传票，第二联加盖业务公章和经办人员名章后，作定期存款单据交存款人，第三联代定期存款卡片账，据以登记“开销户登记簿”后，按顺序专夹保管。其会计分录如下：

借：吸收存款——活期存款——××单位存款

　贷：吸收存款——定期存款——××单位存款

2. 单位支取定期存款的核算

单位持定期存单来行支取时，银行会计部门应抽出留存的定期存款卡片账与存单进行核对，核对相符后按规定计算存款利息，作如下会计分录：

借：吸收存款——定期存款——××单位存款

　　利息支出

　贷：吸收存款——活期存款——××单位存款

3. 定期存款利息计算

① 单位定期存款的利息计算采取逐笔计息、利随本清的办法，即在存款到期日支取本金的同时一并计付利息。

② 定期存款的存期按年、月、日计算。对年一律按360天计算，对月一律按30天计算，零头天数按实际天数计算。

③ 存期内如遇利率调整，按原定利率计息。逾期支取，逾期部分按支取日挂牌活期存款利率计息。

④ 部分提前支取的（留存部分不低于起存金额）。提前支取部分，按支取日银行挂牌公告活期存款利率计息；未提前支取部分，按定期储蓄存单开立日所定存款利率和原定存期计付利息。但部分提前支取只能允许一次，若留存部分不足起存金额，则按支取日银行挂牌公告的活期存款利率计付利息，并对该项定期存款予以清户。

⑤ 小额外币定期存款到期支取时，按存入日中国银行同业公会公布的定期存款相应档次利率计息。大额外币定期存款可享受较优惠利率，但不可以自动转存。

逐笔计息法的计算公式为：

应付存款利息=本金×年（月）数×年（月）利率+本金×零头天数×日利率

3.2.4　单位通知存款的核算

通知存款是存款人在存入款项时不约定存期，支取时提前通知金融机构，约定支取存款日期和金额方能支取的存款。

1. 通知存款的有关规定

① 通知存款不论实际存期多长，按存款人提前通知的期限长短划分为1天通知存款和7天通知存款两个品种。1天通知存款必须提前1天通知约定支取存款，7天通知存款必须提前7天通知约定支取存款。

② 通知存款的最低起存金额：单位为50万元，个人为5万元；最低支取金额：单位为10万元，个人为5万元。存款人需一次性存入，可以一次或分次支取。

③ 通知存款为记名式存款。单位通知存款采用记名存款凭证形式；个人通知存款采用记名存单形式。存单或存款凭证应注明“通知存款”字样。

2. 单位通知存款的核算

单位通知存款的存取款业务程序同定期存款，办理时注明“通知存款”字样。其会计分录如下：

存款时：

借：吸收存款——活期存款——××单位存款

　贷：吸收存款——通知存款——××单位存款

取款时：

借：吸收存款——通知存款——××单位存款

　　利息支出

　贷：吸收存款——活期存款——××单位存款

3. 通知存款的计息

通知存款存入时由存款人选择1天或7天通知存款，银行按支取日挂牌公告的相应利率和实际存期计算利息，利随本清。

实际存期不足通知期限的，按活期存款利率计算利息。最短通知期限为1天或7天。

未提前通知而支取的，以及已办理通知手续而提前支取或逾期支取的，支取部分按活期存款利率计算利息。

例3-3 某行顺至支行收到佳悦公司签发的转账支票1张及一式两联的进账单，金额为10 000元，要求转存1年期的定期存款，审查无误，作会计分录如下：

借：吸收存款——活期存款——佳悦公司存款　　10 000

　贷：吸收存款——定期存款——佳悦公司存款　　10 000

例3-4 某企业2025年1月1日存入1笔定期存款，本金10 000元，约定的存款期限是1年，约定的存款利率是3%，假设支取日的活期存款年利率为0.36%。2025年9月16日提取时：

存期=30×8+15=255（天）

利息=10 000×0.36%÷360×255=25.5（元）

若企业2026年4月9日提取，存期为1年零98天（30×3+8）。

利息=10 000×3%+10 000×0.36%÷360×98=309.8（元）

3.3
储蓄存款业务的核算

3.3.1　储蓄存款业务管理及核算要求

储蓄存款是指银行通过信用方式吸收的城乡居民闲置和积余的现金所形成的存款，是存放同业业务的重要组成部分。积极开展储蓄存款业务，不仅可以扩大银行的营运资金，积聚建设资金，而且对提升社会购买力、调节消费结构和市场货币流通、稳定物价等有重要意义。

1. 储蓄存款业务管理

（1）储蓄存款的原则

为做好储蓄工作，国家对储蓄一贯采取鼓励和保护的政策。银行对个人的储蓄存款，实行“存款自愿，取款自由，存款有息，为储户保密”的原则。

（2）个人存款账户实名制

自2000年4月1日开始，我国实行个人存款账户实名制。个人存款账户实名制是指存款人到金融机构开设各种本外币存款账户时应出示个人有效身份证件，使用身份证件上的姓名；金融机构应按规定进行核对，并登记身份证上的姓名和号码。

2. 储蓄存款业务核算的基本要求

储蓄存款业务体现了存放同业业务和现金业务的高度统一，是银行的一项基本而繁琐的核算业务。银行在储蓄存款业务日常核算时必须做到：

① 双人临柜，钱账分管。

② 存款先收款后记账，取款先记账后付款，转账必须先办理转出方业务，收妥款项后，再办理转入方业务；当时记账，当日结账，轧对平衡。

③ 储户开户时必须使用实名存款；存取款时必须做到账折（单）见面（代收代付业务按有关规定办理）。

④ 大额取现（人民币5万元以上，不含5万元；外币为超过等值1万美元的外币，含1万美元）必须按照《关于加强金融机构个人存取款业务管理的通知》和《关于居民、非居民个人大额外币现钞存取款有关问题的通知》中的有关规定办理。

拓展阅读3

《商业银行和理财公司个人养老金业务管理暂行办法》解读

⑤ 日间交班及调离必须核对账款，办理交接。

⑥ 坚持“一日三次碰库（箱）”制度，即营业前、中午休息时和下班签退前，柜员

必须核对现金实物与库存账。

⑦ 营业终了必须坚持当日结账，总分核对，做到日结日清，账账、账据、账实、账款、账表相符。

3.3.2 储蓄存款的种类

1. 普通储蓄存款种类

（1）活期储蓄存款

活期储蓄存款是指不规定存期，储户随存随取的储蓄。它具有灵活方便、适应性强的特点。活期储蓄存款人民币开户起点金额为1元，多存不限，可单独开立存折，以存折为凭证，凭折存取；也可借记卡和存折同时开立，并以其中一种作为支取凭证（现可办理无折、无卡存款），每季结息一次（每季末月的20日为结息日）。

（2）定期储蓄存款

定期储蓄存款是指约定存期，一次或分次存入，一次或多次取出本金或利息的一种储蓄。

①整存整取定期储蓄存款。整存整取定期储蓄存款是储户本金一次性存入，到期一次性支取本息的一种定期储蓄。50元起存，多存不限，存期分为3个月、半年、1年、2年、3年和5年6个档次。开户时由银行发给存单，到期凭存单支取本息。这种储蓄具有期限长、利率高的特点，适合较长时期不用的节余款项的存储。该种储蓄可部分或全部提前支取。

②零存整取定期储蓄存款。该种储蓄约定存期，本金分次存入，到期一次性支取本息，存期分1年、3年、5年3个档次。其特点是逐月存储，适合那些有固定收入但节余不多的储户。这种储蓄分两种：

第一种，每月固定金额。5元起存，多存不限，存款金额由储户自定，每月存入一次，中途如有漏存，应在次月补齐，未补存者，到期支取时，按实存金额和实际存期计算利息。该种储蓄不能办理部分提前支取（除集体户外）。该种储蓄分为个人户和集体户两种。集体户是由单位财务人员或代办员，每月从应发工资中代储，集中向存款行办理存款而开立的一种账户，存期为1年。

第二种，积零成整定期储蓄。由储户事先确定存期及预期支取本息之和的整数金额（如500元、1 000元、5 000元等），再由银行算出该储户每月应存金额，以后储户逐月存入，到期一次性支取本息。储户如在中途月份有漏存，一般应在次月补存，未补存者，到期时按实存金额和存期计息。

③存本取息定期储蓄存款。存本取息定期储蓄存款是一种一次性存入本金，分次支取利息，到期支取本金的定期储蓄存款。这种储蓄的存期分为1年、3年、5年3个档次，起存金额一般为5 000元。开户时储户将本金一次性存入，支取利息的期次可与银行商定为1个月或几个月一次，银行按本金和约定存期计算好分次应付利息，储户凭存单分期取息，到期全部支取本金。如到取息日未取息，以后可随时支取。存本取息定期储蓄存款在约定存期内如需提前支取，则要按定期存款提前支取的规定计算存期内利息，已支取的利

息要一次性从本息中扣回。它适合有大笔款项的储户存储。

④整存零取定期储蓄存款。整存零取定期储蓄存款是一种本金一次性存入，分期支取固定本金，到期一次性支取利息的定期储蓄存款种类。这种储蓄的存期分为1年、3年、5年3个档次，起存金额一般为1 000元。开户时储户可与银行约定存期和分期支取本金的期次，支取期次分为每1个月、每3个月或每半年一次。存款到期时结清利息。它适合储户有较大款项需要分期使用的情况。

⑤定活两便储蓄存款。定活两便储蓄存款是一种不确定存款期限，利率随存期长短而变动的储蓄存款种类。开户起存金额一般为50元，存单分记名、不记名两种，记名的可挂失，不记名的不可挂失。它既具有活期储蓄随时可以提取的灵活性，又能享受到接近于定期存款利率的优惠。目前银行开办的定活两便储蓄有两种：

第一种，定活两便定额储蓄。这种储蓄面额固定，通常存单面额为50元、100元、500元、1 000元等，存单不记名，不挂失，不办理异地托收，但通常规定可在同城或某区域内通兑。

第二种，定活两便不定额储蓄。由储户自己确定存入金额，存单可记名，可挂失。

2. 新储蓄存款种类介绍

(1) 活期一本通

活期一本通是在一个账户内可以同时容纳人民币及多种外币活期储蓄的存款方式。其主要特点是集多种货币于一折，方便保管；兼有一般活期存款同城通存通兑的功能；可进行个人实盘外汇买卖；与电话银行联通，足不出户便可实现个人理财。

(2) 定期一本通

定期一本通是在一个存折上办理多种货币和多种期限的整存整取定期储蓄存款的一种存款方式。其主要特点是集多种货币、多种存期于一折，方便保管；本外币定期储蓄存款同城通存通兑，方便快捷；到期自动转存，确保利息收入；一次开户即可多次反复使用，不需另开账户，定期与活期可互相转存，与电话银行联通，提供个人理财服务；还可做小额质押贷款。

(3) 通信存款

通信存款是为华侨、港澳台同胞、外籍华人及其他在国外居住或留学的国内居民开办的将资金委托银行在国内办理储蓄存款的一种存款方式。

(4) 通知储蓄存款

通知储蓄存款是由储户一次性存入本金，银行发给存折，储户凭存折可不限次数支取款项，取款时需在取款日前以书面通知银行的储蓄种类。存期分为7天、15天、1个月、2个月、3个月、6个月、9个月、1年8个档次。通知储蓄存款利率按中国人民银行公布的通知存款利率执行，未包含档次的利率，按当地中国人民银行规定的利率执行，此储种适合需要随时支取较大金额款项的储户。

(5) 个人支票储蓄

个人支票储蓄是以个人信誉为保证，使用支票作为支付结算凭证的活期储蓄。开立个人支票储蓄账户的储户，其工资等收入可由付款单位转账划入支票账户，储户购买商品或支付其他费用时，可开具支票办理结算，也可办理汇款业务。

（6）手机银行

手机银行是指银行通过移动终端（如智能手机、平板电脑等），为客户提供通过公共电话网络同银行进行金融交易的服务。无论个人、家庭还是企业、单位，都可以不用去银行，只要手机联网，输入手机银行账号和密码，便可足不出户轻松理财，简易又安全。

3. 与储蓄业务相关的其他业务

（1）个人定期储蓄存款存单小额质押贷款

个人定期储蓄存款存单小额质押贷款，是指储户持本人名下的未到期的定期存款（包括整存整取、外币定期、大额定期）存单作质押，凭有效身份证件，向原存款银行申请一定数额的人民币贷款。

每笔质押贷款额度起点为1 000元，最高不超过10万元，在此范围内一般按质押存单面额的80%确定。小额质押贷款期限均不得超过质押存单的到期日，若为多张存单质押，以距离到期日时间最近者确定贷款期限，且最长不得超过1年，原则上不予展期。对贷款逾期超过一个月的，银行有权处理其质押存单，抵偿贷款本息。

（2）“三代”业务

“三代”业务是指代收费、代发薪、代股票资金收付转账业务，是银行提供的一种服务，属银行中间性业务。

（3）电子借记卡

电子借记卡是银行向持卡人提供的现代化金融支付工具。采用电脑联网即时扣账的方式，可在电脑联网的ATM机、特约商户和银行各分支机构、储蓄网点、信用卡机构办理存款、取款、转账、代发工资、代收费、购物消费等业务。申领人要事先在银行开立存款账户，如已有活期储蓄存款账户，银行可直接为其发卡，从而免去了繁杂的申请手续，给客户带来了很大的方便，客户也可自由选择单卡户或卡折共用户。

（4）凭证式国债

凭证式国债于1994年开始由各银行、各地财政和邮政储蓄面向社会发行，采用填制“国库券收款凭证”的方式，期限有2年期、3年期、5年期3个档次，利率按财政部公布的利率执行，可以记名、挂失，但不可以上市转让，也不能质押。到期后财政部一次还本付息，逾期不计付利息。

3.3.3 活期储蓄存款业务的核算

银行应设置“活期储蓄存款”账户，用以核算银行吸收的居民个人活期储蓄款项。“活期储蓄存款”是负债类账户，该账户应按居民个人进行明细分类核算。

1. 开户的核算

储户首次存入活期储蓄存款即为开户。储户开户时须持本人法定身份证件，使用实名填写“储蓄存款凭条”（其格式见表3-4），将其连同现金一起交给柜员。柜员审核存款凭条，清点现金无误后，选择活期开户操作。根据显示器提示输入的信息输入一般内容，计算机检验输入的数据后，自动编辑储户账号，登记活期储蓄存款登记簿，建立“活期储蓄分户账”。当显示器提示将凭条、存折放入打印机时，柜员依次正确放入，打印存折、存款凭条。打印后，柜员核对打印内容是否正确，并提示储户签名确认凭条无误后，对各凭证分别加盖公章、“收讫”章和名章，登记库存现金收入日记簿，将存折交给储户，然后将储蓄存款凭条代替现金收入传票入账。其会计分录为：

借：库存现金

　贷：吸收存款——活期储蓄存款——××存款人

表3-4　**储蓄存款凭条**

<table>
<tr><td colspan="4">中国××银行　存款凭条
年　　月　　日　　　　　　序号：</td></tr>
<tr><td>客户填写</td><td colspan="3">户名……………　账（卡）号……………　顺序号……………
币种（√）：人民币□ 港币□ 美元□ 英镑□ 其他
新开户的客户请继续填写背面</td></tr>
<tr><td colspan="4">金额：亿 千 百 十 万 千 百 十 元 角 分</td></tr>
<tr><td>日期：</td><td>日志号：</td><td>交易码：</td><td>币种：</td></tr>
<tr><td>金额：</td><td>终端号：</td><td>主　管：</td><td>柜员：</td></tr>
<tr><td colspan="4"></td></tr>
<tr><td colspan="4">制票：　　　　复核：</td></tr>
</table>

续正面，请选择填写：

存款工具（√）：存单□ 存折□ 卡□ 其他…………	
储种（√）：活期□ 定活两便□ 整存整取□ 零存整取□ 整存零取□ 存本取息□ 通知存款□ 教育储蓄□ 国债□ 其他…………	
支取方式（√）：凭密码□ 凭证件□ 凭印鉴□ 其他…………	
定期存期…………	
整存整取	到期：约定转存□ 电话银行转账□
零存整取	每次：亲临办理□ 自动转账□（供款账号…………）
存本取息	（ ）个月取一次 每次：亲临办理□ 电话银行转账□ 存入指定的活期账户□
整存零取	（ ）个月取一次 每次：亲临办理□ 电话银行转账□ 存入指定的活期账户□
指定的活期账号………… 户名…………	
国债种类	发行年份：…………年度 期次：第…………期 期限：…………年
存款人证件名称（√）：身份证□ 其他………… 证件号码………… 存款人地址………… 联系电话………… 代理人证件名称（√）：身份证□ 其他………… 证件号码………… 代理人签名…………	

2. 活期储蓄存款续存的核算

储户填写存款凭条，并提交现金、存折，或只提交现金、存折，告知存款金额，凭条由柜员代填。柜员清点现金，选择活期续存操作，并向机器内输入账号和金额，其处理过程同开户一样。

3. 活期储蓄存款支取的核算

储户填写储蓄取款凭条（其格式见表3-5）或由柜员代填，提交存折。柜员核对取款凭条和存折无误后，选择活期支取操作。若有密码，则由储户输入密码，柜员按凭条输入账号、支取金额等内容，输入后机器自动调出原账户，自动核对该户的户名、账号及余额是否相符以及是否透支。当无误时，机器自动计算，结出利息积数，更新分户账，记入活期存款科目账和库存现金科目账，打印凭条和存折。柜员审核凭条，提示储户签名确认后，在凭条、存折上加盖“付讫”章和名章，然后将存折和现金交付储户，取款凭条留存。其会计分录如下：

借：吸收存款——活期储蓄存款——××存款人

　　贷：库存现金

例3-5 工商银行长宁支行收到曹洪先生送交的储蓄取款凭条，提取现金36 000元，经审查无误，当即交付现金。

借：吸收存款——活期储蓄存款——曹洪　　36 000

　　贷：库存现金　　36 000

表 3-5　　　　**储蓄取款凭条**

<u>中国××银行</u>　取款凭条

年　　月　　日　　　　　　　　　　序号:

<table>
<tr><td rowspan="5">客户填写</td><td colspan="2">户名________ 账（卡）号____________ 顺序号________</td></tr>
<tr><td>币种（√）：人民币☐ 港币☐ 美元☐ 英镑☐ 其他____
现金或转账（√）　现金☐　转账☐</td><td>金额
亿 千 百 十 万 千 百 十 元 角 分</td></tr>
<tr><td>转入账（卡）号________ 顺序号______ 户名________</td><td rowspan="3">（客户印鉴）</td></tr>
<tr><td>取款人证件名称______ 号码______</td></tr>
<tr><td>代理人证件名称______ 号码______ 代理人签名______</td></tr>
<tr><td colspan="3">日期:　　日志号:　　交易码:　　币种:
金额:　　终端号:　　主　管:　　柜员:</td></tr>
<tr><td colspan="3"></td></tr>
</table>

制票:　　　　复核:

4. 换折业务

柜员收回旧折，在最后一行余额栏下注明“过入新折”，并另开新折。新折的扉页上应注明旧折账号、户名，第一行摘要栏内注明“旧折过入”，余额栏内记载旧折的最后余额。原存折扉页公章处应加盖“注销”，每页加盖“附件”戳记，作为当日存款或取款凭条的附件。其余手续参照存、取款办理。

5. 销户业务的核算

储户不再续存，支取全部存款时即为销户。柜员核对取款凭条和存折后，选择活期销户操作。显示和处理过程与支取时类似，不同的是，要求支取的金额数字应按画面上显示的余额数字输入（柜员核对取款凭条上填写的支取金额与显示的余额是否相同，如不同提示储户重新填写），计算机确定合法后，自动完成结息、代扣缴利息税，销账，记活期储蓄存款科目账和库存现金科目账、活期储蓄利息支出账等，在开销户登记簿中注销此户，依次打印凭条、存折及利息清单，柜员核对无误后加盖“结清”戳记和名章。将现金和利息清单第二联交储户，将存折和凭条一起留存，将利息清单第一联作为利息付出传票附件留存。其会计分录如下：

借：吸收存款——活期储蓄存款——××存款人

　　利息支出

　贷：库存现金

例 3-6 7月30日，张斌先生送交销户的储蓄取款凭条，金额为16 152元，积数为484 560元，经审查无误。年利率为0.36%。

利息=积数×日利率=484 560×0.36%÷360=4.85（元）

借：吸收存款——活期储蓄存款——张斌　　16 152

　　利息支出　　4.85

　贷：库存现金　　16 156.85

6. 结算利息业务

①利息计算。计算储蓄存款利息的基本公式是：

利息=本金×利率×存期

本金元以下的尾数不计利息。存期按“算头不算尾”的原则，一年按360天计算，月一律按30天计算，不满一个月的零头天数按实存天数计算。利息计至厘位，实际支付或入息时四舍五入至分。

活期储蓄利息的计算采用积数法，即以存款余额乘以其实存天数，求出每段余额的计息积数，并加以累计。到结息期或销户时，再以累计计息积数乘以结息日或清户日的活期日利率，得出应付利息。

②基本程序。每季度末月20日营业终了，计算至季度末月20日（含当日）各储蓄账上的累计计息积数，根据当日挂牌公告的人民币活期储蓄存款利率，结出应付利息，并入本金。入息日为次日。

结息时，应在账户已结息栏下画一道红线，以示利息已经结转，积数从21日起重新累计。

最后抄列利息清单，一式三联汇总办理转账，一联作为活期储蓄存款利息支出借方传票附件，一联作为一般储蓄存款贷方传票附件，一联作为代扣利息税附件。

会计分录为：

借：利息支出

　贷：吸收存款——活期储蓄存款——××存款人

例 3-7 2025年6月20日，某行顺至支行储户张扬、王永、李红活期储蓄存款的积数分别为5 800 000元、8 500 000元和4 500 000元，年利率为0.72%。

提取应付储户活期储蓄利息，予以转账，会计分录如下：

借：利息支出　　376

　贷：吸收存款——活期储蓄存款——张扬　　116

　　　　　　　　　　　　　　　——王永　　170

　　　　　　　　　　　　　　　——李红　　90

3.3.4　通知储蓄存款业务的核算

1. 开户业务

通知储蓄存款凭证使用活期存折。开户时必须在活期存款凭条、账卡和存折上加盖“通知存款”戳记。其余处理程序同活期储蓄存款。

2. 取款及销户业务

通知储蓄存款一次性存入，可以一次或分次支取（次数不限）。按照规定，凡一次支取1万元以上者，储户应填写支取通知单，提前一天送交银行，采用活期取款凭条，必须加盖“通知存款”戳记；经办人员根据每次支取的金额、存期和支取日相应档次的人民币通知存款利率计付利息，填制利息清单，让储户签收。利息清单上的期限和利率，均应按照实际存期及相应的利率填制。一次或分次领取结清后必须收回存折，加盖“结清”印戳，作为当日取款凭条附件。其余处理程序同活期储蓄存款。

3. 计息业务

通知储蓄存款平时不结息，也不计提应付利息，每次支取本金时，利随本清。利息从活期储蓄存款利息支出科目中列支。

利率按中国人民银行公布的通知存款利率执行，未包含档次的利率，按当地中国人民银行规定的利率执行。

3.3.5　定期储蓄存款业务的核算

定期储蓄存款是储户在存款时约定存期，一次或按期分次存入本金，整笔或分次支取本金或利息的一种储蓄。

定期储蓄存款按照存取方式主要分为整存整取、零存整取、存本取息、整存零取、定活两便。

1. 整存整取定期储蓄存款业务的核算

（1）开户业务的核算

柜员审核定期存款凭条，收妥现金，选择定期开户操作，并根据存款凭条内容输入，计算机检查内容合法后，自动建立储户账号，登记整存整取开销户登记簿，记定期储蓄存款科目账和库存现金科目账、日记账，依显示器提示打印存款凭条和存单。其余手续同活期储蓄开户。其会计分录如下：

借：库存现金

　贷：吸收存款——定期储蓄存款——整存整取户

（2）到期或过期全部支取

柜员审核存单无误后，选择到期或过期全部支取操作，将存单所列账号输入计算机。计算机根据账号搜索储户资料。柜员应审核该户是否挂失、止付等。如储户凭密码支取，必须由储户本人输入密码，确认后，计算机自动计算应付利息，将此账户在整存整取开销户登记簿中注销并记入销户日期，将本金从定期存款户付出，利息从储蓄利息支出户付出，记库存现金科目账。同时，柜员应在存单上加盖“结清”戳记，打印利息清单。其余手续同活期储蓄销户处理。其会计分录如下：

借：吸收存款——定期储蓄存款——整存整取户

　　利息支出

　贷：库存现金

例 3-8 某行顺至支行收到李飞先生交来当日到期整存整取定期储蓄存单一张，金额10 000元，存期1年，年利率2.79%，要求支取本息，经审查无误，作如下处理：

借：吸收存款——定期储蓄存款——整存整取户——李飞	10 000
利息支出	279
贷：库存现金	10 279

（3）提前支取业务的核算

柜员验核存单、背书及身份证件，并将身份证件名称、号码、发证单位等抄写在存单上，其他过程与到期支取相同。

如果是部分提前支取，柜员选择部分提前支取操作，根据电脑显示输入有关内容，由计算机自动进行剩余部分的转存处理，打印出转存部分的新存单，新存单开户日期应为提前支取日期。其他处理过程与到期支取过程相同。

（4）利息计算

到期支取，原定存期内不论利率调高调低，均按存单开户日挂牌公告的相应利率计付利息，不分段计息。

过期支取，其原定存期部分，按到期支取计息方法计息；超期部分，除约定自动转存外，按支取日挂牌活期储蓄利率计付利息。

提前支取，提前支取部分按支取日挂牌活期储蓄利率计付利息；未提前支取部分，仍按原存单利率计付利息。

2. 零存整取定期储蓄存款业务的核算

（1）存入零存整取定期储蓄存款

①开户的核算。储户首次存入零存整取定期储蓄存款时，应填制“储蓄存款凭条”，连同身份证和现金一并交给银行，经办人员审查存款凭条和清点现金无误后，据以开立零存整取定期储蓄存款明细账卡和存折，将存折加盖业务公章后交给储户，并登记“开销户登记簿”；以储蓄存款凭条代替现金收入传票入账。其会计分录为：

借：库存现金

　贷：吸收存款——定期储蓄存款——×期限零存整取储蓄——××

②续存。储户按月续存时，经办人员应核对续存金额是否符合规定，其余处理手续和核算方法与开户时相同，不再重述。

（2）支取零存整取定期储蓄存款的核算

① 到期支取。储户到期持存折来银行支取本息时，经办人员抽出明细账卡核对无误后，按规定计算应付利息。其余处理手续与活期储蓄存款中的销户基本相同。其核算方法

与整存整取定期储蓄存款相同，不再重述。

② 提前支取。储户提前支取零存整取定期储蓄存款时，应提交身份证件，经办人员审查无误后，办理提前支取手续，在存折和分户账上加盖“提前支取”戳记，按提前支取的规定计算利息，其余手续与到期支取相同。零存整取定期储蓄存款只能全部提前支取，不能部分提前支取。

（3）零存整取储蓄存款利息的计算

零存整取储蓄存款利息的计算通常采用月积数计息法和固定基数计息法。

① 月积数计息法。这种方法是根据存款账每月余额计算出月积数，而后将月积数累计乘以月利率，即为应付利息。

② 固定基数计息法。这种方法是按规定存期和利率先计算每元本金到期应付利息（存期应根据等差级数求平均值的方法计算，公式为存期=（首月+末月）÷2，如一年档次的平均存期为6.5个月），再以此作为基数乘以存入金额的合计数，求出应付利息。其计算公式如下：

固定基数应付利息=本金×平均存期×月利率

应付利息=固定基数应付利息×存款余额

3. 存本取息定期储蓄存款业务的核算

（1）开户业务的核算

存本取息定期储蓄存款的开户手续和核算方法与零存整取定期储蓄存款基本相同，不再重述。其会计分录为：

借：库存现金

　贷：吸收存款——定期储蓄存款——×期限存本取息储蓄——××

（2）取息业务的核算

储户按约定的取息期支取利息时，应填写储蓄取款凭条，注明存本取息储蓄，连同存折一并送交银行。经办人员抽出明细账卡，核对无误后，在取款凭条上加盖“现金付讫”戳记和取款人名章，据以登记存折和明细账卡，并支付现金。将储蓄取款凭条代替现金付出传票入账。其会计分录为：

借：应付利息——×年期存本取息储蓄存款利息

　贷：库存现金

（3）到期支取本息

存款到期，储户支取最后一次利息的手续同前，对本金则凭存单支取。同时在存单及账卡上加盖“结清”戳记。会计分录比照整存整取储蓄存款。

（4）利息计算

存本取息的利息计算应先按规定利率计算出应付利息总数，再根据取息次数计算出平均每次支取的利息数。其计算公式为：

每次支取利息数=（本金×存期×利率）÷支取利息的次数

储户如提前支取本金，应按照实际存期及规定的提前支取利率，计算应付利息，并扣除已支付的利息。

4. 整存零取定期储蓄存款业务的核算

（1）开户业务的核算

储户存入整存零取定期储蓄存款时，应填制“储蓄存款凭条”，注明整存零取定期储蓄存款，填写存期及支取本金的期次，将储蓄存款凭条、身份证和现金一并交给银行，经办人员审查存款凭条和清点现金无误后，据以开立整存零取定期储蓄存款明细账卡和存折，将存折加盖业务公章后交给储户，并登记“开销户登记簿”；用储蓄存款凭条代替现金收入传票入账。其会计分录为：

借：库存现金

　贷：吸收存款——定期储蓄存款——×期限整存零取储蓄——××

（2）分期支取业务的核算

储户按约定期限分期支取本金时，应填写储蓄取款凭条，注明整存零取储蓄，连同存折一并送交银行。经办人员抽出明细账卡，核对无误后，在取款凭条上加盖“现金付讫”戳记和人名章，据以登记存折和明细账卡，并支付现金。用储蓄取款凭条代替现金付出传票入账。其会计分录为：

借：吸收存款——定期储蓄存款——×期限整存零取储蓄——××

　贷：库存现金

（3）结清

储户于存单期满最后一次取款时，除按分期取款手续处理外，还应计付利息，并在原存单上加盖“结清”戳记作为取款凭条附件。

（4）利息计算

整存零取定期储蓄存款是一次性存入，余额逐渐减少，而不是固定本金。因此，其利息计算可比照零存整取定期储蓄存款采用月积数计息法，而计息的有关规定与整存整取储蓄存款相同。

5. 定活两便储蓄存款业务的核算

定活两便是一种事先不约定存期，一次性存入、一次性支取的储蓄存款。定活两便储蓄存款利率随实际存期而定，具体规定如下：

（1）存款期限不满3个月的，按支取日活期存款利率计算利息。

（2）存款期限在3个月到半年之间的，利息按支取日整存整取3个月期年利率的60%计算。

（3）存款期限在半年到一年之间的，利息按支取日整存整取半年期年利率的60%计算。

（4）存款期限超过一年的，无论存多久，都按整存整取一年期定期存款利率的60%计算利息。

其账务处理同定期和活期储蓄存款。

例3-9 储户许珊于20×4年6月2日开户存入定活两便储蓄存款，存入现金200 000元。许珊于20×4年12月10日支取，支取日挂牌公告的半年期年利率为2.85%。会计分录为：

（1）存入。

借：库存现金　200 000

　贷：吸收存款——定期储蓄存款——定活两便——许珊　200 000

（2）支取。

存款利息=200 000×（2.85%÷12×6+2.85%÷360×8）×0.6=1 786（元）

借：吸收存款——定期储蓄存款——定活两便——许珊　200 000

　　利息支出　1 786

　贷：库存现金　201 786

互动课堂　银行会计新手纠错

活动目的：通过角色扮演活动，了解银行会计在存款业务会计处理中易错的情况，帮助同学们熟悉与掌握银行会计存款相关业务的会计处理。

活动说明：每组3位同学，一位扮演银行柜员，一位扮演客户，一位扮演上任不久的银行会计。新手会计要出现一个处理错误，并且最终改正。

老师组织：先说明活动要求，然后给每组同学分配银行存款业务的类别和活动任务。可根据表现如业务复杂程度、知识关联度、现场表现等给予平时成绩加分。

学生活动：客户应说出要办理的具体存款业务；银行柜员根据客户要求"办理"即阐述相关流程，有条件的可以借助凭据；银行会计根据业务进行会计处理并"出错"，最后发现错误并改正，扮演结束后向同学阐述"犯错"和改正过程。

3.4 储蓄业务的通存通兑

通存通兑，就是储户在一个银行营业网点开户后，可以在计算机网络内的其他任何一个营业网点办理各种交易，这在本质上就是各营业网点间的异地代收代付业务的处理。

计算机通存通兑按道理应该不受距离的限制，通存通兑的网络既可以是同城的，也可以是异地的。由于受通信技术的限制，目前主要是同城的。随着计算机技术和通信技术的发展，跨市、跨地区的通存通兑会更加普及。

通存通兑业务包括本、外币储蓄存款中的活期通存通兑和定期通存通兑，还可办理存款的挂失、查询等业务。

1. 活期通存通兑

储户办理活期跨所存款和取款，其流程与前面所讲的续存、支取的流程一致，但会计核算不同：

通存的会计核算：借记“库存现金”，贷记“应付账款”。

通兑的会计核算：借记“应收账款”，贷记“库存现金”。

储户办理跨地区通存通兑业务，还需要按交易额的3‰交纳通存通兑手续费，柜员清点储户交来的现金后，开具业务费收据，加盖现金章、私章，第一联银行保管，第二联交给储户。会计核算：借记“库存现金”，贷记“通存通兑手续费收入”。

2. 定期通存通兑

留有密码的一本通存折、零整类存折，可在所在市的联网网点办理通存通兑，流程与定期存款的存入和支取一致。

通存的会计核算：借记“库存现金”，贷记“应付账款”。

通兑的会计核算：借记“应收账款”，贷记“库存现金”。

3.5 储蓄所的结账与事后监督

3.5.1 储蓄所的结账及账务核对

每日营业终了，储蓄所要将一天的储蓄业务进行结账。一方面，要根据储蓄业务登记有关账簿；另一方面，要对账务进行核对，以保证账务正确。账务处理的程序如下：

① 按储蓄种类，分别存、取款凭条，编制有关储蓄科目现金或转账借贷方传票。

② 汇总所有利息清单，编制利息支出科目现金借方传票。

③ 编制营业汇总储蓄日报表。营业汇总储蓄日报表是反映当日全部储蓄业务情况的报表，是轧平和核对账务的有力工具。编制方法如下：根据有关科目日结单分别填入有关储蓄类别发生额借、贷栏，并结出余额；根据开销户的传票，登记开、销户栏，计算结存户数；核对开销户情况。营业汇总储蓄日报表中的储蓄开销户数，应与新开户的账户及收回的存单（折）核对相符。

④ 核对空白重要凭证。营业汇总储蓄日报表中的空白重要凭证的本日结存数，应与

本日各种重要凭证的实际结存数相符。

⑤ 定期（最少1个月）核对各种储蓄分户账余额与储蓄有关科目余额是否相符，以保证账务的正确。

3.5.2 管理行的账务处理与事后监督

1. 账务处理

基层储蓄所的业务是管理行业务的一部分，每日营业终了，应将储蓄所的业务并入管理行储蓄业务中。账务合并方式有并账式和并表式两种。

（1）并账式的处理

管理行收到储蓄所填送的传票和储蓄日报表，经审核无误后，对各储蓄存款科目按储蓄所分别立账，并根据储蓄传票登记在有关账户内。管理行轧账时，将储蓄传票视同自身传票一起处理。

（2）并表式的处理

有储蓄所由于业务量大，并账有困难的，也可采用并表式的处理。采用并表式的储蓄所，自己有一套独立、完整的账务体系。管理行对储蓄所账务不设分户账，将日报表同管理行同日的日报表合并，编制全辖汇总日计表。

2. 储蓄账务事后复核监督

对储蓄账务进行事后复核监督，是保证账务正确的有效方法。其基本内容如下：

（1）审核凭证、报表

对各基层储蓄所的凭证、报表应认真审查，包括审查凭证内容是否完整，金额有无错误，账簿记载是否正确，利息计算有无错误，签章是否齐全等。

（2）逐笔事后复核监督

具体内容包括：

一是对整存整取定期储蓄的复核。复核新开户传票内容是否完整、正确；复核后，将收入传票按顺序排列代替卡片账。对清户账户的复核，应逐笔核对内容，审核利息计算是否正确。未清户收入传票的总余额应与日报表整存整取储蓄余额相符。

二是对零存整取储蓄的复核。将开户的存款凭条按账号排列放入卡片账，根据续存凭条抽出该户上一张存款凭条，核对账号、户名、发生额、余额无误后，将续存凭条放入卡片箱，将抽出的凭条装订保管。销户账户根据销户存折抽出该户上一张凭条，核对无误后，将两张凭条放在一起，一并装订保管。未抽凭条的余额数，应同日报表零存整取定期储蓄存款余额相符。

三是对活期储蓄的复核，做法与零存整取基本相同。

事后复核监督做法复杂，工作量大，但因监督严密，且能逐户逐笔监督，所以对于提高储蓄核算质量、维护储蓄存款安全具有一定作用。

推荐阅读资料及网站

1. 《企业会计准则》
2. 中国民生银行官网，http：//www.cmbc.com.cn
3. 《储蓄管理条例》
4. 《现金管理暂行条例》
5. 《人民币银行结算账户管理办法》

复习思考题

1. 单位活期存款账户有哪些种类？
2. 活期存款怎样结计利息？它有哪两种计息形式？
3. 什么是单位定期存款？对期限1年以上的单位定期存款的利息应如何结计？
4. 概述单位定期存款业务的核算手续。
5. 我国的储蓄政策和原则是如何规定的？什么是个人存款实名制？
6. 个人储蓄存款有哪些主要种类？
7. 如何计算活期储蓄存款的利息？其核算手续如何？
8. 储蓄所每日营业终了如何做好结账核对工作？

案例分析一

武先生与邢先生共同出资申请成立健武科技开发有限公司，注册资本50万元，现已经市场监督管理部门核准名称。某日，二人与其委托的会计师事务所工作人员携带有关资料，前往某商业银行的一个分理处，申请开户。

问题：

1. 作为银行会计，应为其开立何种结算账户，审验哪些材料？
2. 如何进行业务操作程序及账务处理？
3. 应向存款人提示的该账户使用要求有哪些？
4. 假设该企业验资结束后，想申请在此行开立基本结算账户，需要交验哪些材料？开立基本结算账户的程序是什么？

案例分析二

有效的制度 贵在落实
——山西省某县银行邢某挪用公款案

山西省某县银行发生了一起储蓄代办员挪用资金196.9万元的案件，立案后追回赃款21.9万元，175万元无法追回，损失惨重。

犯罪嫌疑人邢某，女，32岁，被捕前系该县银行营业部储蓄专柜会计（代办员），中共党员、中专学历。根据其犯罪事实，2001年11月9日其被山西某市中级人民法院判处无期徒刑，剥夺政治权利终身。与此案有关的支行行长、分管会计、储蓄员、负责稽核工作的副行长，储蓄、会计、稽核部门和县支行营业部及储蓄专柜的负责人，专柜出纳员及上级行派驻稽核员等21名相关人员分别受到警告、撤职、辞退等纪律处分。

邢某从1991年调回支行营业部储蓄专柜到1999年案发，在长达9年的时间里，利用工作之便，采取非法手段，先后利用国债兑付资金、储蓄存款利息及金穗卡透支等手段，挪用公款1 969 435.32元。作案时间之长，作案次数之多，涉及金额之大，涉及面之广，实属少见。

以下是本案犯罪嫌疑人邢某案件中的几个片段：

片段一：

储蓄实行微机管理时，邢某是第一批学习计算机操作技术的人员。在储蓄专柜其他人请假的情况下，由邢某一人代理，其既操作计算机，又当出纳收付现金，还制作会计凭证，整个业务流程均由邢某一人操作，无任何关口阻挡，想透支就透支，想抽底卡就抽底卡，长期频繁作案，无人发现。出纳员在邢某第一次冒名取出1 000元存款时，碍于同事情面，未坚持原则，使邢某侥幸得逞。

片段二：

长期以来，该行未认真执行重要空白凭证管理制度，甚至出现丢失一份空白存单的事件，也没有引起有关部门、有关人员的高度重视，使这个本可通过重要空白凭证管理制度即可有效防范的案件最终发生。

片段三：

1996年6月，会计、出纳二人去某市参加市行组织的培训考试，在去某市的前一天上午，负责人就让复核员临时接替了出纳。在交接时，复核员既没有点清现金，也没有作任何交接记录。到第二天上午办理业务后，在清点库款时，复核员才发现少了5万元。当时，这位负责人感到问题重大，便去向营业部主任反映，当负责人得知营业部主任也去了某市时，负责人就返回储蓄专柜与复核员查找短款，直到午后一点多，也未找到短款。在负责人中午回家后，邢某才从某市向负责人打电话说，库款少了5万元是邢某自己拿走使用的。短款虽然找到了，邢某上班后也及时补上了库款，但至邢某案发近3年的时间里，再也没有人向支行行长或监督部门提起过这件事。就这样，他们把这件事大事化小，小事化了。这种不负责任的态度，再次助长了邢某的犯罪行为向纵深发展。

片段四：

在以后的几年中，邢某贪心无度，胆子也越来越大。在没有岗位制约的情况下，她利用有利条件，长期采取收入不进账、空开存单、空开进账单、国库券兑付资金不入账、透支储户存折、改大利息科目借方余额等手段，一次又一次地作案，小到几百元，大到几十万元，偷梁换柱，东挪西倒，直至案发。

片段五：

由于邢某在岗期间工作十分积极，早出晚归，加班加点，再苦再累也从未有过怨言，并在身体不适时，哪怕是在岗打吊针输液，也从不请假休息。因此，从支行领导、部门负责人到员工都认为邢某是好样的，邢某连年被评为先进工作者。于是，支行领导放松了警惕，长期被邢某制造的假象所蒙蔽，并使其在一个岗位连续工作长达12年。

片段六：

这个县行每年都要接受多次各级各类监督检查，但这些检查大部分只是检查了表面，没有从源头上查起，即便查出了一些问题，也只要求及时改正，没有深追细究、一查到底，从而使作案者从监督者的眼皮底下溜掉。

上级行派驻该县行的稽核人员，定期对专柜的账务进行专项稽核，稽核中几次向邢某索要专柜与营业部的账务往来清单，邢某每次都以电脑故障调不出来为由推诿、搪塞。这没有引起稽核人员足够的重视，稽核人员没有深挖细究、追查到底，致使邢某利用往来账务肆意作假、疯狂作案的犯罪行为未能及时被发现。

资料来源：作者根据相关资料整理而成。

问题：

1. 我们从这起案件中应吸取哪些教训？

2. 邢某违反了储蓄和现金出纳工作的哪些规定？

第3章

扫码答题

第4章 贷款和贴现的核算

学习目标

通过本章的学习，了解贷款和贴现的意义和核算要求，重点掌握贷款和贴现的区别以及信用贷款和票据贴现的核算手续。同时，要掌握贷款利息和贷款损失准备金的具体处理与核算。

价值引领

- 不忘初心、牢记使命，坚持守法合规，维护金融安全。
- 心正手灵则业勤业精，坚持服务为本、尽职尽责。

专业融合

- 通过学习贷款和贴现的核算，将金融企业贷款和贴现业务的开展与企业发展、国家政策密切结合，树立为人民谋幸福、与企业共成长、同国家共命运的远大理想。
- 通过学习贷款损失准备和坏账准备的核算，树立严谨、慎重的工作态度，严格遵守相关规定，做到正直、客观、务实履责。

能力培养

- 培养对金融企业贷款和贴现风险的高度警惕性及专业胜任能力。
- 任何事物的变化都是由量变到质变的过程，量变到一定程度引起质变，结合量变质变规律，培养对相关职业风险的防范与控制能力。

开篇案例6

德隆事件

4.1

贷款业务概述

4.1.1 贷款业务的意义

贷款业务是我国商业银行主要的资产业务，其占所有资产业务的比重最大，是我国商业银行的传统业务之一。贷款又称放款，是商业银行作为贷款人，按照一定的贷款原则和政策，以还本付息为条件，将一定数量的货币资金提供给借款人使用的一种信用活动。在贷款业务中，银行是贷款资金的所有者、债权人，银行出让的只是资金的使用权，是取得利息收入的一方。

拓展阅读4

绿色信贷小知识

在我国，贷款利息收入是商业银行的主营业务收入，其与存款利息支出轧抵形成商业银行利润的主要部分。商业银行通过贷款满足社会经济对资金的需求，从而发展经济并为银行带来利润。贷款运用得好坏，不仅是银行成败的关键，也是决定社会经济兴衰的重要因素，国家运用银行贷款对国民经济各部门进行资金再分配，以满足生产和流通中的资金需要，促进社会经济的协调发展。同时，银行信贷投放是形成社会购买力的主要途径，贷款的规模对货币、物价的稳定都将产生重大影响。

4.1.2 贷款的种类

银行贷款按照不同的分类标准，可以划分为多种不同的形式。

1. 按贷款期限分类

根据《贷款通则》的规定，银行贷款根据贷款期限可划分为短期贷款、中期贷款和长期贷款。

① 短期贷款是指贷款期限在1年以内（含1年）的贷款。它通常用于工商企业的营运资本、各种偶然性因素引起的流动资金的需求以及银行间的资金融通。

② 中期贷款是指贷款期限在1年以上、5年以下（含5年）的贷款。它主要用于工商企业的设备更新改造，是中小企业取得固定资本的重要途径。中期贷款也有很多是个人消费者的贷款。

③ 长期贷款是指贷款期限在5年以上（不含5年）的贷款。它主要用于企业各种固定资产的购置等，同时也提供给个人消费者，主要用于购买住宅等。

2. 按贷款方式分类

根据《贷款通则》的规定，银行贷款根据贷款方式可划分为信用贷款、担保贷款和票据贴现。

①信用贷款是指以借款人信誉发放的贷款。

②担保贷款是指贷款人为确保贷款的按时收回，要求借款人或第三人提供一定的财产或资信而发放的贷款。按照担保方式的不同，担保贷款可分为保证贷款、抵押贷款、质押贷款。

保证贷款是指按《中华人民共和国民法典》规定的保证方式，以第三人承诺在借款人不能偿还贷款时，按约定承担一般保证责任或者连带责任而发放的贷款。

抵押贷款是指按《中华人民共和国民法典》规定的抵押方式，以借款人或第三人的财产作为抵押物发放的贷款。

质押贷款是指按《中华人民共和国民法典》规定的质押方式，以借款人或第三人的动产或权利作为质押物发放的贷款。

③票据贴现是贷款的一种特殊方式。它是指贷款人以购买借款人未到期商业票据的方式发放的贷款。票据贴现实行预扣利息，票据到期后，银行可向票据载明的付款人收取票款。票据贴现实质上是把商业信用转化为银行信用，使持票者在资金发生紧缺时，即可向银行申请贴现，使原来的债权得以提前实现。银行在办理贴现业务时，应对票据进行严格审核，注意票据的合法性、要式的完整性、承兑人的可靠性、商品交易的真实性等。

3. 按贷款的质量（或风险程度）分类

按照贷款的质量或风险程度，西方银行贷款一般可分为正常贷款、关注贷款、次级贷款、可疑贷款和损失贷款五类，称为五级分类制度。其中，前两类属于正常贷款，后三类属于不良贷款。

我国以往采用“一逾两呆”的贷款分类方法，即将贷款分为正常贷款和不良贷款。其中，不良贷款包括逾期贷款、呆滞贷款和呆账贷款三类。逾期贷款是指借款合同约定到期（含展期后到期）未归还的贷款（不含呆滞贷款和呆账贷款）；呆滞贷款是指按财政部有关规定，逾期（含展期后到期）超过规定年限仍未归还的贷款，或虽未逾期或逾期不满规定年限，但生产经营已终止、项目已停建的贷款（不含呆账贷款）；呆账贷款是指按财政部有关规定列为呆账的贷款。2003年7月13日，原中国银行业监督管理委员会在有关会议上要求：从2004年开始，国有独资商业银行和股份制银行取消现在并行的贷款“一逾两呆”制度，全面推行贷款五级分类制度。五级贷款分类如下：

① 正常贷款是指借款人能够履行合同，有充分把握按时足额偿还本息的贷款。

② 关注贷款是指尽管借款人目前有能力偿还贷款本息，但存在一些可能对偿还产生不利影响的因素的贷款。

③ 次级贷款是指借款人的还款能力出现明显问题，其正常营业收入无法足额偿还贷款本息的贷款。

④ 可疑贷款是指借款人无法足额偿还贷款本息，即使执行担保，也肯定要造成较大损失的贷款。

⑤ 损失贷款是指在采取所有可能的措施或一切必要的法律程序之后，本息仍然无法收回，或只能收回极少部分的贷款。

4. 按贷款对象的主体性质分类

按照贷款对象的主体性质，银行贷款可以分为单位贷款和个人贷款。

① 单位贷款是指银行向企事业单位及机关、团体等经济组织发放的贷款。

② 个人贷款是指银行向消费者个人发放的贷款。这是近年来商业银行大力推行的贷款品种，目前个人贷款业务的主要品种如图4-1所示。

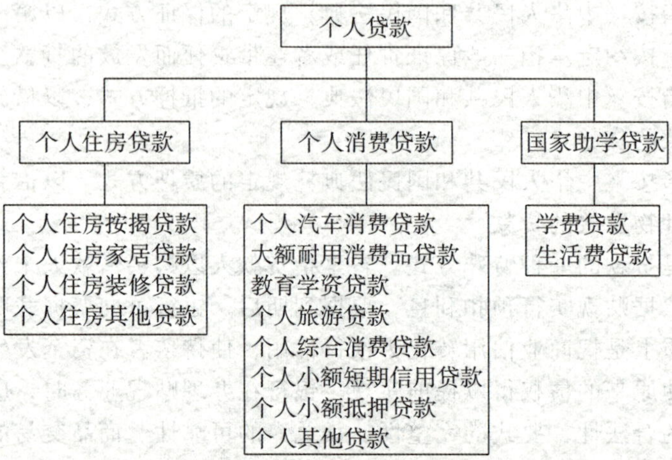

图4-1　个人贷款业务主要品种

4.1.3　贷款业务的核算要求

短期贷款本金按实际贷出的贷款金额入账。期末，按照贷款本金和适用的利率计算应收利息。

中长期贷款的核算，应当遵循以下四个“分别核算”的原则：

① 本息分别核算。商业银行发放的中长期贷款，应当按照实际贷出的贷款金额入账。期末，应当按照贷款本金和适用的利率计算应收取的利息，并分别对贷款本金和利息进行核算。

② 商业性贷款与政策性贷款分别核算。

③ 自营贷款与委托贷款分别核算。自营贷款是指商业银行以合法方式筹集的资金自主发放的贷款，其风险由商业银行承担，并由商业银行收取本金和利息。委托贷款是指委托人提供资金，由商业银行（受托人）根据委托人确定的贷款对象、用途、金额、期限、利率等代理发放、监督使用并协助收回的贷款，其风险由委托人承担。商业银行发放委托贷款时，只收取手续费，不得代垫资金。商业银行因发放委托贷款而收取的手续费，按收入确认条件予以确认。

④ 应计贷款和非应计贷款分别核算。非应计贷款是指贷款本金或利息逾期90天没有收回的贷款。应计贷款是指非应计贷款以外的贷款。当贷款的本金或利息逾期90天时，

应单独核算。当应计贷款转为非应计贷款时，应将已入账的利息收入和应收利息予以冲销。从应计贷款转为非应计贷款后，在收到该笔贷款的还款时，首先应冲减本金，本金全部收回后，再收到的还款则确认为当期利息收入。

4.1.4　贷款业务的主要会计科目

贷款业务核算涉及的主要会计科目如下：

1. 短（中长）期贷款

本科目核算企业银行按规定发放的各种客户贷款，期限小于一年的为短期，超过一年的为中长期，包括质押贷款、抵押贷款、保证贷款、信用贷款等。本科目可按代理类别、客户等分别对本金、利息调整等进行明细核算。

2. 贴现资产

本科目核算企业银行办理票据的贴现、转贴现业务所融出的资金。本科目可按贴现类别和贴现申请人进行明细核算。

3. 应收利息

本科目核算金融企业发放贷款、存放中央银行款项、拆出资金、买入返售金融资产等应收的利息。本科目可按借款人进行明细核算。

4. 利息收入

本科目核算金融企业确认的利息，包括发放的各项贷款、与其他金融机构之间发生的资金往来业务、买入返售金融资产实现的利息收入。本科目可按业务类别进行明细核算。

4.2
信用贷款的核算

开篇案例 7

本溪银行原总经理白琳：受指使违法放贷的代价

信用贷款是指仅凭借款人的信誉发放的贷款。其特征是借款人无须提供抵押品或第三方担保，而以其与银行长期交往中的信誉来取得贷款。

信用贷款的优点是贷款手续简便，不需要找保证人或抵（质）押品，只要直接签订借款合同即可。缺点是风险大、利率较高。其风险权重被确认为100%。信用贷款多采用逐笔核贷方式发放，即银行根据借款人提出的申请，逐笔申请立据，逐笔审核，约定期限，一次贷放，按照规定利率计收利息。

4.2.1 贷款发放的核算

商业银行按当前市场条件发放的贷款，应以发放贷款的本金和相关交易费用之和作为初始确认金额。发放贷款时，应按贷款的合同本金，借记“短（中长）期贷款——本金”科目，按实际支付的金额，贷记“吸收存款——活期存款”等科目；存在差额时，按其差额借记或贷记“短（中长）期贷款——利息调整”科目。“短（中长）期贷款”一级科目的金额反映的就是贷款的初始确认金额。

借款人申请借款时，应向银行提交借款申请书和借款凭证（见表4-1）一式五联，第一联为回单联，第二联为借方凭证，第三联为贷方凭证，第四联为借据联代分户卡片，第五联退业务部门留存。

表4-1　（　贷款）借款凭证（申请书代借据）

单位编号：　　　　日期：　年　月　日　　　　银行编号：

<table>
<tr><td rowspan="3">放款单位</td><td colspan="2">名　称</td><td></td><td rowspan="3">借款单位</td><td>名　称</td><td></td></tr>
<tr><td colspan="2">放款户账号</td><td></td><td>往来户账号</td><td></td></tr>
<tr><td colspan="2">开户银行</td><td></td><td>开户银行</td><td></td></tr>
<tr><td colspan="3">借款期限
（最后还款日）</td><td></td><td colspan="2">借款计划指标</td><td></td></tr>
<tr><td colspan="3">借款申请金额</td><td colspan="3">人民币
（大写）：</td><td>千 百 十 万 千 百 十 元 角 分</td></tr>
<tr><td colspan="3">借款原因及用途</td><td></td><td colspan="2">银行核定金额</td><td>千 百 十 万 千 百 十 元 角 分</td></tr>
<tr><td>期限</td><td>计划还款日期</td><td>√</td><td>计划还款金额</td><td rowspan="5">银行审批</td><td colspan="2" rowspan="5">负责人　信贷部门主管　信贷员</td></tr>
<tr><td>1</td><td></td><td></td><td></td></tr>
<tr><td>2</td><td></td><td></td><td></td></tr>
<tr><td>3</td><td></td><td></td><td></td></tr>
<tr><td>4</td><td></td><td></td><td></td></tr>
<tr><td colspan="4">兹根据你行贷款办法规定，申请办理上述借款，请核定贷给。
此致
××商业银行
（借款单位预留往来户印鉴）</td><td colspan="3">会计分录：
（借）：……
对方科目　（贷）：……
会计　复核　记账</td></tr>
</table>

此联为贷款账户借方凭证

会计部门收到借款凭证后，应认真审查有无信贷部门的审批意见，各项内容的填写是否正确完整，大小写金额是否一致，印鉴是否相符等。经审核无误后，办理转账。

银行发放贷款时，设立“短（中长）期贷款”科目进行核算。本科目核算银行按规定发放的各种客户贷款，包括质押贷款、抵押贷款、保证贷款、信用贷款等，可按贷款类别、客户，分别对“本金”“利息调整”“已减值”等进行明细核算。

其会计分录为：

借：短（中长）期贷款——××借款单位贷款户——本金（合同本金）

　　贷：吸收存款——活期存款——××借款单位存款户（实际支付金额）

　　　　（或借）短（中长）期贷款——利息调整

银行根据传票登记贷款户和存款户。在第一联回单联上加盖转讫章后交给借款单位，借款凭证第四联（分户卡片）按贷款到期日先后顺序排列。

例4-1　20×4年12月31日，某银行顺至支行发放给润丰公司3年期一次还本付息的信用贷款，合同本金2 000万元，年复利率5%，一次性按本金的2.75%扣除手续费，则：

交易成本=2 000×2.75%=55（万元）

贷款初始确认金额=2 000−55=1 945（万元）

设实际利率为i，则：

$1\ 945=2\ 000\times(1+5\%)^3\div(1+i)^3$

$(1+i)^3=1.1903$，$i=6\%$。

发放贷款时的会计分录如下：

借：中长期贷款——润丰公司——本金	20 000 000	
贷：吸收存款——活期存款——润丰公司		19 450 000
中长期贷款——利息调整		550 000

4.2.2　贷款收回的核算

1. 贷款的后续计量

微课9

校园贷

根据“36号文”的规定，金融服务业将资金贷与他人使用而取得利息收入的业务活动属于增值税业务，应以提供贷款服务取得的全部利息及利息性质的收入为销售额。贷款利息支出以及与贷款业务直接相关的佣金与手续费支出所产生的进项税额不可抵扣。但与贷款业务无关的银行收费，如信用证咨询服务费，可以做进项税额抵扣，统一适用6%的税率，金融企业的小规模纳税人（年应税销售额低于500万元）则按3%的征收率缴纳增值税。

（1）金融资产的后续计量

根据《企业会计准则第22号——金融工具确认和计量》第三十三条的规定，企业应当按照公允价值对金融资产进行后续计量，且不扣除将来处置该金融资产时可能发生的交易费用。但是，下列情况除外：

① 债权投资以及贷款和应收款项，应当采用实际利率法，按摊余成本计量。

② 在活跃市场中没有报价且其公允价值不能可靠计量的权益工具投资，以及与该权益工具挂钩并须通过交付该权益工具结算的衍生金融资产，应当按照成本计量。

商业银行发放的贷款的后续计量，应当采用实际利率法，按摊余成本计量。

（2）贷款的摊余成本

商业银行发放的贷款的摊余成本，是指该金融资产的初始确认金额，减去已偿还的本金，加上采用实际利率法将该初始确认金额与到期日之间的差额进行摊销形成的累计摊销额，扣除已发生的减值损失。

如果有客观证据表明该金融资产的实际利率与名义利率相差很小，也可采用名义利率对摊余成本进行后续计量。

（3）贷款的后续计量与核算

银行会计部门应经常查看贷款借据的到期情况，在贷款快要到期时，与信贷部门联系，通常提前3天通知借款单位准备还款资金，以便到期时按期还款。收回贷款的核算主要分以下几种情况：

①贷款到期，借款单位主动归还贷款。

借款单位到期主动归还贷款时，应签发转账支票及一式四联的还款凭证（见表4-2）送交开户银行，办理还款手续。

表4-2　（　贷款）还款凭证（借方凭证）

原借款凭证：　　　　日期：　　年　　月　　日

单位编号：　　　　原借款凭证银行编号：

<table>
<tr><td rowspan="3">付款人</td><td>名称</td><td></td><td rowspan="3">借款人</td><td>名称</td><td colspan="10"></td></tr>
<tr><td>往来户账号</td><td></td><td>放款户账号</td><td colspan="10"></td></tr>
<tr><td>开户银行</td><td></td><td>开户银行</td><td colspan="10"></td></tr>
<tr><td colspan="2">计划还款日期</td><td>年　月　日</td><td colspan="2">还款次序</td><td colspan="10">第　次还款</td></tr>
<tr><td colspan="2" rowspan="2">偿还金额</td><td colspan="3" rowspan="2">人民币
（大写）：</td><td>千</td><td>百</td><td>十</td><td>万</td><td>千</td><td>百</td><td>十</td><td>元</td><td>角</td><td>分</td></tr>
<tr><td></td><td></td><td></td><td></td><td></td><td></td><td></td><td></td><td></td><td></td></tr>
<tr><td colspan="2">还款内容</td><td colspan="13"></td></tr>
<tr><td colspan="3">由借款人往来账户内转还上述借款。
（借款单位预留往来户印鉴）
（银行主动还款时免盖）</td><td colspan="12">会计分录：
（借）：……………………
对方科目　（贷）：……………………
会计　　复核　　记账</td></tr>
</table>

银行会计部门收到借款人提交的还款凭证，经核对无误后，以转账支票代替转账借方传票，以第一联还款凭证作为其附件；以第二联还款凭证代替转账贷方传票；第三联还款凭证转交信贷部门核销原放款记录；第四联还款凭证加盖转讫章后作为回单还给借款人作为归还贷款的依据。

②未减值贷款的处理。

未减值贷款计息日，银行应按贷款的合同本金和合同约定的名义利率计算应收利息；

按贷款的摊余成本和实际利率计算利息收入，差额记入“短（中长）期贷款——利息调整”科目。其会计分录为：

借：应收利息

　贷：利息收入

　　　（或借）短（中长）期贷款——利息调整

　　　应交税费——应交增值税——预估增值税

合同约定的名义利率与实际利率差异较小的，也可采用合同利率计算确定利息收入。

分期收息时，开普通发票或利息单：

借：吸收存款——活期存款——××借款单位存款

　贷：应收利息

借：应交税费——应交增值税——预估增值税

　贷：应交税费——应交增值税——销项税额

收回未减值贷款时，应按客户归还的金额，作如下会计分录：

借：吸收存款——活期存款——××借款单位存款

　贷：应收利息

　　　短（中长）期贷款——××借款单位贷款（本金）

贷款的本金和应收利息全部归还完毕，同时存在利息调整余额时，还应转销“短（中长）期贷款——利息调整”科目的金额，借记或贷记“短（中长）期贷款——利息调整”科目，贷记或借记“利息收入”科目。

例 4-2　沿用【例 4-1】中的资料，作 2022 年至 2024 年有关计息还贷的会计处理。

2022 年 12 月 31 日，确认贷款利息，作如下会计分录：

借：应收利息（20 000 000×5%+19 450 000×6%×6%）　　1 070 020

　　中长期贷款——利息调整　　167 000

　贷：利息收入（19 450 000×6%）　　1 167 000

　　　应交税费——应交增值税——预估增值税（19 450 000×6%×6%）　　70 020

2023 年 12 月 31 日，确认贷款利息，作如下会计分录：

借：应收利息（（20 000 000+1 000 000）×5%+（19 450 000+1 167 000）×6%×6%）

　　1 124 221.20

　　中长期贷款——利息调整　　187 020

　贷：利息收入（（19 450 000+1 167 000）×6%）　　1 237 020

　　　应交税费——应交增值税——预估增值税（（19 450 000+1 167 000）×6%×6%）

　　　74 221.20

2024 年 12 月 31 日，确认贷款利息，作如下会计分录：

借：应收利息（（20 000 000+1 000 000+1 050 000）×5%+（19 450 000+1 167 000+1 237 020）×6%×6%）　　1 181 174.47

　　中长期贷款——利息调整　　208 741.20

贷：利息收入（（19 450 000+1 167 000+1 237 020）×6%） 1 311 241.20
　　应交税费——应交增值税——预估增值税（（19 450 000+1 167 000+1 237 020）×6%×6%） 78 674.47

还本付息时作如下会计分录：

借：吸收存款——活期存款——润丰公司 23 375 415.67
　贷：中长期贷款——润丰公司——本金 20 000 000
　　应收利息 3 375 415.67

借：应交税费——应交增值税——预估增值税 222 915.67
　贷：应交税费——应交增值税——销项税额 222 915.67

③减值贷款的处理。

第一，金融资产减值的确认条件。

企业应当在资产负债表日对交易性金融资产和其他权益工具投资以外的金融资产的账面价值进行检查，有客观证据表明该金融资产发生减值的，应当计提减值准备。

表明金融资产发生减值的客观证据，是指金融资产初始确认后实际发生的、对该金融资产的预计未来现金流量有影响，且企业能够对该影响进行可靠计量的事项。金融资产发生减值的客观证据，包括下列各项：

A. 发行方或债务人发生严重财务困难；

B. 债务人违反了合同条款，如偿付利息或本金发生违约或逾期等；

C. 债权人出于经济或法律等方面因素的考虑，对发生财务困难的债务人做出让步；

D. 债务人很可能倒闭或进行其他债务重组；

E. 因发行方发生重大财务困难，该金融资产无法在活跃市场继续交易；

F. 无法辨认一组金融资产中的某项资产的现金流量是否已经减少，但根据公开的数据对其进行总体评价后发现，该组金融资产自初始确认以来的预计未来现金流量确已减少且可计量，如该组金融资产的债务人支付能力逐步恶化，或债务人所在国家或地区失业率提高、担保物在其所在地区的价格明显下降、所处行业不景气等；

G. 债务人经营所处的技术、市场、经济或法律环境等发生重大不利变化，使权益工具投资人可能无法收回投资成本；

H. 权益工具投资的公允价值发生严重或非暂时性下跌；

I. 其他表明金融资产发生减值的客观证据。

第二，金融资产减值及其转回。

以摊余成本计量的金融资产发生减值时，应当将该金融资产的账面价值减记至预计未来现金流量（不包括尚未发生的未来信用损失）现值，减记的金额确认为信用减值损失，计入当期损益。

金融资产减值损失的确认：

以摊余成本计量的金融资产减值损失=金融资产的账面价值-预计未来现金流量现值（按可收回金额计算）

预计未来现金流量现值，应当按照该金融资产的原实际利率折现确定，并考虑担保物的价值（取得和出售该担保物发生的费用应当予以扣除）。原实际利率是初始确认该金融资产时计算确定的实际利率。对于浮动利率贷款、应收款项或债权投资，在计算未来现金流量现值时可采用合同规定的现行实际利率作为折现率。

短期应收款项的预计未来现金流量与其现值相差很小的，在确定相关减值损失时，可不对其预计未来现金流量进行折现。

金融资产发生减值后，利息收入应当按照确定减值损失时对未来现金流量进行折现采用的折现率作为利率计算确认。

例 4-3 2022 年 1 月 1 日，某银行通江支行以“折价”方式向茂盛公司发放一笔 5 年期贷款 50 000 000 元（实际发放给茂盛公司的款项为 49 000 000 元），合同年利率为 10%，贷款每年收取利息 5 000 000 元。该银行将其划分为贷款和应收款项，初始确认此笔贷款时的实际利率为 10.53%。

2024 年 12 月 31 日，有客观证据表明茂盛公司发生严重财务困难，通江支行据此认定对茂盛公司的贷款发生了减值，预计 2025 年 12 月 31 日将收到利息 5 000 000 元，但 2026 年 12 月 31 日仅能收到本金 25 000 000 元。

2024 年 12 月 31 日，通江支行按该日确认减值损失前的摊余成本与未来现金流量现值之间的差额确定对茂盛公司的减值损失（小数点后数据四舍五入）。

（1）2024 年 12 月 31 日未确认减值损失前，通江支行对茂盛公司贷款的摊余成本计算如下：

2022 年 1 月 1 日对茂盛公司贷款的摊余成本=49 000 000 元

2022 年 12 月 31 日对茂盛公司贷款的摊余成本=49 000 000+49 000 000×10.53%−5 000 000
=49 159 700（元）

2023 年 12 月 31 日对茂盛公司贷款的摊余成本=49 159 700×（1+10.53%）−5 000 000
=49 336 216（元）

2024 年 12 月 31 日对茂盛公司贷款（确认减值损失前）的摊余成本=49 336 216×（1+10.53%）−5 000 000
=49 531 320（元）

（2）2024 年 12 月 31 日，通江支行预计从对茂盛公司的贷款收到现金流量的现值计算如下：

$5\ 000\ 000\times(1+10.53\%)^{-1}+25\ 000\ 000\times(1+10.53\%)^{-2}=24\ 987\ 147$（元）

（3）2024 年 12 月 31 日通江支行应确认的贷款减值损失=49 531 320−24 987 147=24 544 173（元）

借：信用减值损失　　24 544 173

　贷：贷款损失准备　　24 544 173

对以摊余成本计量的金融资产确认减值损失后，如有客观证据表明该金融资产价值已恢复，且客观上与确认该损失后发生的事项有关（如债务人的信用评级已提高等），原确认的减值损失应当予以转回，计入当期损益。但是，转回后的账面价值不应当超过假定不计提减值准备情况下该金融资产在转回日的摊余成本。

2. 贷款到期，由银行主动扣收

贷款到期借款人未能主动归还贷款，而其存款账户中的存款余额又足够还款的，银行会计部门可及时与信贷部门联系，征得同意后，由信贷部门填制“贷款收回通知单”，加盖信贷部门业务公章送交会计部门。会计部门凭以填制四联特种转账传票办理贷款收回手续。其中一联特种转账借方传票作为付款通知，其余三联作为记账凭证。如果利息是按季定期计收的，收回贷款时，不办理利息转账，可少填一联特种转账贷方传票。银行会计部门审核并与专夹保管的借据核对无误后办理转账。

4.2.3 不良贷款的核算

1. 贷款展期

贷款展期是指经银行信贷部门批准延长贷款期限的一种方法。根据《贷款通则》的规定，“不能按期归还贷款的，借款人应当在贷款到期日之前，向贷款人申请贷款展期。是否展期由贷款人决定”。短期贷款必须在到期日的10天前、中长期贷款在到期日的一个月前，向银行提出贷款展期申请。“借款展期申请书”一式三联，交给信贷部门审批后，第一联由信贷部门备查，第二、三联送交银行会计部门。经信贷部门审查同意后，在展期申请书上签注意见并送交会计部门。

会计部门收到“借款展期申请书”后，不需要办理转账，只在贷款凭证上批注展期日期，其中第二联附于借款凭证后面专夹保管，第三联加盖业务公章后交给借款单位，作为同意贷款展期的通知。每笔贷款展期只限一次。短期贷款展期期限不得超过原贷款的期限；中期贷款展期期限不得超过原贷款期限的一半；长期贷款的展期期限不得超过3年。

2. 逾期贷款

逾期贷款是指借款合同到期（含展期后到期）未归还的贷款。当贷款逾期时，借款单位存款账户无力归还贷款时，银行会计部门应于贷款到期日营业终了，通过会计分录将贷款转入“逾期贷款”账户。核算时由会计部门填制两联特种转账借方传票。其会计分录为：

借：逾期贷款——××借款单位逾期贷款

　　贷：中长期贷款——××借款单位贷款

办妥上述手续后，将逾期贷款借据另行保管，加强催收。

逾期贷款从逾期之日起，按罚息利率计收罚息，直到清偿本息为止，发生罚息利率调整情况则分段计息。待借款单位的存款户有资金时，银行应按规定的扣款顺序，一次或分次扣收逾期贷款。扣收时，由银行填制特种转账借（贷）方传票，办理转账。转账时，会计分录为：

借：吸收存款——活期存款——××借款单位存款

　　贷：逾期贷款——××借款单位逾期贷款

　　　　应收利息

3. 非应计贷款

按现行会计制度的规定，当贷款本金或利息逾期90天仍未收回时，应转入“非应计

贷款”账户单独核算。会计部门根据经审核确认为不良贷款的相关单证，填制特种转账凭证办理转账。其会计分录为：

借：非应计贷款——××借款单位非应计贷款

　贷：逾期贷款——××借款单位逾期贷款

同时，应计利息停止计入当期利息收入，纳入表外核算。其会计分录为：

借：利息收入

　贷：应收利息

借：应交税费——应交增值税——预估增值税

　贷：应交税费——应交增值税——销项税额

（或借）短（中长）期贷款——利息调整

收入：应收未收利息——欠收逾期90天以上贷款利息

收回非应计贷款本息时：

付出：应收未收利息——欠收逾期90天以上贷款利息

再转入表内（即已计提）：

借：应收利息

　贷：利息收入

（或借）短（中长）期贷款——利息调整

收回时：

借：吸收存款——活期存款——××借款单位存款

　贷：非应计贷款——××借款单位非应计贷款

　　应收利息（按已计提利息）

　　利息收入（按其差额即利息调整余额）

4.3 担保贷款的核算

4.3.1 保证贷款

保证贷款是指按《中华人民共和国民法典》（以下简称《民法典》）规定的保证方式以第三人承诺在借款人不能偿还贷款时，按约定承担一般保证责任或者连带责任而发放的贷款。

对保证贷款，银行要求借款人提供贷款担保人。银行除了和借款人签订借款合同外，还必须与担保人签订保证合同。如果保证贷款到期借款人无力偿还，由保证人代为偿还。保证方式分为一般保证责任和连带保证责任。一般保证，是指当事人在保证合同中约定，债务人不能履行债务时，由保证人承担保证责任。一般保证的保证人在主合同纠纷未经审判或者仲裁，并就债务人财产依法强制执行仍不能履行债务时，对债权人可以拒绝承担保证责任。连带保证，是指当事人在保证合同中约定保证人与债务人对债务承担连带责任。连带保证的债务人在主合同规定的债务履行期届满没有履行债务时，债权人可以要求债务人履行债务，也可以要求保证人在其保证范围内承担保证责任。一般在借款合同或保证合同中要明确规定保证人的保证方式，如果在合同中不约定保证人的责任，则默认为连带保证。国家机关不得作为保证人；学校、幼儿园、医院等以公益为目的的事业单位、社会团体不得作为保证人；企业法人的分支机构、职能部门不得作为保证人。

保证贷款的业务手续与核算方法可参照信用贷款。

4.3.2 抵押贷款

1. 抵押贷款的内容

抵押贷款是指按《民法典》规定的抵押方式，以借款人或第三人的财产作为抵押物发放的贷款。

抵押贷款的特征是不涉及抵押物的转让，抵押物无论在名义上还是实际上都属于抵押人所有。如借款人在借款合同到期时不能履行债务，则银行有权依照《民法典》的规定，以该抵押物折价或者以拍卖、变卖该抵押物的价款优先受偿，因此，抵押贷款相对于信用贷款安全得多。商业银行在发放抵押贷款时应对抵押物的合法性进行审核，对其价值进行正确评估，并且通过对借款人资产状况、信誉及抵押物的种类及价格变化趋势的分析，确定合适的抵押贷款率。抵押贷款率通常控制在80%以下。

2. 抵押贷款的核算

（1）贷款的发放

商业银行通常设置“抵押贷款”科目对抵押贷款进行核算。“抵押贷款”是资产类账户，用以核算银行办理抵押贷款业务而贷出的款项。发放抵押贷款时，记入借方；收回抵押贷款或转为逾期贷款时，记入贷方；余额在借方，表示尚未收回抵押贷款的数额，该账户应按贷款单位设置明细分类账户。

借款人申请抵押贷款时，必须填写抵押贷款申请书，经银行信贷部门审批并办理相应登记手续后，与借款人签订“抵押借款合同”，并将抵押品或抵押品的产权证明及有关契约单证移交银行。经审查无误后，签发“抵押品保管证”，一式两联，一联作为代保管收据交借款人，另一联由银行留存，并据以登记“贷款抵押品登记簿”。

银行会计部门对保管的抵押物，按企业及财产类别设置明细账户，并使用表外科目核算。其会计分录为：

收入：代保管有价值品——××单位

借款人填制一式五联的借款凭证，第一联为回单联，第二联为借方凭证，第三联为贷方凭证，第四联为借据联代分户卡片，第五联退业务部门留存。会计部门以第二、三联办理转账。其会计分录为：

借：抵押贷款——××借款单位贷款

　贷：吸收存款——活期存款——××借款单位存款

（2）贷款的收回

抵押贷款到期收回时，由借款人签发支票或由银行填制特种转账借、贷方传票办理转账。其会计分录为：

借：吸收存款——活期存款——××借款单位存款

　贷：抵押贷款——××借款单位贷款

　　利息收入

然后，根据信贷部门书面通知办理抵押物退还手续，销记表外科目并销记“贷款抵押品登记簿”。其会计分录为：

付出：代保管有价值品——××单位

（3）逾期抵押贷款的核算

抵押贷款到期，如果借款单位不能按期归还，银行应将抵押物从“代保管有价值品”表外科目转入“待处理抵押品”科目核算，其贷款转入“逾期贷款”科目，并按规定计收罚息。如果贷款逾期1个月以上，借款单位仍无法偿还贷款，经催收无效，银行有权依法处理抵押品。具体而言，如出现下列情况之一，银行有权依法处理抵押品：借款合同履行期满，借款人未按期偿还贷款本息，又未同银行签订贷款展期协议或申请展期未经批准的；抵押期间，借款人死亡、无继承人或受遗赠人的；借款人的继承人拒绝偿还贷款本息或继承人放弃继承的；借款人被解散、宣布破产或依法撤销的；其他可以依法处置抵押物的情形。银行处理抵押品主要有两种方式：作价入账和出售。

《民法典》规定，债务人不履行到期债务或者发生当事人约定的实现抵押权的情形，抵押权人可以与抵押人协议以抵押财产折价或者以拍卖、变卖该抵押财产所得的价款优先受偿；抵押权人与抵押人未就抵押权实现方式达成协议的，抵押权人可以请求人民法院拍卖、变卖抵押财产。银行实现抵押权的形式主要有三种，即拍卖、变卖抵押物或提起诉讼。

①将抵押品作价入账转为自用资产的核算。将抵押品作价入账时，应按抵押贷款本金及应收利息之和作价进行账务处理，其会计分录为：

借：固定资产

　贷：逾期贷款——借款人户

　　应收利息

　　累计折旧

②出售抵押品的核算。银行按规定拍卖借款人的抵押品时，应以拍卖所得的净收入抵补抵押贷款本息。

第一，净收入高于贷款本息。

根据《民法典》的规定，抵押财产折价或者拍卖、变卖后，其价款超过债权数额的部分归抵押人所有，其会计分录为：

借：库存现金（或××存款）

贷：逾期贷款——借款人户

应收利息

其他应付款——××抵押人

第二，拍卖或变卖净收入不足以清偿贷款本息。

若拍卖所得净收入不足以抵偿贷款本息及处理费用，债务人应拍卖或变卖其他资产以偿还贷款本息，但抵押权人（银行）不再享有优先受偿权。抵押人如果为第三人而非债务人，抵押人不负责剩余未清偿贷款本息，此部分贷款由债务人承担。

如果债务人拍卖或变卖其他财产之后仍然无法清偿债务，对于符合规定的低于贷款本金的不足部分，从贷款损失准备中核销，应收利息从坏账准备中核销。其会计分录为：

借：库存现金（或××存款）

贷款损失准备

贷：逾期贷款——借款人户

借：坏账准备

贷：应收利息

净收入高于贷款本金，但低于贷款本息之和时，拍卖所得金额在全额补偿贷款本金和部分应收利息后，不足部分从坏账准备中核销。其会计分录为：

借：库存现金（或××存款）

坏账准备

贷：逾期贷款——借款人户

应收利息

4.3.3 质押贷款

质押贷款是指按《民法典》规定的质押方式，以借款人或第三人的动产或权利作为质押物发放的贷款。

质押又可分为动产质押和权利质押。动产包括车辆、船舶、航空器、商品、货物、机器设备等。权利包括汇票、支票、本票、债券、存单、仓单、提单，依法可以转让的股份、股票，依法可以转让的商标专用权、专利权、著作权中的财产权。质押贷款与抵押贷款的区别在于质押贷款涉及质物的转让，银行必须占有质物，而出质人（借款人）保留财产所有权。不论办理质押贷款的是单位还是个人，银行均应严格按照贷款操作程序办理。银行应对质押贷款的质物进行调查，严防以虚假或已办理挂失的存单质押，同时应妥善保管质物。

质押贷款的账务核算可参照抵押贷款。

4.4 贷款利息的核算

短期贷款按借款合同签订日相应档次的法定贷款利率计息。贷款合同期内，遇利率调整不分段计息。中长期贷款利率实行一年一定，贷款（包括贷款生效日起1年内应分笔拨付的所有资金）根据贷款合同确定的期限，按贷款合同生效日相应档次的法定贷款利率计息，每满1年后（分笔拨付的以第一笔贷款的发放日为准），再按当时相应档次的法定贷款利率确定下一年度的利率。

4.4.1 贷款计息的有关规定

发放贷款应按照中国人民银行规定的利率以及浮动幅度确定合同利率。

1. 短期贷款

短期贷款按合同签订日银行挂牌利率计息，借款合同期内，遇利率调整不分段计息。可以每季结息一次，结息日为每季末月20日；可以每月结息一次，结息日为每月20日。计算的利息计入当期损益。

2. 中长期贷款

中长期贷款利率按照借款合同生效日银行挂牌利率相应的档次计算利息，每满一年后，再按当时挂牌利率重新确定下一年度的利率。每年结息一次，结息日为每年12月20日。计算的利息计入当期损益。

3. 贷款展期

贷款展期，期限应累计计算，累计期限达到新的利率期限档次时，自展期之日起，按展期日挂牌的同档次利率确定利率计息，达不到新的期限档次时，按展期日的原档次利率计息。

4. 逾期贷款

发放的贷款到期（含展期，下同）90天后尚未收回的，其应计利息停止计入当期利息收入，纳入表外核算；已计提的贷款应收利息，在贷款到期90天仍未收回的，或在应收利息逾期90天后仍未收到的，冲减原已计入损益的利息收入，转作表外核算。

逾期贷款计收罚息，罚息利率在借款合同载明的贷款利率水平上加收30%～50%；借款人未按合同约定用途使用借款的罚息利率，由现行按万分之五计收利息，改为在贷款合同载明的贷款利率水平上加收50%～100%。对逾期或未按合同约定用途使用借款的贷款，从逾期或未按合同约定用途使用贷款之日起，按罚息利率计收利息，直至清偿为止。对不能按时支付的利息，按罚息利率计收复利。

5. 贷款到期日为节假日的利息计算

贷款到期日为节假日的，如在节假日前一日归还，应扣除归还日至到期日的天数后，按合同利率计算利息；节假日后第一个工作日归还，应加收到期日至归还日的天数，按合同利率计算利息；节假日后第一个工作日未归还，应从节假日后第一个工作日按照逾期贷款利率计息。

6. 计算方法

商业银行贷款利息的计息有定期结息和利随本清两种方法。

4.4.2 贷款利息的计算方法

1. 定期结息

定期结息是实行按季（或月）结息的一种计息方法。按权责发生制原则，银行按季计算贷款的应收利息，贷款利息当期实际收到时计入当期损益。每季度末月20日（或每月20日）为结息日，一般采用余额表计息或分户账账页计息的做法。定期结息的计算天数按日历天数，有一天算一天，全年按365天或360天计算。算头不算尾，即从贷出的那一天算起，至还款的前一天止。

利息计算采用计息余额表累计计息积数乘以日利率的方法。其计算公式为：

利息=累计积数×日利率

例4-4 某银行顺至支行2024年9月20日编制的短期贷款计息表的本季累计积数为华为商厦22 560 000元、风华工厂39 420 000元、振兴公司63 120 000元，合同利率为5.4%，请采用合同利率计算确定利息收入。

华为商厦贷款利息=22 560 000×5.4%÷360=3 384（元）

风华工厂贷款利息=39 420 000×5.4%÷360=5 913（元）

振兴公司贷款利息=63 120 000×5.4%÷360=9 468（元）

2. 利随本清

利随本清又称为逐笔计息，即每一笔贷款到期时，利息随本金同时归还。利随本清最重要的是时间的计算，根据商业银行会计制度的规定，对年按360天计算，对月按30天计算，不满月的零头天数按实际天数计算，算头不算尾。其计算公式为：

利息=还款金额×日数×月利率÷30

3. 逾期贷款利息的计算

贷款发生逾期，从转入逾期贷款账户之日起，余额表应单独立户登记，积数应根据逾期金额和实际逾期天数单独计算，利息改按规定的逾期贷款利率计收。发生罚息利率调整情况则分段计息。其计算公式为：

逾期利息=逾期金额×实际逾期天数×逾期贷款利率

例4-5 某银行顺至支行于2025年4月8日向百姓商场发放贷款一笔，金额为30万元，期限 6 个月，合同利率为月利率 4.35‰，现行逾期贷款日利率为 2.1‱。假定该笔贷款于同年 10 月 28 日归还，采用利随本清的计息方法，按合同利率计算确定利息收入。

到期利息=300 000×6×4.35‰=7 830（元）

逾期利息=300 000×20×2.1‱=1 260（元）

应收利息合计=7 830+1 260=9 090（元）

例 4–6 某银行顺至支行于 2025 年 3 月 5 日向虹桥百货发放贷款一笔，金额为 26 万元，期限 3 个月，合同利率为月利率 4.35‰，现行逾期贷款日利率为 2.1‱。假定该笔贷款于同年 7 月 13 日归还，采用利随本清的计息方法，按合同利率计算确定利息收入。

到期利息=260 000×3×4.35‰=3 393（元）

逾期利息=260 000×38×2.1‱=2 074.80（元）

应收利息合计=3 393+2 074.80=5 467.80（元）

4.4.3　贷款利息的核算

商业银行应通过“应收利息”资产类科目核算发放贷款、存放同业、拆出资金等生息资产当期应收的利息。该科目应按贷款种类、拆出资金单位等设置明细账。该科目期末为借方余额，反映银行表内核算的已计提尚未收回的贷款利息、存放同业利息、拆除资金利息等。

按期计提贷款应收利息时，商业银行编制“贷款利息清单”（见表 4–3）一式三联，直接从借款单位存款账户中扣收。其中一联作支款通知，另两联分别代转账借、贷方传票办理转账。

表4–3　　中国××银行贷款利息清单

账别：　　年　月　日　　第　页　共　页

序号	账号	户名	天数	积数	利率	付息账号	金额
合　计							
（银行盖章）						科目（借） 对方科目（贷）	

代款利息核算的会计分录如下：

1. 当期确认并收到利息时

借：应收利息
　贷：利息收入
　　　应交税费——应交增值税——预估增值税
（或借）短（中长）期贷款——利息调整
收到利息时：
借：吸收存款——活期存款——××借款单位存款
　贷：应收利息
借：应交税费——应交增值税——预估增值税
　贷：应交税费——应交增值税——销项税额

2. 当期不能收到利息，确认利息时

借：应收利息
　贷：利息收入
　　　应交税费——应交增值税——预估增值税
（或借）短（中长）期贷款——利息调整

3. 以后时间收到时

借：吸收存款——活期存款——××借款单位存款
　贷：应收利息
借：应交税费——应交增值税——预估增值税
　贷：应交税费——应交增值税——销项税额

例 4-7　承/例 4-4/，计收贷款利息。

其会计分录如下：

借：应收利息	19 890.90	
贷：利息收入		18 765
应交税费——应交增值税——预估增值税		1 125.90
借：吸收存款——活期存款——华为商厦	3 587.04	
——活期存款——风华工厂	6 267.78	
——活期存款——振兴公司	10 036.08	
贷：应收利息		19 890.90

互动课堂

贷款核算“找不同”

活动目的：通过翻转课堂“找不同”活动，加强对贷款和贴现业务核算的熟悉，能分辨贷款和贴现业务会计处理的不同。

活动说明：按小组进行翻转课堂教学活动。

老师组织：提前公布贷款和贴现业务核算翻转课堂活动要求，如内容、时间、PPT要求等，课堂上适时提问及交流，根据学生表现考虑给予平时成绩加分。

学生活动：分小组按照老师要求提前查找相关资料、制作PPT等，在课堂上积极互动找出不同，活动结束后进行总结汇报。

4.5 票据贴现的核算

4.5.1 银行受理商业汇票贴现的处理

1. 贴现的定义和规定

微课 10

贴现办理及计算

（1）定义

贴现是指商业汇票的持票人将未到期的票据转让给银行，银行按票据到期值扣除从贴现日至汇票到期日的利息后，以其差额付给收款人的一种信用活动。《贷款通则》第九条规定，“票据贴现，系指贷款人以购买借款人未到期商业票据的方式发放的贷款”。因此，贴现也是商业银行的一项资产业务。以商业承兑汇票为例，贴现的程序如图4-2所示。

（2）贴现的规定

① 持票人到银行申请贴现时，由信贷部门进行审查，对符合条件的，按票据到期值扣除贴现息后，将款项付给持票人。

② 贴现率可略低于短期贷款利率。由于计息的时间不同，在相同期限的情况下，贴现利率应略低于贷款的利率，通常贴现率为贷款利率的90%或95%。

③ 办理贴现必须具备的条件是：在银行开立存款账户的企业法人及其他组织；与出票人或者直接前手具有真实的商品交易关系；提供增值税发票和商品发运单据复印件。

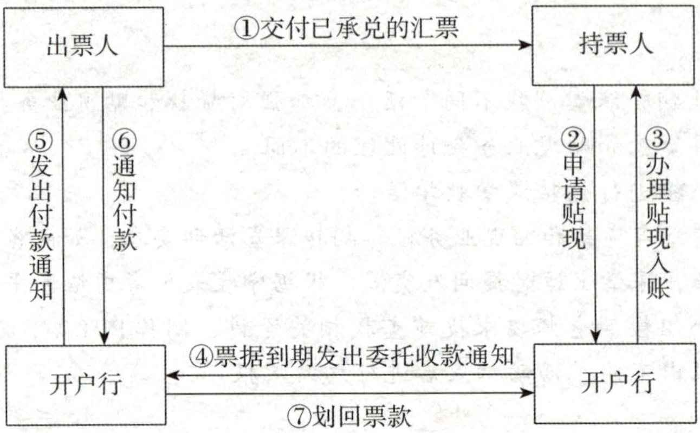

图4-2 商业承兑汇票贴现程序

2. 账户设置

(1)“贴现资产”科目

“贴现资产”属于资产类科目，用以核算银行办理商业票据的贴现、转贴现融出资金等业务的款项。本科目应当按照贴现类别和贴现申请人，分“面值”“利息调整”进行明细核算。期末借方余额，反映银行办理的贴现、转贴现融出资金等业务的款项余额。

(2)“贴现负债”科目

“贴现负债”属于负债类科目，用以核算银行办理商业票据的转贴现融入资金等业务的款项。本科目应当按照贴现类别和贴现金融机构，分“面值”“利息调整”进行明细核算。期末贷方余额，反映银行办理的转贴现融入资金等业务的款项余额。

3. 贴现资产的核算

对于贴现业务，贴现属于贷款，是增值税纳税项目；转贴现虽然也属于贷款，但同时又属于金融机构往来，是增值税免税项目。

(1) 银行为客户办理贴现的核算

办理贴现申请时填制一式五联贴现凭证（见表4-4），连同汇票送交银行。第一联代申请书，由贴现银行代贴现科目的借方传票；第二联为贷方传票，银行代贴现申请人存款科目的贷方传票；第三联为贷方传票，银行代贴现利息科目的贷方传票；第四联为收账通知，交贴现申请人；第五联为到期卡，银行会计部门按到期日排列保管，到期时，作贴现科目的贷方传票或贷方传票附件。银行信贷部门首先要对贴现申请人的资格进行审查，符合条件的，在贴现凭证“银行审批”栏批注“同意”字样，并加盖有关人员印章后，送交会计部门。

会计部门接到汇票和贴现凭证后，按规定审查汇票是否真实，各项内容是否完整，贴现凭证填写与汇票内容是否相符。再按照规定的贴现率计算出贴现利息和实付贴现金额。其计算公式为：

贴现利息=汇票金额×贴现天数×日贴现率（月利率÷30）

实付贴现金额=汇票金额-贴现利息

贴现天数从贴现之日起到汇票到期日止前一日按实际天数计算。承兑人在异地的，贴现天数应另加3天的划款日期。

表4-4　　**贴现凭证（代申请书）**　　1

申请日期　　　　年　　月　　日　　　　第　　号

贴现汇票	种类		号码		持票人	名称	
	出票日	年　月　日				账号	
	到票日	年　月　日				开户银行	
汇票承兑人	名称		账号		开户银行	
汇票金额	人民币（大写）					千 百 十 万 千 百 十 元 角 分
贴现率 ‰	贴现利息	千 百 十 万 千 百 十 元 角 分			实付贴现金额	千 百 十 万 千 百 十 元 角 分
附送承兑汇票申请贴现，请审核。 持票人签章	银行审批	负责人　　信贷员			科目（借）…… 对方科目（贷）…… 复核　　记账	

此联银行作贴现借方凭证

会计人员在贴现凭证有关栏填写贴现率、贴现利息和实付贴现金额后办理转账，其会计分录如下：

①确认票据资产，贴现行的会计分录：

借：贴现资产——商业承兑汇票或银行承兑汇票——面值

　贷：其他应付款——票据业务

　　贴现资产——贴现——利息调整（差额÷（1+6%））

　　应交税费——应交增值税——销项税额（差额÷（1+6%）×6%）

同时，按汇票金额登记表外科目：

收入：贴现票据——商业承兑汇票或银行承兑汇票

②付款时，会计分录为：

借：其他应付款——票据业务

　贷：吸收存款——活期存款——××贴现客户存款

同时按汇票金额登记表外科目：

付出：代保管有价值品

例4-8　某银行顺至支行于2025年9月13日收到泰达公司交来贴现凭证和商业承兑汇票各一份，该票据由在当地汇通银行太仓支行开户的广发工厂签发并承兑90 000元，到期日为11月5日，月贴现率为3‰。

贴现利息=90 000×3‰÷30×53=477（元）

贴现净额=90 000−477=89 523（元）

确认票据资产：

借：贴现资产——商业承兑汇票——面值　　90 000

　贷：其他应付款——票据业务　　89 523

　　贴现资产——贴现——利息调整（477÷（1+6%））　　450

　　应交税费——应交增值税——销项税额（477÷（1+6%）×6%）　　27

同时，登记表外科目：

收入：贴现票据——商业承兑汇票　　90 000

付款时：

借：其他应付款——票据业务　　89 523

　贷：吸收存款——活期存款——泰达公司存款　　89 523

（2）银行为其他金融机构办理转贴现的核算

银行为其他金融机构办理票据的转贴现，其会计分录为：

借：贴现资产——转贴现——面值（票面金额）

　贷：存放中央银行款项（实际支付的金额）

　　贴现资产——转贴现——利息调整（差额）

（3）贴现利息收入的核算

资产负债表日，应按照实际利率计算确定的贴现利息收入入账。其会计分录为：

借：贴现资产——贴现——利息调整

　　——转贴现——利息调整

　贷：利息收入

如果实际利率与合同约定利率差异很小，也可以采用合同约定的名义利率计算确定利息收入。

4. 贴现到期收回票款的核算

（1）贴现汇票到期收回的处理

商业汇票到期，贴现银行作为收款人在汇票背面背书栏加盖结算专用章，并由授权的经办人员签名或盖章，注明“委托收款”字样，于汇票到期前匡算邮程，提前填制托收凭证一式五联，留下第一、二联，据以登记“发出委托收款凭证登记簿”，将第三、四、五联托收凭证及汇票送交付款人开户银行或承兑银行，将第五联贴现凭证作为第二联托收凭证的附件存放。

付款人开户银行或承兑银行收到上述托收凭证及汇票后，对于商业承兑汇票，于汇票到期日将票款从付款人账户内付出；对于银行承兑汇票，应从应解汇款科目付出，划往贴现银行。其会计分录为：

借：吸收存款——活期存款——商业承兑汇票人单位存款户

　贷：联行往账（或清算资金往来等科目）

贴现银行收到划回的票款后，以第二联托收凭证代传票，以第五联贴现凭证作附件办理转账，并销记“发出委托收款凭证登记簿”。其会计分录为：

借：联行来账（或清算资金往来、存放中央银行款项等有关科目）（实际收到的金额）
　　贴现资产——贴现——利息调整
　　　　　　——转贴现——利息调整
　贷：贴现资产——贴现——面值（票面金额）
　　　　　　——转贴现——面值
　　利息收入
　　应交税费——应交增值税——销项税额

贴现银行应经常查看汇票到期情况，对到期的贴现汇票要及时收回票款，以防占用银行资金。

（2）贴现汇票到期未收回的处理

银行如果收到付款人开户银行或承兑银行退回的托收凭证、拒付理由书和汇票，可依据《中华人民共和国票据法》《支付结算办法》的规定，向贴现申请人追索票款，即对已贴现的金额，直接从贴现申请人账户收取。其会计分录为：

借：吸收存款——活期存款——贴现申请人存款户
　　贴现资产——贴现——利息调整
　贷：贴现资产——贴现——面值（票面金额）
　　利息收入
　　应交税费——应交增值税——销项税额

若贴现申请人存款账户余额不足，则不足部分转作逾期贷款，其会计分录为：

借：吸收存款——活期存款——贴现申请人存款户
　　逾期贷款——贴现申请人贷款户
　　贴现资产——贴现——利息调整
　贷：贴现资产——贴现——面值（票面金额）
　　利息收入
　　应交税费——应交增值税——销项税额

5. 贴现负债的核算

（1）转贴现的核算

银行持有贴现票据向其他金融机构转贴现，应按照实际收到的金额，记入“存放中央银行款项”科目。其会计分录为：

借：存放中央银行款项
　　贴现负债——转贴现——利息调整（差额）
　贷：贴现负债——转贴现——面值

（2）贴现负债利息的核算

资产负债表日，应按实际利率计算确定的利息费用，记入“利息支出”科目。其会计分录为：

借：利息支出

　贷：贴现负债——转贴现——利息调整

如果实际利率与合同约定利率差异很小，也可以采用合同约定的名义利率计算确定利息费用。

（3）贴现票据到期，归还转贴现款项的核算

贴现票据到期时，应按照实际支付金额，记入“存放中央银行款项”科目。其会计分录为：

借：贴现负债——转贴现——面值

　　利息支出（差额）

　贷：存放中央银行款项

　　　贴现负债——转贴现——利息调整

4.5.2 票据贴现与贷款的区别

微课 11

贴现凭证传递及会计处理

票据贴现与贷款都属于融资业务，均是银行的资产，二者的本质相同。其区别主要是：

第一，融资的基础不同。贷款是以借款人或担保人的信誉、还款能力为基础，或者以抵押品和质物为基础，而票据贴现是以商业汇票为基础。

第二，信用关系的当事人不同。贷款的当事人是银行、借款人和担保人，贷款到期后，由借款人或担保人归还贷款。票据贴现的当事人是银行、贴现申请人和票据上背书的各个关系人，票据到期后，票据上的各个关系人均负有连带付款责任。

第三，利息收取方法不同。贷款利息的收取是在使用资金之后按季或按月收取，而票据贴现利息则是在办理贴现时扣收。

第四，借款期限不同。贷款期限是由借款人申请，经银行审查后确定，而贴现期限是以票据的有效期为准。在相同期限的情况下，贴现率应略低于贷款利率，通常贴现率为贷款利率的 90% 或 95% 为宜。

4.6 贷款损失准备和坏账准备的核算

拓展阅读 5

贷款损失准备计提指引

4.6.1 贷款损失准备的核算

1. 贷款损失准备的内容

贷款损失准备是用于补偿呆账贷款损失的准备金。银行应对预计可能产生的贷款损失，计提贷款损失准备。贷款损失准备应根据借款人的还款能力、贷

款本息的偿还情况、抵押品的市价、担保人的支持力度和银行内部信贷管理等因素，分析其风险程度和收回的可能性，合理计提。

计提贷款损失准备的资产，是指银行承担风险和损失的客户贷款（含抵押、质押、保证、无担保贷款）、拆出资金、贴现资产、银团贷款、贸易融资、协议透支、信用卡透支、转贷款和垫款等。银行对不承担风险的委托贷款等，不计提贷款损失准备。

2. 贷款损失准备核算

（1）账户设置

“贷款损失准备”属于资产类科目，是各种贷款科目的抵减科目，用以核算银行的贷款发生减值时计提的减值准备。本科目应当按照计提贷款损失准备的资产类别进行明细核算。银行计提贷款损失准备时，记入该科目贷方；经批准转销贷款呆账损失时，记入该科目借方；期末一般为贷方余额，反映已计提但尚未转销的贷款损失准备。

（2）计提贷款损失准备

期末，银行应根据借款人的还款能力、还款意愿、贷款本息的偿还情况、抵押品的市价、担保人的支持力度和银行内部信贷管理等因素，分析其风险程度和收回的可能性，以判断其是否发生减值。如果有客观证据表明其发生了减值，应对其计提贷款损失准备。

银行计算的当期应计提的贷款损失准备，为期末该贷款的账面价值与其预计可收回金额的现值之间的差额。在计算贷款的预计未来现金流量现值时，应遵循以下原则：

① 对于存在减值客观证据的各项重要贷款，银行应逐项计算预计未来现金流量现值（按各种重要贷款的原始实际利率折现，如某项贷款的利率是变动利率则按合同确定的当前实际利率折现；下同）

② 对于存在减值客观证据的各项非重要贷款，银行可逐项也可对其组合来计算预计未来现金流量现值。

③ 对于不存在减值客观证据的各项贷款，无论其是否属于重要贷款，均应按类似信用风险特征进行组合，以判断其是否发生减值。如该组合存在减值的客观证据，应计算该组合预计未来现金流量现值。以单项或组合计提贷款损失准备的贷款，不应包括在此类贷款组合中进行减值测试。

资产负债表日，银行根据金融工具确认和计量准则确定贷款发生减值的，按减计的金额计提贷款损失准备。其会计分录为：

借：信用减值损失——计提贷款损失准备

　贷：贷款损失准备

本期应计提的贷款损失准备大于其账面余额的，应按其差额计提；应计提的金额小于其账面余额的，差额作相反的会计分录。

（3）呆账贷款本金的核算

对于确实无法收回的各项贷款本金，按管理权限报经批准后作为呆账损失，转销贷款本金。其会计分录为：

借：贷款损失准备

　贷：短（中长）期贷款——已减值

(4) 贷款价值恢复的核算

已计提贷款损失准备的贷款价值以后又得以恢复的，应在原已计提的贷款损失准备金额内，恢复增加的金额。其会计分录为：

借：贷款损失准备

　贷：信用减值损失——计提贷款损失准备

(5) 收回已转销贷款的核算

已确认并转销的贷款以后又收回的，银行应按照“本金、表内应收利息、表外应收利息”的顺序收回贷款本金及贷款产生的利息。其会计分录为：

①恢复债权：

借：短（中长）期贷款——已减值

　贷：贷款损失准备

②按照实际收回的本金：

借：吸收存款——活期存款——借款人存款户（或库存现金等科目）

　贷：短（中长）期贷款——本金

4.6.2 坏账准备的核算

1. 坏账准备的内容

坏账是指由于各种原因而无法收回或收回可能性极小的应收款项，应收款项包括应收账款、预付账款、应收利息、应收分保责任准备金、其他应收款、长期应收款等。银行的应收款项主要是应收利息。

2. 坏账准备计提的核算

(1) 账户设置

“坏账准备”属于资产类科目，是“应收利息”“其他应收款”等科目的抵减科目，用以核算银行提取的应收利息和其他应收款的坏账准备金。银行提取坏账准备时，记入“坏账准备”贷方；经批准核销坏账损失时，记入“坏账准备”借方；期末贷方余额，反映已计提但尚未转销的坏账准备。

(2) 计提坏账准备

资产负债表日，已发生减值损失的贷款应收利息发生减值的，计入坏账准备。其会计分录为：

借：信用减值损失——计提坏账准备

　贷：坏账准备

本期应计提的坏账准备大于其账面余额的，应按其差额计提；应计提的金额小于其账面余额的，差额作相反的会计分录。

(3) 呆账贷款利息的核算

对于确实无法收回的表内应收利息，按管理权限报经批准后予以转销。其会计分录为：

借：坏账准备

　　贷：应收利息

表外应收利息，按管理权限报经批准后予以转销。其会计处理为：

付出：应收未收利息

（4）收回已转销应收利息的核算

已确认并转销的贷款以后又收回的，银行应按照“本金、表内应收利息、表外应收利息”的顺序收回贷款本金及贷款产生的利息。其会计分录为：

按照收回的表内应收利息：

借：应收利息

　　贷：坏账准备

按照收回的表外应收利息登记：

收入：应收未收利息

按照实际收回的利息：

借：吸收存款——活期存款——借款人存款户（或库存现金等科目）

　　贷：应收利息

推荐阅读资料及网站

1. 《企业会计准则》
2. 《贷款通则》
3. 《中华人民共和国民法典》

复习思考题

1. 简述贷款的分类。
2. 担保贷款分为哪几种？
3. 如何计提和核销贷款损失准备金？
4. 贷款展期与贷款逾期有何不同？各是如何处理的？
5. 对于贷款利息的收回，目前银行有哪几种做法？其处理手续如何？
6. 票据贴现与贷款有哪些区别？
7. 试讨论在抵押贷款中，对于不能按期偿还的抵押贷款，银行拍卖抵押物时应如何进行会计核算。

案例分析

河南一农民诈骗197万元银行资金

2024年8月6日，A市公安局接到该市工商银行义马支行紧急报案。义马支行报案称：

2024年4月19日，该行办理了一份银行承兑汇票贴现，金额为200万元，贴现率为4.2‰，到期日为2024年8月6日，出票行为B市工商银行龙文支行，出票人为B市东方食品有限公司，收款人为A市南四集团有限公司。2024年8月6日承兑汇票到期，义马支行发出“委托收款”凭证给龙文支行，该行接到龙文支行电话通知，“委托收款”凭证已收到，经审查为假银行承兑汇票。

到义马支行办理贴现业务的高某，是一个年近五十且仅有小学文化的农民，然而他却成功地导演了这场骗局。他和李某通过熟人关系来到义马支行，没费多大周折，便于2024年4月19日办理了贴现。由于其与该行的工作人员相熟，该行的工作人员打包票称：没有增值税发票，没关系，随后补上；没有原始合同，也没关系，有空白合同就行；没有在义马支行开户，也没关系，我们帮你找背书单位。只要你们敢保证这张票不假，我们就敢给你办。该行的有关人员还亲自执笔为两人写下了一份保证书。最终，扣除贴息后的金额便顺顺当当地汇到了高某的私人账户。收到款项后，他们便开始大肆挥霍。直至东窗事发，公安机关仅追回赃款46万余元。

资料来源：毛彦功.河南一农民诈骗197万元银行资金案透视［EB/OL］.［2004-02-08］.https：//www.chinacourt.cn/article/detail/2004/02/id/103495.shtml.

问题：

1.义马支行扣除了多少贴现息，将多少贴现净额付给了高某？

2.义马支行在办理贴现业务时，应如何进行账务核算？

3.义马支行的工作人员在办理该项贴现业务时，违反了哪些规定？

第4章

扫码答题

第5章 支付结算业务的核算

学习目标

通过本章的学习，了解支付结算的概念、原则和方式；掌握各种支付结算的概念、业务流程及主要会计核算；重点掌握支票、银行汇票、汇兑、委托收款和信用卡的业务核算手续。

价值引领

◆坚持守法合规，守文持正，诚实守信，实事求是。

◆践行全心全意为人民服务、以客户为中心、用心服务。

专业融合

◆坚持“恪守信用，履约付款”的支付结算原则，培养重承诺、讲信用的优秀品质。

◆遵守法律法规，遵守行业自律规范，遵守单位规章制度，遵守支付结算纪律，按规定处理及核算支付结算业务；以服务为本，受人之托，忠人之事。

能力培养

◆培养缜密、清晰的逻辑思维，严谨、细致的做事风格。

◆运用从实际出发的唯物主义方法论分析和处理业务，正确处理个人利益与集体利益、国家利益的关系。

开篇案例8

"票据之王"的转型之战

5.1 支付结算业务概述

支付结算又称转账结算，是指单位、个人在社会经济活动中使用票据、信用卡和汇兑、托收承付、委托收款等结算方式进行货币给付及资金清算的行为。《支付结算办法》规定："银行是支付结算和资金清算的中介机构，未经中国人民银行批准的非银行金融机构和其他单位不得作为中介机构经营支付结算业务。"银行在支付结算中起着重要的中介作用。

5.1.1 支付结算的原则

1. 恪守信用，履约付款

信用是企业、单位生存发展的基础，也是商品交易和办理结算的前提条件。进行结算的企业、单位及其开户银行必须树立信用观念，讲信誉，重信用，按照协议、合约规定的付款金额和付款日期进行支付。

2. 谁的钱进谁的账，由谁支配

银行作为资金清算的中介机构，在办理支付结算时，必须遵循存款人的委托，将款项支付给其所指定的收款人；对存款人的存款，除国家法律另有规定外，必须由其自主支配，其他单位、个人以及银行都不得对其资金进行干预和侵犯。

3. 银行不垫款

银行在办理支付结算过程中，只负责将结算款项从付款单位账户划转到收款单位账户，而不承担垫付任何款项的责任，以防止客户占用银行资金。

5.1.2 支付结算纪律

1. 单位、个人应遵守的结算纪律

不准签发没有资金保证的票据或远期支票，套取银行信用；不准签发、取得和转让没有真实交易和债权债务的票据，套取银行和他人资金；不准无理由拒绝付款，任意占用他人资金；不准违反规定开立和使用账户，利用多头开户逃废债务；不准签发与预留印鉴不符或支付密码不符的支票；不准擅自印制票据和结算凭证。

2. 银行应遵守的结算纪律

不准以任何理由压票、任意退票、截留挪用客户和他行资金；不准无理由拒付应由银行支付的票据款项；不准违章签发、承兑、贴现票据，套取他人资金；不准签发空头银行

汇票、银行本票和办理空头汇款；不准在支付结算制度之外规定附加条件，影响汇路的畅通；不准违反规定为单位和个人开立账户；不准拒绝受理、代理他行正常结算业务；不准放弃对开户单位和个人违反结算纪律的制裁；不准逃避向中国人民银行转汇大额银行汇票资金。

5.1.3　支付结算的种类

根据《支付结算办法》的规定，支付结算办法包括票据、信用卡和结算方式（即“三票一卡三方式”），具体如下：

（1）票据。具体包括支票、本票、汇票，其中汇票分为银行汇票和商业汇票。

（2）信用卡。

（3）结算方式。结算方式包括汇兑、委托收款、托收承付三种方式。

本章主要介绍各种票据、信用卡、汇兑、委托收款等常见支付结算业务的核算。

商业银行结算方式的种类见表5-1。

表5-1　**商业银行结算方式的种类**

三　票	支票	现金支票	同城
		转账支票	
		普通支票	
	汇票	银行汇票	异地
		商业汇票	同城、异地
	本票	定额本票	同城
		不定额本票	
一　卡	信用卡	借记卡、贷记卡、准贷记卡	同城、异地
三方式	汇兑	信汇	异地
		电汇	
	委托收款	邮寄、电报	同城、异地
	托收承付	验单付款、验货付款	

5.2 票据结算业务的核算

拓展阅读6

票据业务真实性审查新规

5.2.1　支票的核算

支票是出票人签发的，委托办理支票存款业务的银行在见票时无条件支付确定的金额给收款人或者持票人的票据。支票分为转账支票、现金支票、普通支票三种。

微课12

出票人和持票人不在同一家银行开户时相应的账务处理

1. 转账支票的核算

单位或个人需要使用转账支票时，可直接签发并转交给收款人，然后由收款人向开户银行办理转账。如果收款人和出票人同在一家银行开户，可当即办理转账；如不在同一家银行开户，则需要通过票据交换，由收款人开户行将支票提出，由出票人开户行将支票提入，然后划款。收款人持转账支票办理结算的基本流程如图5-1所示，出票人持转账支票委托开户行将款项划转收款人的结算流程如图5-2所示。

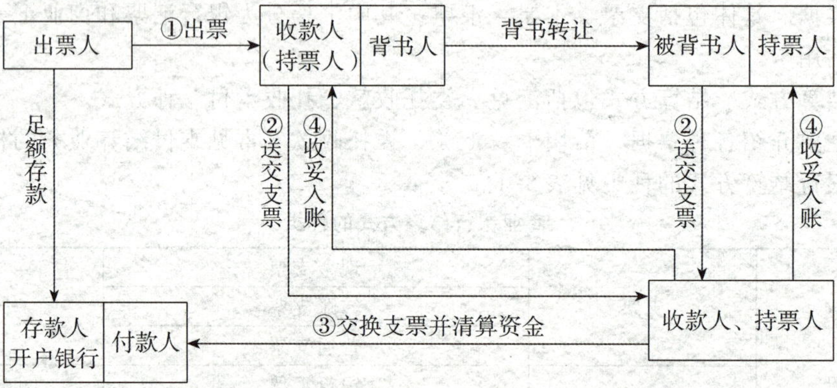

图5-1　收款人持转账支票办理结算的基本流程

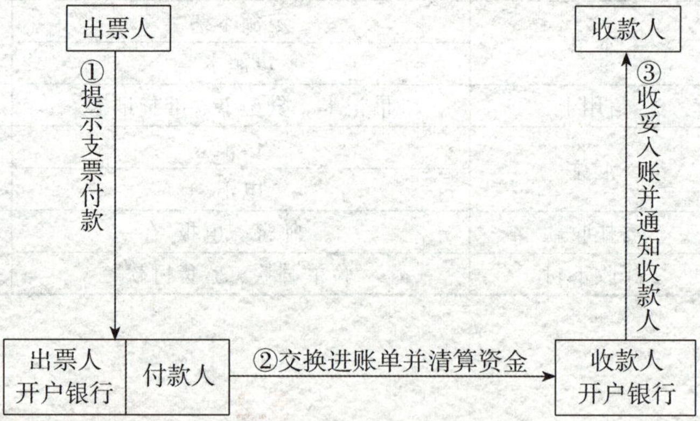

图5-2　出票人持转账支票委托开户行将款项划转收款人的结算流程

（1）持票人（或收款人）与出票人在同一行处开户的核算

①银行受理持票人送交转账支票的处理。银行接到持票人交存的转账支票（正面及背面格式见表5-2、表5-3）和三联进账单（见表5-4）时，应进行严格的审查。审查无误后，将支票作为借方凭证，第一联进账单加盖业务公章，第二联进账单作为贷方凭证办理转账，第三联进账单加盖“转讫”章作为收账通知一并交持票人。其会计分录为：

借：吸收存款——活期存款——出票人户

　贷：吸收存款——活期存款——持票人户

表5-2 **转账支票正面格式**

中国光大银行 转账支票存根（黑） XⅥ00000000	本支票付款期限十天	Bank 中国光大银行 转账支票(黑) XⅥ00000000
附加信息		出票日期(大写) 年 月 日 付款行名称:
		收款人: 出票人账号:
出票日期 年 月 日		人民币(大写) 票样 亿 千 百 十 万 千 百 十 元 角 分
收款人: 金 额: 用 途:		用途 上列款项请从 我账户内支付 出票人签章 复核 记账
单位主管 会计		

北京印钞厂证券分厂·2025年印制

表5-3 **转账支票背面格式（正联部分）**

附加信息:	被背书人
	背书人签章 年 月 日

（贴粘单处）

北京印钞厂证券分厂·2025年印制

表5-4 **进账单格式**

××银行 **进账单** （回 单） **1**

年 月 日

出票人	全 称		收款人	全 称	
	账 号			账 号	
	开户银行			开户银行	
金额	人民币（大写）				亿 千 百 十 万 千 百 十 元 角 分
票据种类		票据张数			
票据号码					
复核 记账			开户银行签章		

此联是开户银行交给持（出）票人的回单

例 5-1 建行香坊支行收到开户单位食品厂交来支票及进账单，金额60 000元，出票人为在本行开户的家乐福超市。

借：吸收存款——活期存款——家乐福 60 000

　　贷：吸收存款——活期存款——食品厂 60 000

②银行受理出票人交送的转账支票的处理。出票人向银行交送支票时，应填写三联进账单，连同支票一并交送开户银行。经审核无误后，进行账务处理，会计分录与受理持票人送交转账支票时相同。转账后，进账单第一联加盖“转讫”章后，交出票人作为回单，进账单第二联作为贷方凭证办理转账，进账单第三联加盖“转讫”章后作为收账通知，转交收款人。

（2）持票人（或收款人，下同）与出票人在不同行处开户的核算

持票人、出票人不在同一行处开户的核算分借记支票与贷记支票两种情况，在实务中以借记支票为多。所谓借记支票，俗称顺进账，是指持票人开户行代收他行的支票。所谓贷记支票，俗称倒进账，是指出票人开户行收到以自己作为付款人的支票。

①持票人在本行开户，出票人在他行开户（借记支票）的核算

持票人开户银行收到持票人交存的支票和三联进账单后，经审查无误，在三联进账单上加盖“收妥后入账”戳记，第一联作为回单给持票人，第二、三联进账单专夹保管，支票按同城票据交换的有关规定，及时提出交换，另编转账传票办理转账，此时所作的会计分录为：

借：清算资金往来——同城票据清算

　　贷：其他应付款——持票人户

如提出的支票在下一个交换场次后未退回，则可另编转账借方传票，第二联进账单作贷方凭证办理转账。此时所作的会计分录为：

借：其他应付款——持票人户

　　贷：吸收存款——活期存款——持票人户

如提出的支票由于某种原因在下一个交换场次遭退回，则另编转账凭证，此时所作的会计分录为：

借：其他应付款——持票人户

　　贷：清算资金往来——同城票据清算

②出票人在本行开户，持票人在他行开户（贷记支票）的核算

对支票审查无误后，以支票作为凭证办理转账，会计分录为：

借：吸收存款——活期存款——出票人户

　　贷：清算资金往来——同城票据清算

若支票属退票范围，则出票人开户银行应及时使用“其他应收款”科目进行核算。此时需另编转账借方传票，专夹保管支票，待下次交换时退回。其会计分录为：

借：其他应收款——出票人户

　　贷：清算资金往来——同城票据清算

如所退支票属于空头支票，或者签章与预留银行签章不符以及支付密码错误，除退票外，还应按规定处以罚款。其会计分录为：

借：吸收存款——活期存款——出票人户

　贷：营业外收入——结算罚款收入户

支票在下次交换退回时，应另编转账贷方传票办理转账。其会计分录为：

借：清算资金往来——同城票据清算

　贷：其他应收款——出票人户

以上，由于持票人、出票人不在同一行处开户，使同城票据交换成为必要。同城票据交换是在中国人民银行主持下的票据交换场所进行的。一般情况下，票据交换场所一日要进行两次交换，各商业银行需按时在这里交换票据。参加票据交换的各商业银行在会计处理上使用“清算资金往来——同城票据清算”科目进行核算，该科目属资产负债共同类，借方的确认体现为资产的增加，贷方的确认体现为负债的增加。当银行提出票据时，该行要借记“清算资金往来——同城票据清算”科目，贷记“吸收存款——活期存款”等相关科目；当银行提入票据时，该行要贷记“清算资金往来——同城票据清算”科目，借记“吸收存款——活期存款”等相关科目。

例5-2 建行香坊支行收到开户单位食品厂交来的支票及进账单，金额68 000元，出票人为在工行大直支行开户的家乐福超市。

(1) 工行大直支行。

借：吸收存款——活期存款——家乐福	68 000	
贷：清算资金往来——同城票据清算		68 000

(2) 建行香坊支行。

等退票时间过后：

借：清算资金往来——同城票据清算	68 000	
贷：吸收存款——活期存款——食品厂		68 000

2. 现金支票和普通支票的核算

(1) 现金支票的处理

现金支票须由收款人持票到出票人开户行支取现金，不得背书转让。出票人开户行办理收款人持现金支票支取现金业务时，应特别注意审核支取的现金是否符合国家现金管理的规定；收款人为个人的，应审查其身份证件以及是否在支票背面收款人签章处注明身份证件名称及编号、发证机关等。审核无误后，发铜牌或对号单，转账后将支票转入出纳柜凭以付款，并以现金支票作借方传票作账，会计分录为：

借：吸收存款——活期存款——出票人户

　贷：库存现金

(2) 普通支票的处理

普通支票办理支取现金的，按现金支票手续处理；办理转账的，按转账支票办理。

5.2.2 银行本票的核算

微课13

银行本票

微课14

票据背书

银行本票是银行签发的，承诺自己在见票时无条件支付确定的金额给收款人或者持票人的票据。银行本票结算的会计处理分为出票、付款和结清三个阶段。银行本票结算的基本流程如图5-3所示。

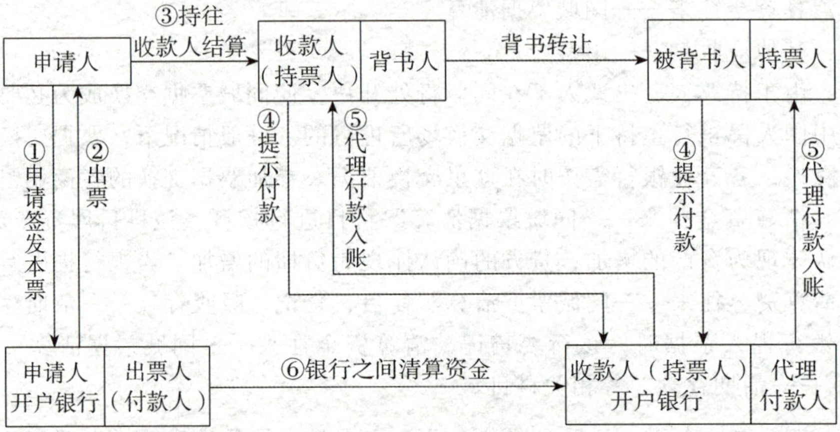

图5-3 银行本票结算的基本流程

1. 银行本票出票的处理

申请人需要使用银行本票，应向银行填写“银行本票申请书”。“银行本票申请书”一式三联，第一联为回单，转账后退还申请人；第二联为转账借方凭证；第三联为转账贷方凭证。交现金办理银行本票的，第二联注销。银行受理“银行本票申请书”时，应审核其填写的内容是否齐全、清楚；申请书填明“现金”字样的，应审核申请人和收款人是否均为个人，审查无误后，办理转账。其会计分录为：

借：库存现金（或吸收存款）

　　贷：开出本票

例5-3 王海向开户行提交现金及银行本票申请书一式三联，金额为6 000元，要求签发银行本票。银行审核无误签发银行本票。

借：库存现金　　6 000

　　贷：开出本票　　6 000

例5-4 锅炉厂向开户银行提交银行本票申请书一式三联，金额66 000元，要求签发银行本票，审查后予以办理。

借：吸收存款——活期存款——锅炉厂　　66 000

　　贷：开出本票　　66 000

“开出本票”属于负债类科目，用以核算银行签发本票所吸收的款项。银行签发本票时，记入贷方；银行兑付本票及向中央银行清算资金时，记入借方；期末余额在贷方，表示已签发尚未兑付的本票。

在办理转账或收妥现金后签发银行本票。银行本票一式两联，第一联为卡片，第二联为银行本票正本（正面及背面格式见表5-5、表5-6）；同时登记“开出本票登记簿”“重要空白凭证登记簿”，另填制表外科目付出凭证，登记表外科目明细账，会计分录为：

付出：重要空白凭证——在用本票户

表5-5　　**本票正面格式**

付款期限 贰个月

中国建设银行 本票　2　地名　EB 03 00000000

出票日期（大写）　年　月　日

收款人:			申请人:
凭票即付 人民币（大写）		票样	
转账	现金		
备注:		出票行签章	出纳　复核　经办

西安西钞证券印制有限责任公司·2025年印制

此联出票行结清本票时作借方凭证

表5-6　　**本票背面格式**

被背书人	被背书人
背书人签章 年　月　日	背书人签章 年　月　日
持票人向银行 提示付款签章:	身份证件名称:　　发证机关: 号码

（贴粘单处）

2. 银行本票付款的处理

（1）代理付款行付款

代理付款行接到本行开户单位的持票人交来的本票及进账单时，应严格进行审核，审核无误后，进账单第一联加盖“转讫”章作收账通知交给持票人，进账单第二联作贷方记账凭证，银行本票加盖“转讫”章通过票据交换向出票行提出交换。其会计分录为：

借：清算资金往来——同城票据清算

　贷：吸收存款——活期存款——持票人户

（2）出票行兑付由本行签发的银行本票

出票行受理本行签发的本票，应抽出专夹保管的本票卡片或存根，经与本票核对无误后，本票作借方凭证，本票卡片或存根作附件，办理转账。其会计分录为：

借：开出本票

　贷：吸收存款——活期存款——持票人户

3. 银行本票结清的处理

出票行收到同城票据交换提入的银行本票后，应抽出专夹保管的本票卡片或存根，经与本票核对无误后，本票作借方凭证，本票卡片或存根作附件，办理转账。其会计分录为：

借：开出本票

　贷：清算资金往来——同城票据清算

例5-5 华联商厦持银行本票及两联进账单来行办理汇兑，金额2 500元，经审核该本票非本行签发，银行审核无误付款。

借：清算资金往来——同城票据清算	2 500
贷：吸收存款——活期存款——华联	2 500

例5-6 省纺织进口公司持银行本票及两联进账单来行办理汇兑，金额3 500元，经审核该本票为本行签发，银行审核无误付款。

借：开出本票	3 500
贷：吸收存款——活期存款——省纺织	3 500

◆ 情景再现5-1　银行本票流程操作模拟

将学生分成4个小组，建议根据身份进行区别着装，4个小组的学生分别扮演付款人、收款人、付款人开户银行工作人员、收款人开户银行工作人员。请按照银行本票从出票到结清的结算流程进行模拟，学生通过口头表达来叙述操作步骤和要领。

5.2.3　银行汇票的核算

银行汇票是出票银行签发的，由其在见票时按照实际结算金额无条件支付给收款人或者持票人的票据。银行汇票的会计处理分为出票、兑付和结清三个阶段。银行汇票结算的基本流程如图5-4所示。

1. 银行汇票的出票

（1）银行受理申请书，转账收款的处理

申请人需要使用汇票时，应向银行填写“银行汇票申请书”，一式三联。第一联为存根，

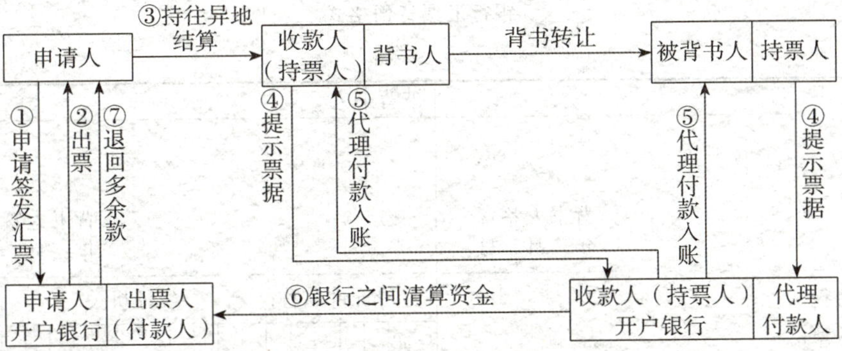

图5-4　银行汇票结算的基本流程

由申请人留存，第二联为借方凭证，第三联为贷方凭证。第二、三联交银行（交现金办理的，第二联注销）。

银行受理“银行汇票申请书”第二、三联时，经审查无误后，办理转账。其会计分录为：

借：吸收存款——活期存款——申请人户（或库存现金）

　　贷：汇出汇款

（2）签发银行汇票的处理

出票行在办好转账或收妥现金后，签发银行汇票。银行留下第一联卡片和第四联多余款收账通知，将第二联银行汇票（正面及背面格式见表5-7、表5-8）和第三联解讫通知一并交给申请人。同时登记“重要空白凭证登记簿”及“重要空白凭证使用情况登记簿”，填制表外科目付出凭证，登记表外科目明细账。其会计分录为：

付出：重要空白凭证——在用银行汇票户

表5-7　　银行汇票正面格式

付款期限 壹个月　　中国工商银行 银行汇票　　2　　地名　　$\frac{BA}{01}$00000000

出票日期（大写）　　年　　月　　日　　　　代理付款行：　　　　行号：

收款人：　　　　　　　　　　　　账号：

出票金额　人民币（大写）

实际结算金额　人民币（大写）　　　　千 百 十 万 千 百 十 元 角 分

申请人：　　　　　　　　　　　　账号：

出票行：　　　　行号：　　　　　　密押：

备　注：　　　　　　　　　　　　多余金额

凭票付款　　　　　　　　　　　　千 百 十 万 千 百 十 元 角 分

出票行签章　　　　　　　　　　　　　　　　　　复核　　记账

票样

此联代理付款行付款后作联行往账借方凭证附件

上海证券印制有限公司·2025年印制

表5-8　　　　　　　　　　**银行汇票背面格式**

被背书人	被背书人
背书人签章 年　月　日	背书人签章 年　月　日
持票人向银行 提示付款签章:	身份证件名称:　　发证机关: 号码

（贴粘单处）

2. 银行汇票的兑付

（1）持票人在代理付款行开户的处理

受理在本行开户的持票人提交的银行汇票第二、三联和两联进账单时，银行应认真审核，审核无误后，银行汇票第二联作借方凭证附件，进账单第二联作转账贷方凭证，办理转账。其会计分录为：

借：联行往账

　贷：吸收存款——活期存款——持票人户

转账后，将进账单第一联加盖“转讫”章作回单交给持票人，银行汇票第三联加盖“转讫”章，随同联行借方报单寄出票行。

（2）持票人不在代理付款行开户的处理

银行受理不在本行开户的持票人提交的银行汇票第二、三联和两联进账单时，经审查无误后，以持票人姓名开立应解汇款账户，以进账单第二联作转账贷方凭证，办理转账。其会计分录为：

借：联行往账

　贷：应解汇款——持票人户

支取现金时：

借：应解汇款——持票人户

　贷：库存现金

转账支付时：

借：应解汇款——持票人户

　贷：××科目

“应解汇款”是负债类科目，用以核算银行汇款业务收到本系统、其他商业银行、港澳地区商业银行、国外联行汇入的待解付的各类款项。异地汇入待解付和临时性存入款项时，记入贷方；将汇入款项解付收款人，或应收款人要求将款项退汇或转汇时，记入借方；期末余额在贷方，表示尚待解付的款项。该账户应按收款单位或个人进行明细分类核算。

3. 银行汇票的结清

出票行接到代理付款行寄来的联行借方报单以及解讫通知联时，抽出专夹保管的银行汇票第一联，经核对确属本行签发的汇票，审核无误后，分别作如下处理：

(1) 银行汇票全额结清

汇票全额付款的，应在汇票第一联卡片上的实际结算金额栏填入全部金额，在汇票第四联多余款收账通知上的多余金额栏填写“0”，第一联作转账借方凭证，第三联解讫通知和第四联多余款收账通知作借方凭证附件。其会计分录为：

借：汇出汇款

　贷：联行来账

“汇出汇款”是负债类科目，用以核算银行受单位或个人的委托汇往异地的款项。银行受理委托人的汇出款项时，记入该科目贷方；汇入银行已经解付款项，将汇票划回时，记入该科目借方；期末余额在贷方，表示尚未划回汇票的数额。该账户应按汇款单位或个人进行明细分类核算。

(2) 银行汇票非全额结清

①银行汇票有多余款，原申请人在本行开户的，应在第一联卡片和第四联多余款收账通知上填写实际结算金额，第四联多余金额栏内填写多余金额。第一联卡片作转账借方凭证，第三联解讫通知作转账贷方凭证，办理转账。其会计分录为：

借：汇出汇款

　贷：联行来账

　　吸收存款——活期存款——申请人户

转账后，在第四联多余款收账通知上加盖“转讫”章，退给申请人。

②银行汇票有多余款，原申请人不在本行开户的，各联凭证的填写同上，以第一联卡片作转账借方凭证，第三联解讫通知作转账贷方凭证，将多余金额先转入“其他应付款”科目。其会计分录为：

借：汇出汇款

　贷：联行来账

　　其他应付款——申请人户

转账后通知申请人持银行汇票申请书及本人身份证件来行办理取款手续。申请人取款时，以第四联多余款收账通知作转账借方凭证，办理转账。其会计分录为：

借：其他应付款——申请人户

　贷：库存现金

◆ 情景再现5-2　银行汇票流程操作模拟

将学生分成4个小组，建议根据身份进行区别着装，4个小组的学生分别扮演付款人、收款人、付款人开户银行工作人员、收款人开户银行工作人员。请按照银行汇票从出票到结清的结算流程进行模拟，学生通过口头表达来叙述操作步骤和要领。

5.2.4 商业汇票的核算

商业汇票是指出票人签发的，委托付款人在指定日期无条件支付确定的金额给收款人或者持票人的票据。商业汇票按承兑人的不同分为商业承兑汇票和银行承兑汇票。

1. 商业承兑汇票的会计处理

商业承兑汇票是交易双方按照合同规定，由收款人或付款人出票，由银行以外的付款人承兑的票据。商业承兑汇票一式三联：第一联为卡片，由承兑人留存；第二联为商业承兑汇票正本（正面及背面格式见表5-9、表5-10），由持票人开户行随托收凭证寄付款人开户行作借方凭证附件；第三联为存根，由出票人存查。商业汇票是一种同城、异地均可使用的结算方式，同城的账务处理参见同城票据清算，现仅介绍异地的账务处理。商业承兑汇票结算的基本流程如图5-5所示。

表5-9　　商业承兑汇票正面格式

商业承兑汇票　2

AA 01 00000000

出票日期（大写）　年　月　日

付款人	全　称		收款人	全　称		
	账　号			账　号		
	开户银行			开户银行		
出票金额	人民币（大写）				亿 千 百 十 万 千 百 十 元 角 分	
汇票到期日（大写）			付款人开户行	行号		
交易合同号码				地址		
本汇票已经承兑，到期无条件支付票款。 承兑人签章 承兑日期　年　月　日			本汇票请予以承兑，并于到期日付款。 出票人签章			

票样

上海证券印制有限公司·2025年印制

此联由持票人开户行随托收凭证寄付款人开户行作借方凭证附件

表5-10　　商业承兑汇票背面格式

被背书人	被背书人
背书人签章 年　月　日	背书人签章 年　月　日

（贴粘单处）

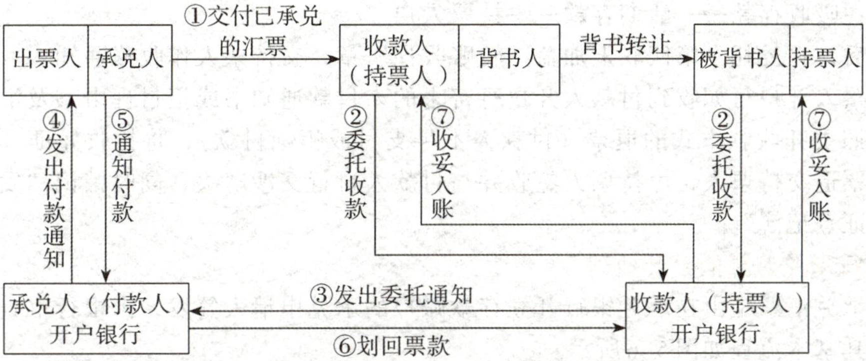

图5-5　商业承兑汇票结算的基本流程

（1）持票人开户行受理汇票的处理

持票人凭商业承兑汇票委托开户行收款时，应填制托收凭证，在“委托收款凭据名称”栏注明“商业承兑汇票”及其号码，商业承兑汇票附后，作为收款凭据，一并交开户银行。开户银行受理后，应按有关规定进行审核，审核无误后，在托收凭证各联上加盖“商业承兑汇票”戳记，将第一联托收凭证加盖业务公章作回单退还持票人，并根据第二联托收凭证登记“发出委托收款结算凭证登记簿”后专夹保管，同时将托收凭证第三、四、五联与商业承兑汇票一并寄交付款人开户行。

（2）付款人开户行收到汇票的处理

付款人开户银行接到持票人开户行寄来的托收凭证及汇票时，应按有关规定认真审核，审核无误后，将托收凭证第五联交付款人签收，通知其付款。

付款人开户行接到付款人的付款通知或在付款人接到开户行的付款通知次日起3日内仍未接到付款人的付款通知的，应按照支付结算办法规定的划款日期分别处理。

①付款人的银行账户内有足够的资金用以支付汇票款，开户行应于第4日起开始向持票人开户行划款，划款时以第三联托收凭证作为借方凭证，汇票加盖“转账付讫”章作附件；第四联托收凭证加盖业务公章随联行报单寄持票人开户行。其会计分录为：

借：吸收存款——活期存款——付款人户

　贷：联行往账（或辖内往来）

②付款人的银行账户内余额不足支付的，付款人开户行应填制“付款人未付票款通知书”，在托收凭证和“收到委托收款结算凭证登记簿”上注明退回日期和“无款支付”字样，按照委托收款无款支付处理。

银行在付款人接到通知的次日起3日内，收到付款人的拒绝付票证明时，按照委托收款拒绝付款的手续处理，将商业承兑汇票退回。

（3）持票人开户行收到划回的票款或退回凭证的处理

①持票人开户行收到付款人开户行寄来的联行报单和第四联托收凭证时，经与留存的第二联托收凭证核对无误，以托收凭证第二联作转账贷方凭证，办理转账。其会计分录为：

借：联行来账（或辖内往来）

贷：吸收存款——活期存款——持票人户

转账后，在委托书第四联上加盖“转账收讫”章，交持票人作收账通知。

②持票人开户行如收到付款人开户行寄来的未付款通知书或拒付理由书及汇票、托收凭证，按照委托收款方式的退票（付款人不足支付或拒绝付款），将托收凭证、未付款通知书及汇票退交持票人，由持票人签收并与付款人自行交涉解决，同时销记“发出委托收款结算凭证登记簿”。

2. 银行承兑汇票的会计处理

银行承兑汇票是由在承兑银行开立存款账户的承兑申请人签发，由银行审查同意承兑的票据。其基本流程如图5-6所示。

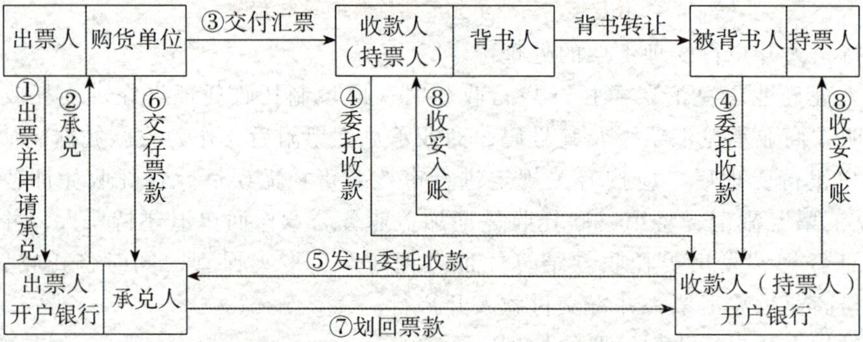

图5-6 银行承兑汇票结算的基本流程

（1）承兑申请的处理

银行承兑汇票一式三联：第一联为卡片，由承兑人留存备查，到期支付票据时作借方凭证附件；第二联为银行承兑汇票（正面及背面格式见表5-11、表5-12），由收款人开户行随托收凭证寄付款行作借方凭证附件；第三联为存根，由出票人留存。银行承兑汇票签发后，由承兑申请人填制一式三联的银行承兑协议，连同购销合同向其开户行申请承兑。

承兑申请人提交“承兑协议”第一联至第三联，连同银行承兑汇票给承兑银行的信贷部门，经信贷部门审核同意，由会计部门办理承兑手续，并收取承兑手续费。审查同意承兑后，在承兑协议书上签字，留存一份，其他交会计部门。会计部门收取票面金额0.5‰的承兑手续费，会计分录为：

借：吸收存款——活期存款——承兑申请人户

　贷：手续费及佣金收入

　　应交税费——应交增值税——销项税额

然后根据第一联汇票填制“银行承兑汇票”表外科目收入传票，登记表外科目登记簿，并将第一联汇票卡片和承兑协议副本专夹保管。其会计分录为：

收入：银行承兑汇票

承兑银行对银行承兑汇票登记簿的余额要经常与保存的第一联汇票进行核对，以保证金额相等。

表 5-11　　银行承兑汇票正面格式

银行承兑汇票　　2　　CA 01 00000000

出票日期（大写）　　年　　月　　日

出票人全称		收款人	全　称	
出票人账号			账　号	
付款行全称			开户银行	

		亿	千	百	十	万	千	百	十	元	角	分
出票金额	人民币（大写）											

汇票到期日（大写）		付款行	行号	
承兑协议编号			地址	

本汇票请你行承兑，到期无条件付款。 出票人签章	本汇票已经承兑，到期日由本行付款。 承兑行签章 承兑日期　年　月　日 备注:	复核　　记账

票样

此联由收款人开户行随托收凭证寄付款行作借方凭证附件

上海证券印制有限公司·2025年印制

表 5-12　　银行承兑汇票背面格式

被背书人	被背书人
背书人签章 年　月　日	背书人签章 年　月　日

（贴粘单处）

（2）持票人开户行受理汇票的处理

持票人凭汇票委托开户行向承兑银行收取票款时，应填制托收凭证，“委托收款凭据名称”栏注明“银行承兑汇票”及汇票号码，连同汇票一并送交开户行，银行受理审查后，在托收凭证各联上加盖“银行承兑汇票”戳记。其余按照委托收款结算方式办理，登记“发出托收凭证登记簿”，留下第二联托收凭证，第三、四、五联凭证及银行承兑汇票，按规定寄给承兑银行。

（3）承兑银行对汇票到期收取票款的处理

①正常付款。承兑银行应每天查看汇票的到期情况，对到期的汇票，应于到期日（法定休假日顺延）向承兑申请人收取票款。

收取票款时应填制两联特种转账借方凭证，一联特种转账贷方凭证，并在转账原因栏注明“根据××号汇票划转票款”字样。其会计分录为：

借：吸收存款——活期存款——承兑申请人户

　贷：应解汇款

另一联特种转账借方凭证加盖“转账付讫”章作付款通知交承兑申请人。

②非正常付款。在汇票到期日，如果承兑申请人账户上没有资金，应转入该出票人的逾期贷款户，每日按0.5‰计收利息。当账户不足支付（有部分资金），但尚能支付一部分时，应办理部分转账和部分逾期贷款。另加两联特种转账借方凭证，会计分录为：

借：吸收存款——活期存款——承兑申请人户

　　逾期贷款——承兑申请人户

　贷：应解汇款

如承兑申请人账户上没有资金，则发放逾期贷款。其会计分录为：

借：逾期贷款——承兑申请人户

　贷：应解汇款

例5-7 某企业将到期的银行承兑汇票20 000元兑出，向汇票承兑人电子元件制造厂收取票款，办理转账手续。

（1）电子元件制造厂有足额款项。

借：吸收存款——活期存款——电子元件	20 000	
贷：应解汇款——电子元件		20 000

（2）电子元件制造厂无款。

借：逾期贷款——电子元件	20 000	
贷：应解汇款——电子元件		20 000

（3）电子元件制造厂有10 000元。

借：吸收存款——活期存款——电子元件	10 000	
逾期贷款——电子元件	10 000	
贷：应解汇款——电子元件		20 000

（4）承兑银行支付汇票款的处理

承兑银行收到持票人开户行寄来的委托收款结算凭证及汇票，抽出专夹保管的汇票卡片和承兑协议副本，按照有关规定认证审核无误后，应于汇票到期日或到期日之后的见票当日，按照委托付款的手续处理，会计分录为：

借：应解汇款

贷：联行往账

另填制银行承兑汇票表外科目付出传票，销记表外科目登记簿。其会计分录为：

付出：银行承兑汇票

（5）持票人开户行收到汇票款的处理

持票人开户行接到承兑银行寄来的联行报单和托收凭证，抽出专夹保管的第二联托收凭证核对无误后，销记登记簿，以第二联托收凭证作贷方凭证。其会计分录为：

借：联行来账（或辖内往来）

贷：吸收存款——活期存款——持票人户

◆ 情景再现5-3　银行承兑汇票流程操作模拟

将学生分成4个小组，建议根据身份进行区别着装，4个小组的学生分别扮演付款人、收款人、付款人开户银行工作人员、收款人开户银行工作人员。请按照银行承兑汇票从出票到结清的结算流程进行模拟，学生通过口头表达来叙述操作步骤和要领。

5.3 信用卡及其他结算方式的核算

5.3.1 信用卡的核算

信用卡是指银行或信用卡公司向个人或单位发行的凭以向特约单位购物、消费或向银行办理存取现金，具有消费信用的卡片。信用卡按发卡对象不同分为单位卡和个人卡。按持卡人的信誉、资信情况不同分为金卡、银卡和普通卡。

1. 信用卡的基本管理规定

① 只有经中国人民银行批准的商业银行（包括外资、合资银行），才可以发行信用卡。非金融机构、境外金融机构的驻华代表机构不得发行信用卡，也不得代理收单结算业务。

② 凡在中国境内金融机构开立基本账户的单位可申领单位卡。其资金一律从基本存款账户转入，不得交存现金，不得将销货收入的款项存入其信用卡账户。

③ 单位卡一律不得支取现金，不得用于10万元以上的商品交易、劳务供应款项的结算。

④ 信用卡允许善意透支，个人卡每笔透支额以2万元为上限，月透支额不得超过5万元；单位卡每笔透支额以5万元为上限，月透支额不得超过10万元或其综合授信额度的3%。透支部分按规定利率计收利息，按月收单利，透支期限最长为60天。

2. 信用卡的核算

信用卡核算的基本流程如图5-7所示。

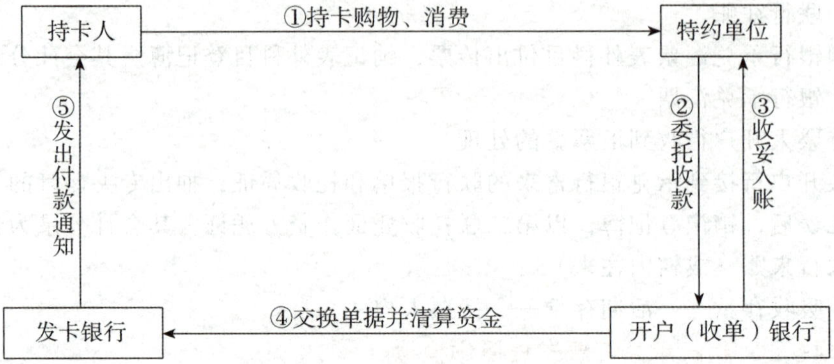

图5-7　信用卡核算的基本流程

（1）信用卡发卡的核算

申请人申请信用卡时，应向发卡行提交申请表，发卡行审查同意后，通知申请人办理领卡手续。

①单位卡。发卡行接到申请单位送交的支票及三联进账单，审核无误后，按规定收取手续费，另编制特种转账贷方凭证作为收取手续费的凭证。其会计分录为：

借：吸收存款——活期存款——××单位存款（或清算资金往来——同城票据清算）

　贷：信用卡存款——申请人户

　　手续费及佣金收入

　　应交税费——应交增值税——销项税额

②个人卡。个人申请信用卡时，按规定，银行要收取备用金和手续费，备用金的收取可以是现金，也可以是转账。个人申请人交存现金的，会计分录为：

借：库存现金

　贷：信用卡存款——申请人户

　　手续费及佣金收入

　　应交税费——应交增值税——销项税额

"信用卡存款——申请人户"是负债类科目，用以核算银行吸收的企事业单位和居民个人的信用卡存款。银行吸收信用卡存款时，记入贷方；银行收到特约单位交来持卡人签名的签购单、持卡人的取现单时，记入借方；期末余额在贷方，表示银行结余的信用卡存款的数额，余额在借方，表示透支的金额。该账户应按单位卡备用金和个人卡备用金进行明细分类核算。

（2）信用卡购物消费的核算

①特约单位开户行的核算。信用卡在特约单位购物、消费时，持卡人应将信用卡交特约单位。特约单位审查无误后填制四联签购单（见表5-13）并由持卡人签名确认，然后将签购单回单联连同信用卡和身份证件交还持卡人。每日营业终了，特约单位根据签购单汇总表填制汇计单（格式见表5-14），计算手续费和净计金额，连同签购单和进账单一并送交开户行办理转账。特约单位开户行收到特约单位送交的三联进账单、三联汇计单和两联签购单，经审查无误，进行会计处理。其会计分录为：

表 5-13　　××银行××卡签购单

持卡人姓名及账号		编号　0000000 ××银行 （英文缩写） ××卡签购单
证　件	持卡人签名	
授权号码	日　期	
特约单位名称、代号 经办人签章	人民币	
	购物消费（小写）	
	什　项（小写）	
	总　额（小写）	
请持卡人妥善保管	摘　要	

第一联：特约单位给持卡人回单

主管　　　　复核　　　　记账

表 5-14　　××银行××卡汇计单

特约单位名称、代号 ________________	日期______________ 签购单总份数______份 总计金额（¥）
	手续费　%
编号　0000000	净计金额（¥）

第一联：银行盖章后退特约单位作交费收据

借：信用卡存款——信用卡持卡人户（或清算资金往来——同城票据清算、联行往账等）

　贷：吸收存款——活期存款——特约单位户

　　手续费及佣金收入

　　应交税费——应交增值税——销项税额

②持卡人开户行的核算。持卡人开户行收到特约单位开户行同城交换来的或寄来的有

关单证时，应认真审查。审查无误后据以办理转账。其会计分录为：

借：信用卡存款——信用卡持卡人户（或吸收存款——活期储蓄存款）

　贷：清算资金往来——同城票据清算（或联行来账）

持卡人信用卡账户不足以支付的，其不足部分纳入“其他短期贷款”科目核算，并按规定计算透支利息，向持卡人收取。

（3）信用卡支取现金的处理

个人持卡人在银行支取现金时，应填制四联取现单（格式见表5-15），连同信用卡交发卡银行或代理银行。银行经审查无误后，由持卡人在取现单上签名确认，然后将取现单回单联加盖“现金付讫”章，连同信用卡交还持卡人，并办理支款手续。

表5-15　　　　××银行××卡取现单

<table>
<tr><td colspan="2">持卡人姓名及账号</td><td colspan="2"></td><td rowspan="3">编号　0000000
××银行
（英文缩写）
××卡取现单</td><td rowspan="8">第一联：代理行给持卡人回单</td></tr>
<tr><td>证　件</td><td></td><td colspan="2">持卡人签名</td></tr>
<tr><td>授权号码</td><td></td><td colspan="2">日　期</td></tr>
<tr><td colspan="2" rowspan="2">代理行名称、代号</td><td colspan="3">人民币</td></tr>
<tr><td>取现金额（小写）</td><td colspan="2"></td></tr>
<tr><td colspan="2" rowspan="3">银行盖章

请持卡人妥善保管</td><td>手续费（小写）</td><td colspan="2"></td></tr>
<tr><td>实付金额（小写）</td><td colspan="2"></td></tr>
<tr><td>摘　要</td><td colspan="2"></td></tr>
</table>

复核　　　　　　　　记账　　　　　　　　出纳

①对本行发行的信用卡支取现金的，会计分录为：

借：信用卡存款——信用卡持卡人户

　贷：库存现金

②对同一城市其他银行机构发行的信用卡支取现金的，经审查无误，应向持卡人开户行提出票据交换，会计分录为：

借：清算资金往来——同城票据清算

　贷：应解汇款——持卡人户

待退票时间过后无退票的，即支付现金，会计分录为：

借：应解汇款——持卡人户

贷：库存现金

③对异地联行发行的信用卡支取现金的，应向持卡人开户行办理联行划款手续，即将第二联取现单随联行借方报单寄持卡人开户行，会计分录为：

借：联行往账

　贷：应解汇款——持卡人户

同时按取现金额的1%收取手续费后，支付现金，会计分录为：

借：应解汇款——持卡人户

　贷：库存现金

　　手续费及佣金收入——××单位

　　应交税费——应交增值税——销项税额

（4）信用卡注销的处理

持卡人不需要继续使用信用卡时，应持卡主动到发卡银行办理销户手续。银行核对有关账务并确认无误后，分情况处理。

①单位卡注销时，会计分录为：

借：信用卡存款——信用卡持卡人户

　利息支出——××单位

　贷：吸收存款——活期存款——信用卡持卡人基本存款户

②个人卡注销时，会计分录为：

借：信用卡存款——信用卡持卡人户

　利息支出——××

　贷：库存现金等

5.3.2　汇兑结算的核算

汇兑是汇款人委托银行将其款项支付给收款人的结算方式。汇兑按其凭证传递方式不同，分为信汇和电汇两种。汇兑结算的基本流程如图5-8所示。

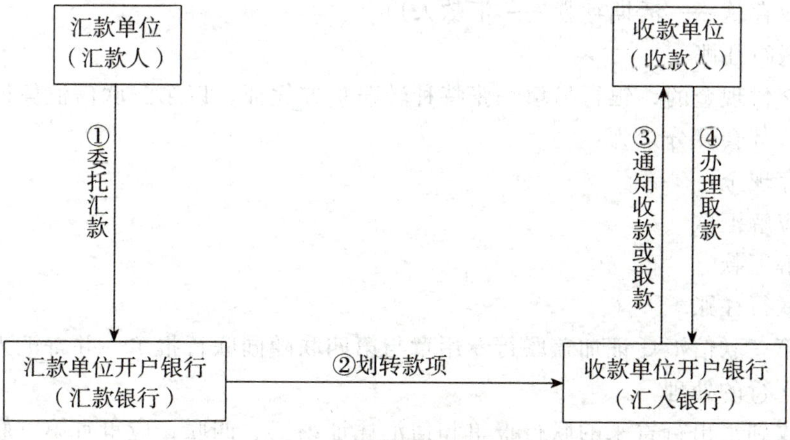

图5-8　汇兑结算的基本流程

1. 信汇的核算

信汇是指由汇款人将款委托银行以邮寄的方式，汇给收款人所在地的银行，由银行解付汇款的结算方式。汇款人委托银行办理信汇时，应向银行提交一式四联的信汇凭证（格式见表5-16），第一联为回单，第二联为借方凭证，第三联为贷方凭证，第四联为收账通知。

表5-16　　　　信汇凭证格式

××银行　　　信汇凭证　（回单）　　1

委托日期　　年　月　日

<table>
<tr><td rowspan="3">汇款人</td><td>全　称</td><td colspan="11"></td><td rowspan="3">收款人</td><td>全　称</td><td colspan="11"></td></tr>
<tr><td>账　号</td><td colspan="11"></td><td>账　号</td><td colspan="11"></td></tr>
<tr><td>汇出地点</td><td colspan="11">省　　市/县</td><td>汇入地点</td><td colspan="11">省　　市/县</td></tr>
<tr><td colspan="2">汇出行名称</td><td colspan="11"></td><td colspan="2">汇入行名称</td><td colspan="11"></td></tr>
<tr><td rowspan="2">金额</td><td colspan="14" rowspan="2">人民币
（大写）</td><td>亿</td><td>千</td><td>百</td><td>十</td><td>万</td><td>千</td><td>百</td><td>十</td><td>元</td><td>角</td><td>分</td></tr>
<tr><td></td><td></td><td></td><td></td><td></td><td></td><td></td><td></td><td></td><td></td><td></td></tr>
<tr><td colspan="13" rowspan="2">

汇出行签章</td><td colspan="2">支付密码</td><td colspan="11"></td></tr>
<tr><td colspan="13">附加信息及用途：

复核　　记账</td></tr>
</table>

此联为汇出行给汇款人的回单

（1）汇出行的处理

汇出行受理信汇凭证时，应认真审核，审核无误后，第一联信汇凭证加盖“转账付讫”章退给汇款人，办理转账。

汇款人转账交付的，第二联信汇凭证作为借方凭证，会计分录为：

借：吸收存款——活期存款——汇款人户

　　贷：联行往账

汇款人交付现金的，银行另填一张特种转账贷方凭证，以第二联信汇凭证作为借方凭证办理转账。其会计分录为：

借：库存现金

　　贷：应解汇款

借：应解汇款

　　贷：联行往账

转账后第三联信汇凭证加盖联行专用章与第四联随同联行报单一并寄汇入行。

（2）汇入行的处理

汇入行收到汇出行寄来的联行报单和信汇凭证第三、四联，应审查第三联信汇凭证上的联行专用章与联行报单上的印章是否一致，经审核无误，应区别情况处理。

①收款人在汇入行开立存款账户，可将汇入款直接转入收款人账户，以第三联信汇凭证作贷方凭证办理。其会计分录为：

借：联行来账

　贷：吸收存款——活期存款——收款人户

转账后，第四联信汇凭证加盖“转账收讫”章，交收款人作收账通知。

②收款人未在汇入行开立存款账户，银行应以第三联信汇凭证作为贷方凭证，将款项转入“应解汇款”账户。其会计分录为：

借：联行来账

　贷：应解汇款——收款人户

收款人取款时，应交验本人身份证件，并严格进行审查，无误后可以一次或分次支付现金，或根据取款人的要求办理转汇。其会计分录为：

借：应解汇款——收款人户

　贷：库存现金

2. 电汇的核算

电汇是指汇款人委托汇出银行以拍发电报的方式通知异地的汇入行将款项支付给收款人的汇款方式。汇款人委托银行办理电汇时，应向银行提交一式三联的电汇凭证（格式见表5-17），第一联为回单，第二联为借方凭证，第三联为发电依据。

表5-17　　**电汇凭证格式**

××银行　电汇凭证　（回单）　　**1**

委托日期　年　月　日

□普通　□加急

<table>
<tr><td rowspan="3">汇款人</td><td>全　称</td><td colspan="2"></td><td rowspan="3">收款人</td><td>全　称</td><td colspan="2"></td><td rowspan="6">此联为汇出行给汇款人的回单</td></tr>
<tr><td>账　号</td><td colspan="2"></td><td>账　号</td><td colspan="2"></td></tr>
<tr><td>汇出地点</td><td>省</td><td>市/县</td><td>汇入地点</td><td>省</td><td>市/县</td></tr>
<tr><td colspan="2">汇出行名称</td><td colspan="2"></td><td colspan="2">汇入行名称</td><td colspan="2"></td></tr>
<tr><td>金额</td><td colspan="6">人民币
（大写）</td><td>亿 千 百 十 万 千 百 十 元 角 分</td></tr>
<tr><td colspan="4" rowspan="2">汇出行签章</td><td colspan="2">支付密码</td><td colspan="2"></td></tr>
<tr><td colspan="4">附加信息及用途：
复核　　记账</td></tr>
</table>

汇出行受理电汇凭证审查无误后，第一联电汇凭证加盖“转讫”章退给汇款人，第二联借方凭证代记账凭证记入汇款人分户账，会计分录与信汇相同。根据第三联电汇凭证编制电划贷方报单，据以拍发电报。对填明“现金”字样的电汇凭证，应在电文的金额前加

拍“现金”字样。

汇入行收到汇出行发来的电报，经审核无误后，应填制一式四联的电划贷方补充报单，第一联作联行来账卡片，第二联作来账报告卡，第三联作贷方传票，第四联加盖“转讫”章作为收账通知交给收款人或作为借方传票附件，其余各项处理手续均与信汇相同。

3. 手续费的核算

（1）经办行收取交易手续费。

汇兑业务发生时，银行应向客户收取汇兑手续费和汇划费（统称交易手续费），会计分录为：

借：库存现金（或吸收存款——汇款人户）
　贷：手续费及佣金收入
　　　应交税费——应交增值税——销项税额

（2）向中国人民银行支付交易手续费。

各商业银行使用中国人民银行现代化支付系统，须由总行统一向中国人民银行支付大额、小额支付系统手续费。

①商业银行总行统一支付时，会计分录为：

借：其他应收款
　贷：存放中央银行款项

②商业银行总行向下级行分摊手续费，会计分录为：

借：手续费及佣金支出
　　应交税费——应交增值税——进项税额
　贷：其他应收款

4. 退汇的核算

退汇是指将已经汇出，但尚未解付的汇款退给汇款人。退汇包括汇款人申请退汇和汇入行主动退汇两种情况。不管是哪种情况，退汇仅限于不直接入账的汇款。对直接入账的汇款，银行不受理退汇，由汇款人与收款人自行联系退汇。

（1）汇款人申请退汇

汇款人申请退汇时，对于收款人在汇入行开立账户的，应由汇款人与收款人自行联系退汇；对收款人未在汇入行开立账户的，应由汇款人备函或出具本人身份证件，连同原信、电汇回单，一并交汇出行办理退汇。

汇出行受理退汇业务时，应填制一式四联的“退汇通知书”，第一联交原汇款人，第二、三联寄交汇入行，第四联与函件和回单联一起保管。

汇入行接到退汇通知书后，应区别以下两种情况处理：

①经查该笔汇款如果尚未解付，应向收款人索回取款便条，并以退汇通知书第二联为借方凭证，汇款凭证第四联为附件办理转账。其会计分录为：

借：应解汇款——收款人户
　贷：联行往账

转账后，第三联退汇通知书随同贷方报单寄回原汇出行。

②经查该笔汇款已经解付，应在第二、三联退汇通知书上注明解付情况及解付日期，留存第二联退汇通知书，以第三联退汇通知书通知原汇出行。

（2）汇入行主动退汇

对于收款人拒绝接受的汇款或超期两个月仍未领取的汇款，汇入行应主动办理退汇。汇入行办理退汇时，应填制一联特种转账借方凭证和两联特种转账贷方凭证，并在凭证上注明“退汇”字样，将第四联汇款凭证作为附件。其会计分录为：

借：应解汇款——原收款人户

　贷：联行往账

两联特种转账贷方凭证连同联行报单寄原汇出行，同时销记应解汇款登记簿。汇出行收到有关凭证后，以一联特种转账贷方凭证作为贷方传票。其会计分录为：

借：联行来账

　贷：吸收存款——活期存款——汇款人户

另一联特种转账贷方凭证加盖“转讫”章作为收账通知交给原汇款人。

5.3.3 委托收款结算的核算

委托收款是收款人委托银行向付款人收取款项的结算方式。委托收款结算的基本流程如图5-9所示。

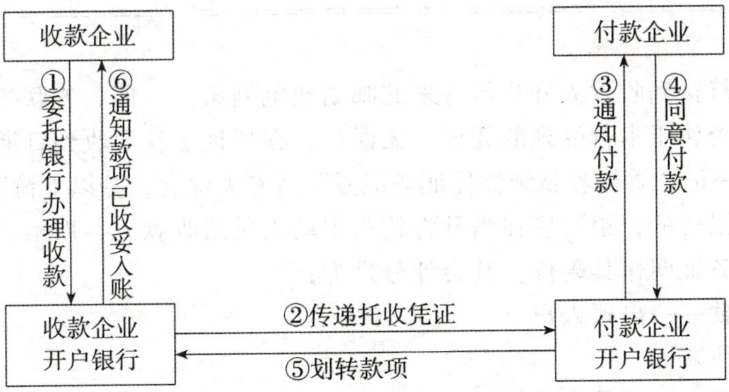

图5-9 委托收款结算的基本流程

1. 收款人开户行受理委托收款的处理

收款人委托银行收款时，应提交一式五联托收凭证（格式见表5-18）。第一联为回单，第二联为贷方凭证，第三联为借方凭证，第四联为收账通知，第五联为付款通知。收款人在第二联凭证上签章后，将有关托收凭证和债务证明提交开户银行。

收款人开户行收到托收凭证后，应认真审核，审核无误后，第一联托收凭证加盖业务公章退给收款人，第二联托收凭证登记“发出委托收款结算凭证登记簿”后专夹保管，第三联托收凭证加盖联行专用章连同第四、五联托收凭证及有关债务证明，一并交付款人开户行。

表5-18　　托收凭证格式

托收凭证（受理回单）　　**1**

委托日期　　年　　月　　日

业务类型	委托收款（□邮划　□电划）　托收承付（□邮划　□电划）				
付款人	全　称		收款人	全　称	
	账　号			账　号	
	地　址	省　市/县　开户行		地　址	省　市/县　开户行
金额	人民币（大写）				亿 千 百 十 万 千 百 十 元 角 分
款项内容		托收凭据名　称		附寄单证张数	
商品发运情况			合同名称号码		
备注： 复核　记账		款项收妥日期 年　月　日		收款人开户银行签章 年　月　日	

此联作收款人开户银行给收款人的受理回单

2. 付款人开户行的处理

付款人开户行接到收款人开户行寄来的邮划或电划第三、四、五联托收凭证及有关债务证明，审查是否属于本行受理的凭证，无误后，在凭证上注明收到日期，根据第三、四联托收凭证逐笔登记“委托收款结算凭证登记簿”后专夹保管，分以下情况进行处理：

①付款人为银行的，银行应在当日将款项主动支付给收款人，以第三联托收凭证作借方凭证，有关债务证明作其附件。其会计分录为：

借：应解汇款——出票人户

　贷：联行往账

转账后，银行在收到的“委托收款结算凭证登记簿”上填明转账日期，并以第四联凭证作资金汇划发报凭证。

②付款人为单位的，银行应将托收凭证第五联加盖业务公章后，连同有关债务证明及时交给付款人，并由付款人签收。付款人应于接到通知的次日起3日内通知银行付款。若银行在付款期内未接到付款人的付款通知，则视为同意付款。银行应于付款期满次日上午营业时将款项划给收款人，以第三联凭证作为借方凭证。留存债务证明的，债务证明及第五联付款通知作为附件办理转账。其会计分录为：

借：吸收存款——活期存款——付款人户

　贷：联行往账

付款人为单位时，其账户不足以支付全部款项或拒绝付款的，其处理方式比照托收承付办理。

例5-8 某行收到南昌工行寄来的委托收款凭证及商业承兑汇票，金额16 000元，收款人是南昌饲料公司，付款人是本行开户单位养鸡场。到期日，银行向养鸡场收取票款并划转汇票款项。其会计处理为：

借：吸收存款——活期存款——养鸡场　　16 000

　贷：联行往账　　16 000

3. 收款人开户行的处理

收款人开户行收到付款人开户行寄来的联行贷方报单及所附的第四联托收凭证时，应将留存的第二联凭证抽出，核对无误后，在两联凭证上填注转账日期，以第二联托收凭证作为转账贷方凭证，办理转账。其会计分录为：

借：联行来账

　贷：吸收存款——活期存款——收款人户

转账后，将第四联托收凭证加盖“转账收讫”章，作为收账通知送交收款人。

推荐阅读资料及网站

1.《中华人民共和国票据法》
2.《支付结算办法》

复习思考题

1. 什么是支付结算？支付结算的种类有哪些？哪些适用于同城？哪些适用于异地？
2. 支付结算有哪些原则？
3. 什么是支票？收、付款单位不在同一银行开户的转账支票如何核算？
4. 银行本票的会计处理可分为哪几个阶段？应如何进行处理？
5. 什么是银行汇票？银行汇票的基本处理过程分为哪几个阶段？如何进行处理？
6. 商业汇票分几种？商业汇票结算的特点是什么？
7. 什么是信用卡？信用卡业务有哪些基本规定？试述信用卡发卡的处理手续。

案例分析一

小张好心帮忙却铸成错误

某日上午8点半，某银行员工小张一上班就在桌上发现一个信封。信封是开着的，打开一看，原来是本行开户单位机电公司托别人捎来的两张现金支票，提款额分别为100 000元与80 000元，信封里还夹着一张纸条，大概意思是让小张帮忙把钱取出来，等到下午下班前会有该公司的人来取走。一想到机电公司是本行的老主顾，小张想都没想便办起该笔业务。

经审核发现，该公司账上存款余额只有130 000元，无论如何都有一张支票属于空头支票。“怎么办？如果按照规定去处理这件事，那岂不伤了和气？”小张思忖着，带着这个难题找到对面的老王，老王毕竟工作时间长、经验多，于是小张获得了“最佳做法”，这个做法就是由小张在某一张支票上模仿客户对金额进行涂改，这样按照规定，这张支票就成了“填写不符合要求”的支票，也就避免了伤和气……果然，事后，这家公司的总经理对小张大为感激，并多次表现出要进行酬谢。后来，这件事情不胫而走，竟传到行长那里。几天后，行长把小张叫到他的办公室，小张原以为会得到夸奖，没想到遭到了严厉的批评。

问题：

1.小张为什么会遭到批评？

2.该银行关于空头支票的处理你认为妥不妥当？为什么？

案例分析二

老同学支招：使用银行承兑汇票好一点

陈明是建安公司的总经理，公司成立伊始，无论业务上还是财务上的事，都由他一个人决策。在他的忙碌下，建安公司在银行开立了基本存款账户。可是，眼前有一件事情使他很为难。原来，建安公司几天前与异地的一家成立不久的北方公司签订了一个关于建筑材料的意向性协议，建安公司是采购方，北方公司是供货方。经过几轮协商，北方公司答应可以先供货，但建安公司最迟要在两个月内付款。同时，北方公司还要求建安公司提供可靠的付款保证，以确保建安公司在到期日不会延期或无款支付该笔货款。

这时候，电话铃又响了，是北方公司的一位财务人员打过来的，他告诉陈明北方公司有早一点收回货款的想法，哪怕比协议中约定的价格再少一点也行。陈明一边接电话一边想：“北方公司的要求咋这么多，哪种支付方式会令其满意呢？”

这时陈明想到了在银行工作的老同学赵星，于是马上给他打了个电话。

最终，还是赵星帮助陈明解了围。方法即由建安公司向北方公司签发一张商业汇票，并向建安公司的开户银行申请承兑，汇票付款期限为两个月。

问题：

1.银行承兑汇票的用途、适用条件是什么？

2.在本例中，为何选择银行承兑汇票结算方式？

第5章

扫码答题

第6章 联行往来业务的核算

学习目标

通过本章的学习，了解联行往来业务的概念、组织体系及业务流程，理解其在实现资金结算和其他款项划拨中的作用，掌握联行往来基本业务的处理要求及核算方法。

价值引领

◆ 坚持守法合规，忠于职守，正确对待权、责、利的关系。

◆ 培养精诚合作、勠力同心的团队协作精神。

专业融合

◆ 结合“加强联行内部管理，严密组织核算”的联行往来核算基本要求，树立遵守法律规定的守法合规意识，做到认真负责，恪尽职守。

◆ 联行往来业务的核算体现了建立相互配合、相互支持、友爱互助的工作氛围的重要性。

能力培养

◆ 理解整体与部分的辩证关系，整体居于主导地位，应树立全局观念，培养大局思维。

◆ 联系具有普遍性，不同金融企业之间密切相关，荣辱与共，以联行往来业务的内容培养敏捷的联系思维和全面分析的能力。

开篇案例9

中国最大的
银行贪污案！
中行开平案

6.1 联行往来业务概述

6.1.1 联行往来的基本概念

对于共同隶属于一个总行的相互往来的两个银行来说，双方互称为联行。结算业务是社会资金的往来运动，最终要体现在银行间的资金划拨上，当资金结算业务发生时，必然要通过两个或两个以上的银行才能完成。如其往来双方同属一个银行系统，即同属一个总行的各个分支机构间的资金账务往来，我们称之为联行往来。各联行系统内的分支机构应由总行批准，统一编制联行行号，纳入联行往来业务网络管理体系，才可具备联行资格。其他银行因尚未形成各自分支机构的网络而不能构成联行系统，其联行业务委托上述银行代理。因此，科学地组织联行凭证传递和账务处理，做好联行往来核算工作对加速单位资金周转，活跃商品经济，促进国民经济发展，正确完成银行业务，真实、完整地反映联行往来业务具有重要意义。

6.1.2 联行往来的组织体系

我国现行的联行管理模式是各家银行自成系统，各联行内核算方法均由各联行系统自行决策执行。各联行系统彼此独立、平行运作。联行制度统一领导，分级管理，采取总行、分行、支行3级管理体制。与此相应，就有全国联行往来、分行辖内往来、支行辖内往来3种组织和核算形式。

1. 全国联行往来

全国联行往来指的是不同省、自治区、直辖市各行处之间的资金账务往来。参加全国联行往来的行处由总行发给联行行号和专用章，按总行制定的联行往来制度办理联行账务，由总行制定全国联行往来制度并负责监督结清。

2. 分行辖内往来

分行辖内往来指的是同一省内各行处之间的资金账务往来。参加分行辖内往来的行处，由管辖分行发给分行辖内往来行号和专用章，按分行辖内往来制度办理联行账务，由分行制定分辖联行往来制度并负责监督结清。

3. 支行辖内往来

支行辖内往来指的是同一县（区）内各行处之间的资金账务往来。参加支行辖内往来的行处，由管辖支行发给支行辖内往来行号和专用章，按支行辖内往来制度办理联行账务，由支行负责监督结清。

上述3级联行往来是按不同地区、不同银行级别划分的，充分发挥了分行、支行对辖内联行往来就近管理的优势，同时又减轻了总行监督管理的负担。

6.1.3 联行往来核算的基本要求

联行往来的核算是相关业务的基础，必须加强联行内部管理，严密组织核算，以保证相关业务的顺利进行。同时必须树立全局观念，认真负责，相互配合，保证凭证报单填写准确，传递及时，差错查询迅速回复，以达到整个联行系统账务的平衡。联行系统内各银行必须严格遵守核算制度，不能随便变通处理，以免造成账务上的混乱。按照联行往来制度的规定，各银行必须在总行存足备用金，及时进行清算，不准拖欠他行资金，以保证信贷资金顺畅周转。同时为保证资金的安全，对联行凭证的传递，要做到迅速准确、不积压；对空白报单要加强管理，并填制表外科目和登记簿等；寄发联行报单要加盖联行专用章，按规定编列密押；要保证联行资金汇路畅通。

6.2 全国联行往来核算

6.2.1 集中监督、集中对账方式的核算

全国联行往来是由总行统一管理的，凡核批有全国联行行号的机构，均可参加全国联行往来。境内联行往来主要采取集中制核算形式，其特点是联行各行处不以对方的名义开立账户，由总行集中开户，集中记账，集中对账销账，对联行资金实行集中统一管理，账务由总行（或分行）监督管理。其基本做法包括以下几个方面：

（1）直接往来，分别核算

当联行往来业务发生时，直接由发生资金划拨的行处填发联行往来报单，寄接收联行报单的行处，同时发报行和收报行通知总行对账中心。在具体处理联行账务时，又统一将其划分为往账和来账两个系统。发报行处理联行往账，收报行处理联行来账。对于每笔资金划拨，双方银行都要以相同的金额、相反的方向分别在往账、来账中进行记载，因而就构成了联行账务的对应关系。对于具体某一行处来说，其既是发报行又是收报行，因而需将往账和来账划分清楚，并分别进行核算。

（2）往来报告，分行录磁

各发报行和收报行在营业终了，应分别编制联行往账报告表和联行来账报告表，并附

报告卡向自己的管辖分行报告。管辖分行通过计算机录磁并传送到总行对账中心。

(3) 集中对账，分年查清

总行对账中心按月设户，将往账与来账报告卡进行逐笔配对核销，并通知各管辖分行该月度联行未达查清。联行往来账务以年度为界，分年度查清未达和结平往来账务。

6.2.2 会计科目设置和会计凭证

1. 会计科目

按照我国金融企业相关会计制度的规定，联行往来业务的核算，应设置“存放联行款项”和“联行存放款项”两个会计科目。“存放联行款项”属于资产类科目，只能记在借方；“联行存放款项”属于负债类科目，只能记在贷方。但由于联行业务量较大，涉及范围较广，只使用以上两个科目不能满足日常核算和监督的需要。这两个科目下均设“联行来账”和“联行往账”两个明细科目。

微课 15

联行来账和联行往账

(1)“联行来账”科目

本科目是收报行处理全国联行往来业务时专用的科目。当发有全国联行行号的行、处，接到异省、自治区、直辖市全国联行单位寄来的报单时，其联行款项的收付用本科目核算。

收到借方报单，贷记本科目；收到贷方报单，借记本科目；期末余额通常由借贷双方轧差反映。

(2)“联行往账”科目

本科目由发报行使用。填发借方报单，记入本科目借方；填发贷方报单，记入本科目贷方。本科目属资产、负债共同类科目，余额通过借贷双方轧差反映。

(3)“上年联行往账”科目、“上年联行来账”科目

这两个科目是上年全国联行在未达查清前使用的科目。新年度开始，将上年度“联行往账”“联行来账”科目余额，不通过会计分录，分别转入“上年联行往账”“上年联行来账”科目。收报行收到发报行寄来上一年度填发的报单，应通过“上年联行来账”科目办理转账。待联行未达查清后，办理余额上划时，通过本年度的“联行往账”科目分别转销上述两个科目的余额。

2. 会计凭证

联行报单是全国联行往来的专用和重要凭证。联行报单包括邮划借方报单（见表6-1）、邮划贷方报单（见表6-2）、电划借方报单（见表6-3）、电划贷方报单（见表6-4）、电划借方补充报单（见表6-5）和电划贷方补充报单（见表6-6）6种。其中除电划借方补充报单、电划贷方补充报单是由收报行根据发报行的电报译制外，其余均由发报行填制。

表6-1　　　**中国工商银行邮划借方报单**（来账卡片）

<table>
<tr><td rowspan="2">发报行</td><td>行号</td><td></td><td>编制　年　月　日</td><td rowspan="2">收报行</td><td>行号</td><td></td><td>号码</td></tr>
<tr><td>行名</td><td colspan="2"></td><td>行名</td><td colspan="2"></td></tr>
</table>

<table>
<tr><td>付款单位账号或名称</td><td>收款单位账号或名称</td><td>千</td><td>百</td><td>十</td><td>万</td><td>千</td><td>百</td><td>十</td><td>元</td><td>角</td><td>分</td><td rowspan="2">合计金额</td><td>千</td><td>百</td><td>十</td><td>万</td><td>千</td><td>百</td><td>十</td><td>元</td><td>角</td><td>分</td></tr>
<tr><td></td><td></td><td></td><td></td><td></td><td></td><td></td><td></td><td></td><td></td><td></td><td></td><td></td><td></td><td></td><td></td><td></td><td></td><td></td><td></td><td></td><td></td></tr>
<tr><td></td><td></td><td></td><td></td><td></td><td></td><td></td><td></td><td></td><td></td><td></td><td></td><td colspan="11">事由</td></tr>
<tr><td></td><td></td><td></td><td></td><td></td><td></td><td></td><td></td><td></td><td></td><td></td><td></td><td colspan="11">附件</td></tr>
<tr><td></td><td></td><td></td><td></td><td></td><td></td><td></td><td></td><td></td><td></td><td></td><td></td><td colspan="11"></td></tr>
</table>

<table>
<tr><td rowspan="2">备注:</td><td rowspan="2">发报行</td><td rowspan="2">（发报行联行专用章）</td><td rowspan="2">收报行</td><td>核对印鉴
复核　　　　记账</td></tr>
<tr><td>转账日期　　年　月　日</td></tr>
</table>

表6-2　　　**中国工商银行邮划贷方报单**（来账卡片）

<table>
<tr><td rowspan="2">发报行</td><td>行号</td><td></td><td>编制　年　月　日</td><td rowspan="2">收报行</td><td>行号</td><td></td><td>号码</td></tr>
<tr><td>行名</td><td colspan="2"></td><td>行名</td><td colspan="2"></td></tr>
</table>

<table>
<tr><td>付款单位账号或名称</td><td>收款单位账号或名称</td><td>千</td><td>百</td><td>十</td><td>万</td><td>千</td><td>百</td><td>十</td><td>元</td><td>角</td><td>分</td><td rowspan="2">合计金额</td><td>千</td><td>百</td><td>十</td><td>万</td><td>千</td><td>百</td><td>十</td><td>元</td><td>角</td><td>分</td></tr>
<tr><td></td><td></td><td></td><td></td><td></td><td></td><td></td><td></td><td></td><td></td><td></td><td></td><td></td><td></td><td></td><td></td><td></td><td></td><td></td><td></td><td></td><td></td></tr>
<tr><td></td><td></td><td></td><td></td><td></td><td></td><td></td><td></td><td></td><td></td><td></td><td></td><td colspan="11">事由</td></tr>
<tr><td></td><td></td><td></td><td></td><td></td><td></td><td></td><td></td><td></td><td></td><td></td><td></td><td colspan="11">附件</td></tr>
<tr><td></td><td></td><td></td><td></td><td></td><td></td><td></td><td></td><td></td><td></td><td></td><td></td><td colspan="11"></td></tr>
</table>

<table>
<tr><td rowspan="2">备注:</td><td rowspan="2">发报行</td><td rowspan="2">（发报行联行专用章）</td><td rowspan="2">收报行</td><td>核对印鉴
复核　　　　记账</td></tr>
<tr><td>转账日期　　年　月　日</td></tr>
</table>

表 6-3　　**中国工商银行电划借方报单**（往账报告卡）

发报行	行号		编制　年　月　日	收报行	行号		号码
	行名				行名		
账号或地址 付款单位名称 收款单位名称 事　　　由							亿千百十万千百十元角分
备注:					管辖分行	输入　　复核	
						传送日期　年　月　日	

表 6-4　　**中国工商银行电划贷方报单**（往账报告卡）

发报行	行号		编制　年　月　日	收报行	行号		号码
	行名				行名		
账号或地址 付款单位名称 收款单位名称 事　　　由							亿千百十万千百十元角分
备注:					管辖分行	输入　　复核	
						传送日期　年　月　日	

表 6-5　　**中国工商银行电划借方补充报单**（来账卡片）

发报行	行号		编制　年　月　日	收报行	行号		号码
	行名				行名		
账号或地址 付款单位名称 收款单位名称 事　　　由							亿千百十万千百十元角分
						密　押	
备注:					收报行	译电　　核押 记账　　复核	
						转账日期　年　月　日	

表6-6 **中国工商银行电划贷方补充报单**（来账卡片）

<table>
<tr><td rowspan="2">发报行</td><td>行号</td><td></td><td>编制 年 月 日</td><td rowspan="2">收报行</td><td>行号</td><td></td><td>号码</td></tr>
<tr><td>行名</td><td colspan="2"></td><td>行名</td><td colspan="2"></td></tr>
<tr><td colspan="6">账号或地址
付款单位名称
收款单位名称
事　　由</td><td colspan="2">亿 千 百 十 万 千 百 十 元 角 分

密押</td></tr>
<tr><td colspan="5" rowspan="2">备注:</td><td rowspan="2">收报行</td><td colspan="2">译电　核押
记账　复核</td></tr>
<tr><td colspan="2">转账日期 年 月 日</td></tr>
</table>

3. 报告表

报告表包括全国联行往账报告表和全国联行来账报告表两种。全国联行往账报告表由发报行编制，全国联行来账报告表由收报行编制。两种报告表均一式两份，一份上报管辖分行，一份留存。

6.2.3 全国联行往来的日常核算

1. 发报行的处理

发报行是联行往来业务的发生行，负责联行往账的处理。它的任务是正确、及时地向收报行填发报单或拍发电报，并向管辖分行编报联行往账报告表。

（1）报单的编制

联行往来业务发生后，发报行应根据往账科目的记账方向正确填写借方或贷方报单。同时，根据不同情况选定邮划或电划报单。

例6-1 某行北川支行于7月6日收到本行开户单位机电公司提交的两联进账单及省外某地同系统的南海支行签发的银行汇票第二、三联，汇票出票金额为20 000元，实际结算金额为18 000元，经审核无误，办理转账。

借：联行往账　　18 000

　贷：吸收存款——活期存款——机电公司　　18 000

根据这笔业务，北川支行应编制邮划借方报单一份。

例6-2 某行木岭支行于6月9日接到某装饰公司的委托汇出汇款30 000元，收款人为省外某地系统内的阳光支行某开户单位，办理转账。

借：吸收存款——活期存款——装饰公司　　30 000

贷：联行往账　　30 000

根据这笔业务，木岭支行应编制邮划贷方报单一份。

（2）报单的审查与寄发

报单审查的内容是：日期填制是否正确；发、收报行的行号与行名是否正确；收（付）款单位的账号或名称以及金额与附件是否一致；逐笔填制的报单各笔金额相加是否与合计金额一致；应编密押是否齐全正确；第一联报单是否已加盖联行专用章等。

对于邮划报单，复核无误后，将第一、二联报单及有关结算凭证一并装入联行专用信封，信封上要填明内装借方、贷方报单笔数。对于电划报单，应根据第四联填写电稿，经复核无误后，据以拍发电报。

（3）编制联行往账报告表

联行往账报告表是反映当日联行往账科目发生额和余额的综合记录。它是管辖分行和总行监督联行往账的工具。每日营业终了，发报行应根据第三联联行报单编制联行往账报告表。联行往账报告表一式两联，复核后，经会计主管审核签章，在第二联上加盖联行专用章，并附报单第三联寄管辖分行。第一联附报单第四联一并留存保管。××银行联行往账报告表见表6-7。

表6-7　××银行联行往账报告表　　年　月　日

摘要	借方			贷方		
	笔数		金额	笔数		金额
	电划	邮划		电划	邮划	
上期余额						
本日发生额						
本日余额						

2. 收报行的处理

收报行是联行往来的受理行，负责根据来报进行联行来账的处理。任务可以表述为：认真审查报单，及时办理转账，按规定要求向管辖分行编报联行来账报告表。

收报行收到发报行寄来的联行专用信封，经签收后，应仔细拆封检查，核对信封上所填笔数与封内实装份数是否一致。对收到的邮划报单，应重点审查收报行的行号、行名是否本行，收（付）款单位是否在本行开户，报单与附件上所列的收、付款单位名称、账户及金额是否一致，联行专用章有无遗漏，密押是否正确等。

（1）完整报单的处理

收报行对于完整无误的报单，应根据第一联报单及附件办理转账。

如收到贷方报单，会计分录为：

借：联行来账

贷：吸收存款——活期存款——××户

如收到借方报单，会计分录为：

借：吸收存款——活期存款——××户

　贷：联行来账

如果收到的是发报行拍发的电报，应据以填制电划借（贷）方补充报单进行相应处理，会计分录同上。

审核报单无误后，应根据邮划报单附件和电划补充报单及时办理转账手续，并在报单转账日期栏注明转账日期。

例 6-3 接/例 6-1/，南海支行收到北川支行邮划借方报单及解讫通知，经审核，该汇票系开户单位高桥公司日前来行申请签发，现需结清。其会计分录如下：

借：吸收存款——活期存款——高桥公司	18 000	
贷：联行来账		18 000

例 6-4 接/例 6-2/，阳光支行收到木岭支行邮划贷方报单及信汇凭证，经审核，收款人为开户单位炉具厂，办理兑付手续。其会计分录如下：

借：联行来账	30 000	
贷：吸收存款——活期存款——炉具厂		30 000

（2）不完整报单的处理

不完整报单，分为可以转账的报单和不可以转账的报单。可以转账报单的处理，应贯彻以行号为准的原则。如果报单上的行名、行号是本行的，但附件是他行的；或行号是本行的，行名和附件是他行的，在这些情况下，只要行号是本行的，就以行号为准，按本行报单处理。然后再另外填制联行报单，将款项划至正确的收报行，同时通知原发报行。

具体可分以下四种情况处理。

第一种情况：如果报单上的行名行号是本行的，附件是他行的；或者行号是本行的，行名与附件是他行的，根据附件内容能确定正确的收报行，则应按正常报单转账，然后再另编报单，将款项转划正确的收报行。

例如，广东农行接到湖北农行寄来的一份贷方报单，金额为200 000元，经审查，报单的行号、行名是本行的，内容和附件是广西农行的。广东农行的处理方式为：将收到的报单按正常报单转账，然后另编贷方报单连同附件及往来查询书寄给广西农行。其会计分录为：

借：联行来账——湖北农行	200 000	
贷：联行往账——广西农行		200 000

第二种情况：若报单行名、附件是本行的，但行号是他行的或附件是本行的但行名、行号均是他行的，则应办理转账，同时向报单所列行号的收报行填发反方向报单，并在备

注栏注明原因，连同原报单一并寄给原报单所列行号收报行。

例如，若广东农行经审查，湖北农行寄来的贷方报单200 000元，收报行行名和附件是本行的，而行号是广西农行的，则其账务处理及各银行会计分录如下：

广东农行可办理转账，同时向广西农行填发借方报单，连同原报单一并寄给广西农行。

广东农行会计分录为：

借：联行往账 200 000

　贷：吸收存款——活期存款——收款单位户 200 000

广西农行在接到广东农行的借方报单和湖北农行的贷方报单后，通过存放联行款项和联行存放款项的来账借、贷方处理。其会计分录为：

借：联行来账（凭湖北农行贷方报单） 200 000

　贷：联行来账（凭广东农行借方报单） 200 000

第三种情况：收报行收到的报单，行号、附件是本行的，但行名是他行的，收报行可更改报单上的行名办理转账手续。

第四种情况：收报行收到的报单缺少附件，如报单内容清楚明白，可补制附件，办理转账。

（3）编制联行来账报告表

联行来账报告表是反映当日联行来账科目发生额和余额的报告表，是管辖分行和总行监督联行来账的工具。每日营业终了，收报行应根据第二联联行报单编制联行来账报告表。

联行来账报告表一式两份，经复核后，一份附第二联报单寄管辖分行，另一份附第一联报单一并留存保管。

3. 管辖分行录磁处理

管辖分行建立联行往账、联行来账报告表登记簿，认真审核，准确输入，并换人复核，及时传送。

4. 总行对账中心处理

总行对账中心负责全辖范围内的账务监督与账务核对工作，根据各管辖分行传输的往账、来账报告表及所附报告卡信息，进行逐笔配对核销，以监督全国联行往账和全国联行来账。运用电子计算机核算，有严密的账务组织、账务处理和账务核对系统。

6.2.4 联行往来对账

联行往来对账有总行集中对账与分散对账两种方式。

在总行集中对账方式下，管辖分行负责整理登记“联行往账、来账报告表登记簿”，并送交机房输入据以形成数据文件，数据文件按照规定的时间向总行传送。总行对账的过程就是将往账、来账“未配对”“待查对”两个账户和报告卡逐笔双向配对并进行相关账户余额的调整，如果某月最终对账的结果显示当月“未配对”“待查对”账户发生额、余额全部转入“已配对”账户，则表明所辖各管辖分行间的联行往来账项已经查清。

在总行分散对账方式下，由总行对账中心根据发报行寄来的联行往账报告表及所附的第三联往账报告卡，监督发报行的联行往账；然后按往账报告卡的内容，以收报行为对象编制对账表，寄交收报行对账，监督收报行的联行来账。

6.2.5 联行汇差资金清算

1. 联行汇差的计算

经办行每日营业终了前，根据当天联行往账账户、联行来账账户借、贷方发生额轧算联行汇差。当联行往账、来账账户借方发生额合计大于这两个账户贷方发生额合计时，其差额为应收汇差；反之，为应付汇差。

例6-5 某行北安支行某日联行往账账户借方发生额为120 000元，贷方发生额为210 000元；联行来账账户借方发生额为200 000元，贷方发生额为100 000元，计算该行当日联行汇差如下：

联行往账借方发生额+联行来账借方发生额－（联行往账贷方发生额+联行来账贷方发生额）

=120 000+200 000－（210 000+100 000）

=10 000（元）

联行往账、来账借方发生额合计大于贷方发生额合计，差额为10 000元，因此该行当日为应收汇差10 000元。

2. 日终上划核算

日终上划核算以各基层行为起点，经过基层行、管辖分行及总行等行处的会计处理，主要使用“全国联行汇差”“汇差资金划拨”两个科目进行核算，两个科目均属资产负债共同类科目。联行汇差日终上划核算程序图如图6-1所示。

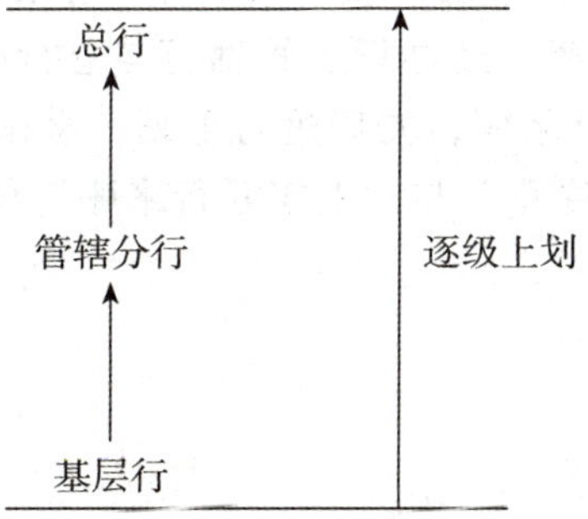

图6-1 联行汇差日终上划核算程序图

（1）基层行的处理

各基层行应于每日营业终了上划汇差，若当日联行汇差为应收汇差，则会计分录为：

借：汇差资金划拨——××行全国联行汇差资金

　贷：全国联行汇差——总行户

若为应付汇差，则会计分录方向相反。

（2）管辖分行的处理

管辖分行对辖属各基层行的应收汇差和应付汇差加计合计数并轧抵差额，汇总后的差额若是应收汇差，则会计分录为：

借：汇差资金划拨——总行户

贷：汇差资金划拨——××行全国联行汇差资金

若为应付汇差，则会计分录方向相反。

（3）总行的处理

当总行收到分行上划应收汇差时，会计分录为：

借：全国联行汇差——××分行户

贷：汇差资金划拨——××分行户

当收到分行上划应付汇差时，会计分录方向相反。

3. 汇差资金的清算

汇差资金清算的时间可结合实际需要确定，清算的过程采用逐级清算的方式，即总行负责与各管辖分行之间的清算，各管辖分行负责其辖内各基层行处之间的清算，汇差资金清算通过各行处在中国人民银行的账户进行，即核算上涉及“存放中央银行款项”科目。

6.2.6 年度查清结平

年度查清结平包括新、旧年度账务结转，对上年联行账务的查对，联行往来各科目余额的上划等环节。

新年度开始，联行账务必须按本年度、上年度严格划分，各行对联行往、来账户及联行汇差科目的余额，不通过会计分录，直接转入“上年联行往账”“上年联行来账”“上年联行汇差”科目。对上年联行账务查对的组织过程从总行发起，由总行按行号编制“联行往、来余额核对通知单”并发送管辖行。管辖行负责组织所辖经办行进行核对，待核对无误后汇总编制全辖“××联行往、来余额核对报告单”上报总行，总行确认无误即可通知各行上划上年度联行各科目余额。经办行、管辖行与总行根据“上年联行往账”“上年联行来账”“上年联行汇差”科目余额，先后进行上划。全国各省（自治区、直辖市）分行余额全部划齐，且“上年联行往账”与“上年联行来账”科目余额相等，表示全国上年度的联行往来账务结平。

6.3 电子汇兑系统

电子汇兑系统是指商业银行接受客户委托办理汇划款项以及商业银行内部资金往来，利用电子计算机网络，采用逐级传输方式完成资金划拨和清算过程的系统，具有电子联行往来的属性。电子汇兑系统由总行总中心、省（自治区、直辖市）分中心、地（市）支行中心和经办行组成。电子汇兑系统承担汇兑、托收承付、委托收款、信用卡、银行汇票、资金划拨等业务。

6.3.1　基本做法

该系统由汇划业务经办行、清算行、省（自治区）分行和总行清算中心通过计算机网络组成。汇划业务的发生行是发报经办行，汇划业务的接收行是收报经办行，清算行在总行清算中心开立备付金存款账户，办理其辖属行处汇划款项清算，总行清算中心是办理系统内各经办行之间的资金汇划、各清算行之间的资金清算等账务的核算和管理部门。

电子汇兑系统下的汇划信息传递流程如图6-2所示。

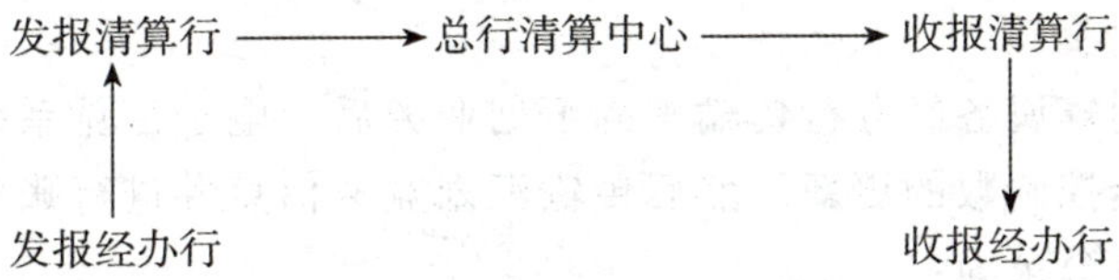

图6-2　电子汇兑系统下的汇划信息传递流程

银行采用“实存资金、同步清算、头寸控制、集中监督”的体制，即银行在办理汇划业务时，同时进行资金清算。总行清算中心每天根据各行汇出、汇入资金情况，从各清算行备付金账户付出或存入资金，从而实现各清算行之间的资金清算。

实存资金：是指以清算行为单位在总行清算中心开立备付金存款账户，用于汇划款项时的资金清算。

同步清算：是指发报经办行通过其清算行，经总行清算机构将款项划至收报经办行；同时，总行清算机构办理清算行之间的资金清算。

头寸控制：是指各清算行在总行清算中心开立的备付金存款账户，保证足额存款，总行清算机构对各行汇划资金实行集中清算。清算行备付金不足，二级分行可向管理省区分行借款，省区分行和直辖市分行、直属分行头寸不足可向总行借款。

集中监督：是指总行清算机构对汇划往来数据发送、资金清算、备付金存款户资信情况和行际间查询查复情况进行管理和监督。

6.3.2　账务处理

1. 发报经办行的处理

发报经办行为了核算与发报清算行之间的往来，设置“××辖内往来”科目进行核算，当发报经办行办理汇兑等贷报业务时，其发出的是划收信息，会计分录为：

借：××科目

　贷：××辖内往来

发报经办行办理银行汇票等借报业务，则会计分录方向相反。

对于发报经办行而言，需要将款项划付至收报行的业务称为贷报。如汇兑业务，就是经办行接受汇款申请人的委托，将款项通过电子汇兑系统划付至收报行收款人的一种贷报业务。

贷报业务的会计分录为：

借：××存款或相关账户

　贷：待清算辖内往来

借：待清算辖内往来

　贷：上存辖内款项（在清算行的备付金减少，资产减少）

对于发报经办行而言，需要向收报经办行划收资金的业务称为借报。如银行汇票的资金清算，就是发报经办行向收报经办行收回其代理付款的银行汇票资金的一种借报业务。

借报业务的会计分录与上述的贷报业务相反。

2. 发报清算行的处理

发报清算行收到辖属各经办行传输来的汇划业务后，电子汇兑系统自动加编密押，同时，逐笔进行备付金控制数的更新，然后传输汇划业务信息并进行账务处理。

贷报业务的会计分录为：

借：待清算辖内往来

　贷：上存系统内款项（在总行清算中心的备付金减少）

借：辖内款项存放（发报经办行账户（经办行的备付金减少））

　贷：待清算辖内往来

借报业务的会计分录方向相反。

3. 总行清算中心的处理

总行清算中心设置“系统内存放款项——××清算行备付金存款户”科目来核算各清算行在总行的备付金存款余额的变化。当收到发报清算行传输来的跨清算行贷方汇划业务信息时（或划收信息），其会计分录为：

借：系统内存放款项——发报清算行备付金存款户

　贷：系统内存放款项——收报清算行备付金存款户

当收到发报清算行传输来的跨清算行借方汇划业务信息时（或划付信息），其会计分录方向相反。

4. 收报清算行的处理

收报清算行接收到系统转来的实时、批量报文后，首先，系统自动启动密押子系统逐笔对报文进行核押处理；然后，按接收的顺序进行备付金余额控制数更新处理；最后，对收到的报文进行分拣。

对于实时报文，系统自动或人工代收报行记账；对于批量报文，由系统进行挂账处理，待次日营业开始时，自动转出后代收报行进行账务处理。

贷报业务的会计分录为：

借：上存系统内款项（收报行的备付金增加，清算行的负债增加）

　贷：待清算辖内往来

借：待清算辖内往来

　　贷：辖内款项存放（收报经办行账户）

借报业务的会计分录方向相反。

5. 收报经办行的处理

收报经办行每日打印资金汇划补充报单和业务清单进行账务核对，并对收报清算行无法处理的挂账报文进行后续处理。

贷报业务的会计分录为：

借：待清算辖内往来

　　贷：××存款（收款单位账户或相关科目）

借：上存辖内款项（在清算行的备付金增加）

　　贷：待清算辖内往来

借报业务的会计分录方向相反。

6.4 电子联行往来

电子联行往来指的是经中国人民银行总行核准的颁有电子联行行号的行与行之间，通过电子计算机网络系统和卫星通信技术进行异地资金划拨的账务往来。电子联行往来是在中国人民银行的主持下进行的。电子联行往来加快了异地结算处理的速度，从而加速了资金周转。

6.4.1 基本做法

电子联行分为来账和往账两个系统，采用“星形结构、纵向往来、随发随收、当日核对、每日结平、存欠反映”的做法。

中国人民银行总行设立清算总中心，负责信息的转收转发，被称为电子联行的转发行；中国人民银行各地分行设立清算分中心，具体办理发报、收报业务，分别被称为电子发报行、电子收报行，各分中心之间不发生直接横向关系，由总中心负责各分中心之间的汇划业务的转收转付。各商业银行机构具体办理客户委托办理的异地汇划业务，发出汇划业务信息的一方称为汇出行，收到汇划业务信息的一方称为汇入行。

电子联行下往来汇划信息传递流程如图6-3所示。

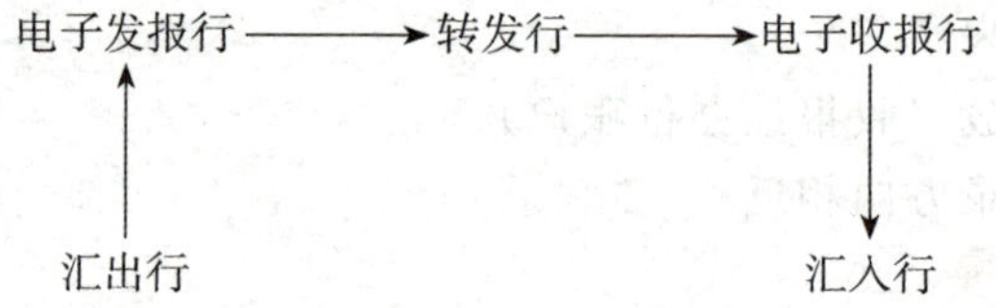

图6-3 电子联行下往来汇划信息传递流程

6.4.2 会计科目与会计凭证

1. 会计科目

(1)"电子联行往账"

发报行使用，余额双方反映，不得轧差，每日与转发行核对后，当日结平。

(2)"电子联行来账"

收报行使用，余额双方反映，不得轧差，每日与转发行核对后，当日结平。

(3)"电子清算资金往来"

各清算中心使用。每日电子联行往账、来账科目余额分别对清后，全额转入本科目。余额轧差反映，中央银行会计报表全国汇总后，本科目借贷方余额应相等。

2. 会计凭证

(1)"电子联行往账清单"

一式两联，第一联发报行作记账凭证的附件，第二联留发报行作往账卡片。

(2)"电子联行来账清单"

一式三联，第一联为来账卡片，第二联由收报行作记账凭证的附件，第三联由收报行盖章后交汇入行，作汇入通知。

(3)"电子联行转汇清单"

一式三联，第一联为录磁依据，第二联为记账联，第三联为回单，由发报行加盖"转讫"章后退回汇出行。

6.4.3 账务处理

1. 汇出行的处理

汇出行根据开户单位提交的应转汇凭证，经审查无误后，分别代收、代付业务，逐笔填制电子联行转汇清单一式三联，并汇总填制两联划款凭证，办理转账。如是贷方业务，则会计分录为：

借：吸收存款——活期存款——××单位

　　贷：存放中央银行款项

如是借方业务，则会计分录方向相反。转账后，将第一联划款凭证连同三联转汇清单及有关汇划凭证一并送交开户的电子发报行。

2. 电子发报行的处理

发报行设置"电子联行往账""电子清算资金往来"科目。发报行收到汇出行送交的汇划凭证，三联转汇清单及有关划款凭证，经审核无误，确认汇出行存款户有足够的资金支付，即可办理转账。

如是贷方业务，则会计分录为：

借：存放同业

　贷：电子联行往账

如是借方业务，则会计分录方向相反。

“存放同业”是银行专用，指本行在其他金融同业中的存款，属于本行资产。

每日营业终了，发报行与转发行核对当日往账无误后，即可填制传票办理转账，将“电子联行往账”科目余额转入“电子清算资金往来”科目。

如当日“电子联行往账”科目余额在贷方，则日终要编制的会计分录为：

借：电子联行往账

　贷：电子清算资金往来

如是借方余额，则会计分录方向相反。

3. 转发行的处理

转发行收到发报行送来的往账信息，经确认无误后，向发报行发送收电回执，然后将收报行行号清分，分批将借（贷）方报单笔数、金额与收、发报行对账无误后，打印电子联行往来平衡表。每月转发行与各发、收报行用电传或邮寄对账表方式核对“电子清算资金往来”科目余额，发现不符，立即查明更正。

4. 电子收报行的处理

收报行设置“电子联行来账”“电子清算资金往来”科目。收报行收到转发行发来的电子联行来账信息，经审核无误后，向转发行发送收电回执，并按汇入行打印电子联行来账清单一式三联，经逐笔核押无误后，按总额编制两联划款凭证，办理转账。

如是贷方业务，其会计分录为：

借：电子联行来账

　贷：存放同业

如是借方业务，则会计分录方向相反。转账后，在第三联来账清单上加盖“转讫”章和有关人员名章，连同第一联划款凭证交汇入行。

每日营业终了，收报行与转发行核对当日账户无误后，即填制转账凭证，将“电子联行来账”科目余额转入“电子清算资金往来”科目。

如当日“电子联行来账”科目余额在借方，则会计分录为：

借：电子清算资金往来

　贷：电子联行来账

如是贷方余额，则会计分录方向相反。

5. 汇入行的处理

汇入行接到收报行转来的电子联行来账清单和划款凭证，经审核无误后，编制有关凭证办理转账。

如是贷方业务，则会计分录为：

借：存放中央银行款项

贷：吸收存款——活期存款——××单位

如是借方业务，则会计分录方向相反。

商业银行除了存贷款业务以外，还有结算业务，为了顺利地完成结算目的，联行往来是其重要手段。联行往来的实质就是银行系统内各行处之间的应收应付关系。

推荐阅读资料及网站

1.《中国农业发展银行全国联行往来核算与管理办法》

2.http：//finance.sina.com.cn

复习思考题

1. 联行往来的基本环节包括哪些？

2. 试举例说明联行报单在会计核算中的地位和作用。

3. 银行汇票、汇兑、委托收款、托收承付、商业汇票结算业务中，发报行填发的是借方报单还是贷方报单？为什么？

4. 什么是电子联行往来？参加电子联行往来的各家银行分别叫什么？

5. 联行往来的收报行收到可转账的不完整报单及错误的报单分别该如何处理？

案例分析一

粗心大意使客户蒙受巨大损失

9月6日，南昌工行德来支行受理开户单位河海公司汇出的一笔信汇款，汇款金额为100 000元，收款人是在徐州工行海港支行开户的阳广公司。业务操作员在具体办理该笔业务时，将阳广公司误写成“阳光公司”，复核员也没有复查出来。于是，信汇凭证连同邮划贷方报单邮寄至本系统内徐州的汇入行。巧合的是，在汇入地徐州的确有一家当地知名企业叫“阳光公司”，只是该公司是当地建行的开户单位，于是，海港支行在审查报单后，在没有认真核对账号的情况下，想当然地认定报单附件应当转给徐州建行，于是按照联行制度规定，留下报单，将信汇凭证送交交换中心由徐州某建行提回。徐州该建行在办理入账过程中，发现账号不符，并查实近期阳光公司与汇款人之间并没有货款需要结算，于是将信汇凭证又通过交换中心退回徐州工行海港支行。海港支行提回该信汇凭证之后，通过核对账号发现本行开户单位“阳广公司”的账号与信汇凭证上及报单上的收款人账号一致，为了确认收款人是否确系“阳广公司”，徐州海港支行向南昌德来支行办理查询业务，最终得以确认该笔业务属实。代为补制附件，并将款项划入阳广公司账户内，时间已经是11月20日了。该款项本来系河海公司向阳广公司汇出的一笔定金，由于阳广公司没有按期收到该笔定金，便认定河海公司没有诚意合作，于是选择另一家公司作为合作对象。由于银行的工作失误，河海公司损失了一笔标的额达5 500万元的生意。

问题：

1. 银行在办理该笔业务的过程中有哪些失误？

2. 试说出在整个事件过程中，信汇凭证经历了哪些传递过程，其中谁的过失导致哪部分的传递是不应有的。

3. 如果在正确无误的情况下，汇出、汇入银行的会计分录应如何编制？

案例分析二

面对新系统的试运行，小王尚需补课

哈尔滨工行某支行于5月6日接到上级行通知，内容是系统内资金汇划清算系统进入试运行阶段，小王是该行一名新上岗的会计，因此业务中的差错就接踵而至了。

5月9日，在以下两笔业务的经办过程中他出了差错。

（1）本行开户单位机电公司当天有一笔汇往异地的1 000 000元汇款，按照本行的业务规定，应通过中央银行转汇（电子联行业务）。但是小王在记账时却错用了“辖内往来”科目，信息尚未发至发报清算行。

（2）收到异地某行经清算银行发来的电子汇划收款信息，金额为55 000元，该款项为本行开户的棉纺厂委托银行为其收取的银行承兑汇票款项。小王在记账时借贷方向记反了，并且已经据以登记棉纺厂的活期存款分户账，于是棉纺厂分户账余额变成145 000元。

这些差错有的是复核员复核出的，有的是在日终结、对账环节发现的，小王在营业组长的指导下进行了相关调整。

问题：

1. 第一笔业务的正确会计分录是什么？

2. 本行经办第二笔业务时处在银行承兑汇票业务的什么环节？试说明更正后的分户账余额是多少，与更正前相差多少。

第6章

扫码答题

第7章 金融机构往来的核算

学习目标

通过本章的学习，明确金融机构往来的意义和核算要求，掌握商业银行与中央银行往来的核算以及商业银行之间往来的核算。

价值引领

◆遵纪守法，践行法治这一社会主义核心价值观。

◆勇于担当时代责任，为实现中华民族伟大复兴的中国梦贡献力量。

专业融合

◆严格按照金融机构往来业务的法律规定处理与核算相关业务，牢固树立财经法纪意识，增强强烈的责任感和勇于担当的使命感。

◆以“欠缴款项需按规定承担罚款”内容强化守法合规意识，明白有所为而有所不为。

能力培养

◆通过学习有关法律规定，培养对违法违规行为的辨识能力，具备明辨是非的能力。

◆理解横纵交错中体现出的系统思维和全局观，加强统筹协调的能力。

开篇案例10

2.8亿元同业拆借逾期，债务人被起诉

7.1

金融机构往来概述

7.1.1 金融机构往来的含义及主要内容

我国的金融机构是以中央银行为核心，商业银行为主体，其他金融机构并存的金融机构体系。在多元化金融机构体制下，金融机构之间的资金账务往来是必然的，也是必要的。这既是实现银行间资金划拨与清算的手段，也是中央银行行使职能所必需的。

金融机构往来泛指银行与银行之间或银行与非银行金融机构之间由于资金融通、调拨、汇划款项而引起的资金账务往来。联行往来是同一系统银行各分支机构间的账务往来，是资金的纵向联系，而金融机构往来是跨系统的，是各个银行之间资金的横向往来。联行往来与金融机构往来就如同经线和纬线，它们形成交织的网状资金传输系统，保证企业和个人的资金能正常有效地结算。

金融机构往来的主要内容包括：一是金融业各商业银行、非银行金融机构之间由于资金划拨、融通或相互代理货币结算而引起的各类往来业务，主要业务有同城票据交换及清算、异地跨系统汇划款项相互转汇、同业拆借等；二是金融机构与中央银行（中国人民银行）之间发生的各种资金划拨、清算业务，包括商业银行向中央银行送存或提取现金、缴存存款准备金、向中央银行借款、办理再贴现及通过中央银行汇划款项。

7.1.2 金融机构往来的核算要求

企业会计准则对金融机构往来的核算要求主要体现在以下4个方面：

①要有利于资金分开。

②各商业银行之间的资金占用要及时清算。

③各商业银行在中央银行开立的往来账户应严格掌握。

④要有利于畅通汇路。

7.2 商业银行与中央银行往来的核算

商业银行与中央银行的往来是指各商业银行与中央银行之间因资金融通、调拨、汇划款项等引起的资金账务往来。

拓展阅读7

银行同业拆借

7.2.1 向中央银行存取现金的核算

商业银行向中央银行支取和缴存现金必然会引起中央银行的货币发行或货币回笼。在我国，中国人民银行是全国唯一管理货币发行的机关，按照国家批准的发行计划组织货币发行与回笼，所以发行库设在中国人民银行的各级机构。商业银行只设立业务库，业务库库存现金核定有库存限额，库存现金不足限额时，向中国人民银行提取，中国人民银行从发行库出库，作为货币发行；商业银行业务库库存现金超过限额应交存中国人民银行，中国人民银行交入发行库，作为货币回笼。同时，商业银行的业务库是与整个社会的现金流量息息相关的。全社会的现金通过存户的存取向业务库存入和支取，增加或减少社会现金流通量。货币发行和货币回笼过程如图7-1所示：

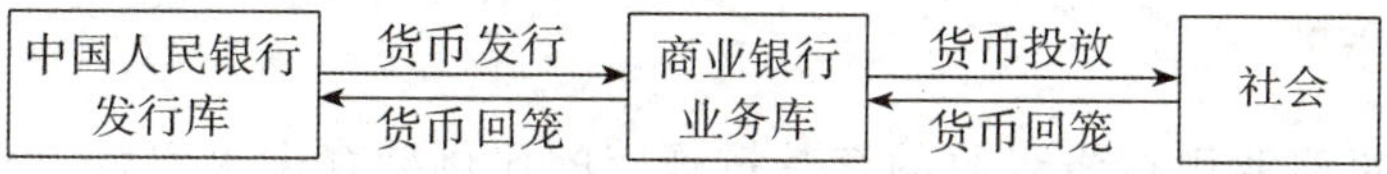

图7-1 货币发行和货币回笼过程

1. 商业银行向中央银行支取现金的核算

商业银行设置“存放中央银行款项”科目进行核算。“存放中央银行款项”是资产类科目，用以核算商业银行存入中国人民银行的各种款项。解缴现金、转账存入款项时，记入借方；提取现金、转账支付款项时，记入贷方；期末余额在借方，表示商业银行在人民银行存放同业的实有数。

中国人民银行设置“××银行准备金存款”科目进行核算。“××银行准备金存款”是负债类科目，用以核算人民银行为客户单位开立存款账户存放的准备金，商业银行存入存款，记入贷方；支取存款，记入借方；期末余额在贷方，表示商业银行在中国人民银行存放同业的结余数。

商业银行向当地中国人民银行发行库支取现金时，应签发中国人民银行“现金支票”，先到中国人民银行的会计部门审核，然后才到发行库提取现金。

中国人民银行会计审核现金支票无误后，填制银行准备金存款科目现金收入传票。其会计分录为：

借：××银行准备金存款

　　贷：库存现金

商业银行取回现金后，填制现金收入传票进行账务处理，其会计分录为：

借：库存现金——业务库现金

　　贷：存放中央银行款项

2. 商业银行向中央银行缴存现金的核算

商业银行向中国人民银行缴存现金时，应填制中国人民银行“现金缴款单”和“现金出库票”，先到发行库，然后才由中国人民银行会计部门登记商业银行在中国人民银行会计部门的存款准备金账户。

中国人民银行发行库审核“现金缴款单”及将款项收妥无误后，在“现金缴款单”上加盖“现金收讫”章及经手人名章后，将回单退缴款银行并填制“发行基金入库凭证”。

中国人民银行会计部门收到发行库转来的“现金缴款单”及“发行基金入库凭证”，经审核无误后编制会计分录。其会计分录为：

借：库存现金

　　贷：××银行准备金存款

每日营业终了，发行库要将当天货币回笼数额电报上级库。

商业银行在现金缴存后，会计部门将“现金缴款单”回单联作借方凭证，“现金付出日记簿”和第一联出库票作贷方记账凭证的附件。其会计分录为：

借：存放中央银行款项

　　贷：库存现金

7.2.2 缴存存款的核算

缴存存款是指商业银行将吸收的存款按规定的比例缴存中央银行，作为存款准备金。缴存存款是中央银行对商业银行贷款进行宏观控制的手段；也是集中一部分信贷资金，以增强中央银行实力的重要措施。

商业银行缴存的存款包括财政性存款和一般性存款（法定存款准备金）。财政性存款是指国家金库款、地方财政存款、中央经费限额支出、部队存款、机关团体存款、财政部发行的各项国库券款及各项债券款项等。一般性存款是指除财政性存款以外的各项存款，包括企业存款、储蓄存款、信托存款等。根据国务院规定，财政性存款应100%上缴当地中国人民银行；一般性存款则按一定的比例缴存。

商业银行在“存放中央银行款项”科目下设置“缴存中央银行财政性存款”和“缴存中央银行一般性存款”两个明细科目进行核算。在实际工作中，常将二级账户提升为一级账户使用。“缴存中央银行财政性存款”是资产类科目，用以核算商业银行向中国人民银行缴存的财政性存款。向中国人民银行缴存时，记入借方；从中国人民银行退回时，记入贷方；余额在借方，表示向中国人民银行缴存财政性存款的结余数。“缴存中央银行一般性存款”是资产类科目，用以核算商业银行向中国人民银行缴存的一般性存款。向中国人民银行缴存时，记入借方；从中国人民银行退回时，记入贷方；余额在借方，表示向中国人民银行缴存一般性存款的结余数。

中国人民银行设置“××银行划来财政性存款”和“××银行划来一般性存款”科目进行核算。“××银行划来财政性存款”是负债类科目，用以核算各商业银行按规定缴来的财政性存款。收到商业银行缴来或增缴的财政性存款时，记入贷方；发生商业银行减缴的财政性存款时，记入借方；余额在贷方，表示实际收到某商业银行缴存财政性存款的数额。“××银行划来一般性存款”是负债类科目，用以核算各商业银行按规定缴来的一般性存款。收到商业银行缴来或增缴的一般性存款时，记入贷方；发生商业银行减缴的一般性存款时，记入借方；余额在贷方，表示实际收到的商业银行缴存一般性存款的数额。

1. 缴存财政性存款的核算

各商业银行向中央银行缴存存款，除第一次按规定时间缴存外，市级分行每旬调整一次，于旬后5日内办理；县级支行每月调整一次，于月后8日内办理。节假日顺延。

各商业银行所在地设有央行机构的，各商业银行县支行可直接向中央银行县支行办理缴存，或由商业银行市级行对同城所属行采取集中汇缴，向同级中央银行办理；各商业银行所在地未设有央行机构的，缴存存款可由商业银行经办行划转上级行，并由上级行转交同级中央银行。

商业银行在初次缴存财政性存款后，即应按规定时间，根据财政性存款的增减变化，定期办理调整手续。存款增加即调增补缴，存款减少则调减退回。

（1）调整缴存财政性存款的核算

①商业银行的核算。

调整缴存财政性存款时，商业银行应填制“缴存财政性存款各科目余额表”一式两份，然后填制“缴存（或调整）财政性存款划拨凭证”一式四联，第一联贷方传票和第二联借方传票由缴存银行代记账传票，第三联贷方传票和第四联借方传票由中央银行代记账传票，据以计算调整数额，办理调整手续。

商业银行以划拨凭证第一、二联分别代转账贷方传票和转账借方传票，办理转账。如为调增补缴，其会计分录为：

借：缴存中央银行财政性存款

　　贷：存放中央银行款项

如为调减退回，则会计分录方向相反。

转账后，将各科目余额表一份留存，另一份随第三、四联划拨凭证送交中国人民银行审核转账。

②中央银行的核算。

当地中国人民银行收到商业银行提交的“划拨凭证”和“缴存财政性存款各科目余额表”，应与已缴存财政性存款核对无误后，以第三、四联划拨凭证分别代转账贷方、借方传票办理转账。如本次为调增补缴，其会计分录为：

借：××银行准备金存款——××银行户

　　贷：××银行划来财政性存款——××银行户

例7-1 工商银行广州某营业处6月20日财政性存款科目余额为83 525 000元。经查，6月10日财政性存款科目余额为70 283 800元。

应补缴财政性存款=83 525 000-70 283 800=13 241 200（元）

借：缴存中央银行财政性存款 13 241 200

　贷：存放中央银行款项 13 241 200

（2）欠缴财政性存款的核算

①发生欠缴业务的核算。

欠缴是指商业银行各分支行在调整缴存财政性存款的实缴日，在当地中央银行的准备金存款余额不足以支付应划缴的款项。发生欠缴表明这家商业银行占用了中央银行的财政性存款。商业银行如果在中国人民银行存放同业账户中余额不足，应先缴存财政性存款，有剩余再缴存一般性存款。

A.商业银行的核算。

商业银行发生欠缴时，亦应填制各科目余额表，对欠缴部分填制欠缴凭证一式四联，第一、二联留存，第三、四联送交中国人民银行。另填制表外科目收入传票：

收入：待清算凭证——中国人民银行户

B.中央银行的核算。

中国人民银行收到财政性存款欠缴凭证第三、四联时，应暂时专夹保管，待商业银行在当地中国人民银行的准备金存款账户有足够缴交全部欠缴金额时，再办理转账（欠缴业务不办理分次扣收）。由会计部门填制表外科目收入传票，登记表外科目登记簿：

收入：待结算凭证——××银行户

②扣收欠缴款项业务的核算。

A.中央银行的核算。

对于欠缴的款项，中国人民银行采取一次性主动扣收的办法办理。当欠缴存款的商业银行在中国人民银行的准备金存款账上有款时，中国人民银行应全额收回欠缴存款。转账时，以欠缴凭证的第三、四联办理转账。其会计分录为：

借：××银行准备金存款

　贷：××银行划来财政性存款

中国人民银行在表内科目转账后，应填制表外科目付出传票，销记“待结算凭证”表外科目登记簿：

付出：待结算凭证——××银行户

中国人民银行对商业银行超过缴存时间的欠缴存款，计算欠缴的天数，填制特种转账借、贷方传票收取罚金。其会计分录为：

借：××银行准备金存款

　贷：金融机构往来收入——罚款收入

B.商业银行的核算。

商业银行收到中国人民银行扣收欠缴存款的特种转账传票后，应以原来保存的欠缴凭证第一、二联作转账贷、借方传票办理转账。其会计分录为：

借：缴存中央银行财政性存款

　贷：存放中央银行款项

借：营业外支出

　贷：存放中央银行款项

填制表外科目付出传票：

付出：待清算凭证——中国人民银行户

例7-2 工商银行本期应向中国人民银行补增财政性存款500万元，按期填制划拨凭证，办理转账，请编制该工商银行和中国人民银行的会计分录。

（1）工商银行的会计处理：

借：缴存中央银行财政性存款　　5 000 000

　贷：存放中央银行款项　　5 000 000

（2）中国人民银行的会计处理：

借：工商银行准备金存款　　5 000 000

　贷：工商银行划来财政性存款　　5 000 000

例7-3 工商银行本期欠缴中国人民银行财政性存款500万元，10日后，在中国人民银行的存款账户存入足够的资金，由中国人民银行扣收欠缴款项，并交罚款25 000元。请编制发生欠缴和由中国人民银行扣收款项时该工商银行、中国人民银行的会计分录。

（1）工商银行的会计处理：

①发生欠缴时。

表外科目记账分录为：

收入：待清算凭证——中国人民银行户　　5 000 000

②被扣收款项时。

借：缴存中央银行财政性存款　　5 000 000

　贷：存放中央银行款项　　5 000 000

借：营业外支出　　25 000

　贷：存放中央银行款项　　25 000

同时，销记表外科目登记簿：

付出：待清算凭证——中国人民银行户　　5 000 000

（2）中国人民银行的会计处理：

①发生欠缴时。

表外科目记账分录为：

收入：待结算凭证——工商银行户 5 000 000

②扣收款项时。

借：工商银行准备金存款 5 000 000

贷：工商银行划来财政性存款 5 000 000

借：工商银行准备金存款 25 000

贷：金融机构往来收入——罚款收入 25 000

同时，销记表外科目登记簿：

付出：待结算凭证——工商银行户 5 000 000

2. 缴存（调整）法定存款准备金的核算

（1）缴存法定存款准备金的有关规定

法定存款准备金由各商业银行在其所在地中国人民银行开立一个账户，统一缴存与考核。各商业银行在每日营业终了，自下而上逐级编制全行一般性存款余额表，统一汇总后报送法定存款准备金账户开户的中国人民银行，中国人民银行于每日营业终了按一般性存款余额的比例考核法定存款准备金。法定存款准备金的缴存采取自下而上的方法，可用图7-2表示。

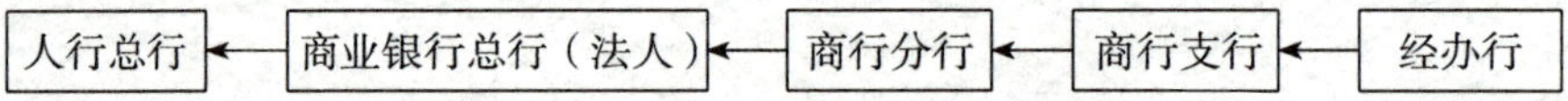

图7-2 法定存款准备金的缴存顺序

各商业银行统一存入中国人民银行的准备金存款若低于一般性存款余额规定的比例，各商业银行的分支机构在中国人民银行的准备金存款账户发生透支，商业银行不按时报送一般性存款余额表的，应按有关规定进行处罚。

（2）缴存法定存款准备金的核算

①商业银行的核算。

各商业银行基层行于每旬旬末，填制"应缴存存款科目余额表"一式两份，并按规定的比例计算出应缴存金额，分别填制"缴存（或调整）一般性存款划拨凭证"一式四联，其中第一、二联由商业银行使用，代记账凭证；第三、四联由中央银行使用，代记账凭证。

商业银行根据一般性存款余额对法定存款准备金进行调整，本期余额大于上期余额的差额乘以规定比例为本期调增额；本期余额小于上期余额的差额乘以规定比例为本期调减额。"应缴存存款科目余额表"一份留在本行作记账凭证的附件，另一份应寄给总行，及时报告各商业银行的总行。

当商业银行本期为调增时，应增加法定存款准备金缴存额。其会计分录为：

借：缴存中央银行一般性存款

贷：存放中央银行款项

调减时会计分录方向相反。

②中央银行的核算。

中央银行收到商业银行送来的缴存存款划拨凭证和账户余额表，经审核无误后，以第三、四联划拨凭证分别代转账贷方、借方传票办理转账。其会计分录为：

借：××银行准备金存款

　贷：××银行划来一般性存款

例7-4　工商银行某支行于2024年9月成立，至9月末该银行财政性存款余额为500 000元，一般性存款余额为6 000 000元。9月末该银行第一次办理缴存手续。假设一般性存款缴存比例为7.5%，则该银行：

应缴存财政性存款=500 000×100%=500 000（元）

应缴存一般性存款=6 000 000×7.5%=450 000（元）

（1）工商银行的会计处理：

借：缴存中央银行财政性存款	500 000	
缴存中央银行一般性存款	450 000	
贷：存放中央银行款项		950 000

（2）中国人民银行的会计处理：

借：工商银行准备金存款	950 000	
贷：工商银行划来财政性存款		500 000
工商银行划来一般性存款		450 000

例7-5　承上例，本期期末，该银行财政性存款余额为400 000元，上期期末为500 000元；一般性存款余额为9 000 000元，上期期末为6 000 000元。假设一般性存款缴存比例为7.5%，则该银行：

应缴存财政性存款=400 000×100%-500 000=400 000-500 000=-100 000（元）

借：存放中央银行款项	100 000	
贷：缴存中央银行财政性存款		100 000

应缴存一般性存款=9 000 000×7.5%-450 000=675 000-450 000=225 000（元）

借：缴存中央银行一般性存款	225 000	
贷：存放中央银行款项		225 000

7.2.3　再贷款的核算

1. 再贷款的内容

再贷款是指由中央银行按规定向资金不足的商业银行发放的贷款。再贷款是对中央银行而言的，向中央银行借款是对商业银行而言的。二者是同一业务的两种表现形式。再贷款的种类有以下几种：

① 年度性贷款户，是商业银行因经济合理增长引起的年度信贷资金不足而向中国人民银行的借款。期限一般为1年，最长不超过2年。

② 季节性贷款户，是商业银行因信贷资金先支后收或存款季节性下降、贷款季节性上升等原因引起的资金暂时性不足而向中国人民银行的借款。期限一般为2个月，最长不超过4个月。

③ 日拆性贷款户，是商业银行由于汇划款项未达等原因发生临时性资金短缺而向中国人民银行的借款。期限一般为10天，最长不超过20天。

商业银行设置“向中央银行借款”账户进行核算。“向中央银行借款”是负债类科目，用以核算各商业银行向中央银行借入的各种款项。发生借款时，记入贷方，归还借款时，记入借方。该科目按借款性质设置明细分类科目。

2. 再贷款的核算

（1）向中央银行借款的核算

商业银行向中国人民银行申请借款时，首先要提交借款申请书，经中国人民银行计划部门审核批准后办理借款手续。借款时，填写一式五联的借款凭证，加盖印鉴后，提交中国人民银行。

中国人民银行收到商业银行提交的一式五联借款凭证，经审查无误后，以第一联代转账借方传票，第二联代转账贷方传票，以办理转账。其会计分录为：

借：××银行贷款——××贷款户

　贷：××银行准备金存款——××银行户

转账后，将借款凭证第五联留存，作再贷款卡片账；第四联作贷款通知送中国人民银行货币信贷部门；第三联作收账通知交给借款的商业银行。

商业银行取得贷款后，以中国人民银行退回的第三联借款凭证代转账借方传票，并另编制转账贷方传票进行转账。其会计分录为：

借：存放中央银行款项

　贷：向中央银行借款——××银行户

（2）资产负债表日的核算

资产负债表日，商业银行应按计算确定的向中国人民银行支付的利息费用，编制如下分录：

借：利息支出——再贷款利息支出

　贷：应付利息

（3）利息支付的核算

中国人民银行对商业银行再贷款的利息计算，采用余额表按季结息的办法。中国人民银行于每季末月20日结计利息后于次日转账收款。中国人民银行收取利息的会计分录为：

借：××银行准备金存款——××银行户

　贷：利息收入——金融机构往来利息收入

商业银行收到中国人民银行利息清单时，其会计分录为：

借：应付利息

贷：存放中央银行款项

（4）归还中央银行借款的核算

商业银行在贷款到期时，应主动填制一式四联的还款凭证，加盖预留印鉴后提交中国人民银行办理贷款归还手续。

中国人民银行收到借款的商业银行提交的还款凭证，经审查无误后，以还款凭证第一、二联办理转账。其会计分录为：

借：××银行准备金存款——××银行户

　贷：××银行贷款——××贷款户

　　　利息收入

转账后，在还款凭证第四联上盖章，退还借款银行，第三联还款凭证送交计划部门。

借款的商业银行收到中国人民银行退回的还款凭证第四联，代转账贷方传票，另编转账借方传票办理转账。其会计分录为：

借：向中央银行借款——××银行户

　　金融企业往来支出

　贷：存放中央银行款项

（5）逾期贷款的核算

当商业银行贷款到期而无法偿还贷款时，人民银行于贷款到期日填制特种转账借、贷方传票，将贷款转入逾期贷款户。其会计分录为：

借：××银行贷款——××行逾期贷款户

　贷：××银行贷款——××贷款户

逾期贷款的归还，分两种情况：第一种由商业银行主动归还，则填写还款凭证交中国人民银行；第二种由中国人民银行主动扣收，则由中国人民银行填写特种转账借、贷方传票办理转账。

商业银行的会计分录为：

借：向中央银行借款——××银行户

　　金融企业往来支出

　贷：存放中央银行款项

中央银行的会计分录为：

借：××银行准备金存款——××银行户

　贷：××银行贷款——××行逾期贷款户

例7-6 某市农业银行4月3日向中国人民银行申请再贷款，金额800万元，期限3个月，利率0.3%（月），中国人民银行经审核同意发放。

要求：编制发放和按期归还时农业银行和中国人民银行的会计分录。

（1）中国人民银行的会计分录为：

4月3日发放时：

借：农业银行贷款——农业银行贷款户　　8 000 000

贷：农业银行准备金存款——农业银行户　8 000 000

6月21日收到利息：

借：农行银行准备金存款——农业银行户　62 400

贷：利息收入——金融机构往来利息收入　62 400

7月3日收回贷款：

借：农业银行准备金存款——农业银行户　8 009 600

贷：农业银行贷款——农业银行贷款户　8 000 000

利息收入　9 600

（2）农业银行的会计分录为：

4月3日取得时：

借：存放中央银行款项　8 000 000

贷：向中央银行借款——中国人民银行户　8 000 000

4月末确认利息支出=8 000 000×28×0.3%÷30=22 400（元）

借：利息支出——再贷款利息支出　22 400

贷：应付利息　22 400

5月末确认利息支出=8 000 000×0.3%×1=24 000（元）

借：利息支出——再贷款利息支出　24 000

贷：应付利息　24 000

6月21日收到中国人民银行收息通知单：

确认利息支出=8 000 000×78×0.3%÷30=62 400（元）

借：应付利息　62 400

贷：存放中央银行款项　62 400

6月末确认利息支出=8 000 000×0.3%×1=24 000（元）

借：利息支出——再贷款利息支出　24 000

贷：应付利息　24 000

7月3日归还贷款进行如下会计处理：

借：向中央银行借款——中国人民银行户　8 000 000

应付利息　8 000

利息支出——再贷款利息支出　1 600

贷：存放中央银行款项　8 009 600

7.2.4 再贴现的核算

1. 再贴现的内容

再贴现是商业银行将已贴现尚未到期的商业汇票转让给中国人民银行，中国人民银行扣除从再贴现之日起到票据到期日止的利息后，以其差额向商业银行融通资金的业务。此时，票据的债权由商业银行转给（卖给）中央银行，商业银行取得融通资金。整个再贴现过程，实质上就是商业银行和中央银行之间票据买卖和资金让渡的过程。再贴现是中央银行的业务，也是中央银行的三大货币政策工具之一。中国人民银行办理再贴现的对象是在中国人民银行开立账户的商业银行。

2. 再贴现的核算

(1) 办理再贴现的核算

再贴现的金额为再贴现票据面额扣除再贴现利息后的差额。再贴现的期限从再贴现之日起至汇票到期之日止，按实际天数计算。

再贴现利息=再贴现票据面额×再贴现天数×再贴现率

再贴现净额=再贴现票据面额-再贴现利息

商业银行持未到期的商业汇票向中央银行申请再贴现时，应填制再贴现凭证一式五联，连同汇票一并交中央银行。经中央银行审核无误后，退回第四联再贴现凭证，商业银行据此办理转账，其会计分录为：

①再贴现时。

借：存放中央银行款项

　　贴现负债——中央银行（利息调整）

　贷：贴现负债——中央银行（面值）

②资产负债表日。

借：利息支出

　贷：贴现负债——中央银行（利息调整）

中央银行受理再贴现票据时，以第一、二、三联的再贴现凭证办理转账，其会计分录为：

借：再贴现——××银行再贴现户

　贷：××银行准备金存款

　　　利息收入——再贴现利息收入

转账后，中央银行在再贴现凭证第四联上加盖“转讫”章，交给商业银行作收账通知。第五联为到期卡，按到期日顺序排列，专夹保管。中央银行会计部门应定期核对余额合计数，并与“再贴现”科目的余额核对相符。

例7-7 4月10日，某工商银行持一张金额为60 000元的商业承兑汇票向中国人民银行申请再贴现，汇票到期日为6月6日，月利率为6.5‰。要求：编制办理再贴现时中国人民银行、该工商银行的会计分录。

再贴现天数为57天，再贴现利息为：

60 000×57×6.5‰÷30=741（元）

受理时，中国人民银行的会计分录为：

借：再贴现——某工商银行再贴现户	60 000	
贷：某工商银行准备金存款		59 259
利息收入——再贴现利息收入		741

某工商银行的会计分录为：

借：存放中央银行款项	59 259	
贴现负债——中央银行（利息调整）	741	
贷：贴现负债——中央银行（面值）		60 000

（2）再贴现到期的核算

①到期收回的核算。

再贴现汇票到期时，中国人民银行作为持票人直接向付款人收取票款。中国人民银行会计部门应将到期卡从专夹中抽出，填制特种转账借、贷方传票连同第五联再贴现凭证（到期卡）办理转账。其会计分录为：

借：××银行准备金存款

　贷：再贴现——××银行再贴现户

商业银行在汇票到期时的会计分录为：

借：贴现负债——中央银行（面值）

　　利息支出

　贷：存放中央银行款项

贴现负债——中央银行（利息调整）

例 7-8 承上例，到期收回票款时，中国人民银行的会计分录为：

借：工商银行准备金存款	60 000	
贷：再贴现——工商银行再贴现户		60 000

工商银行的会计分录为：

借：贴现负债——中央银行（面值）	60 000	
利息支出	741	
贷：存放中央银行款项		60 000
贴现负债——中央银行（利息调整）		741

②到期未收回的核算。

中国人民银行向商业银行付款人办理委托收款，当收到付款人开户银行或承兑银行退回的委托收款凭证、商业汇票和拒付理由书或付款人未付票款通知书时，可向再贴现银行申请追索票款，中国人民银行会计部门编制特种转账借方传票两联，以其中一联借方传票和再贴现凭证第五联办理转账，其会计分录为：

借：××银行准备金存款

　贷：再贴现——××银行再贴现户

转账后，将另一联特种转账借方传票、商业汇票、拒付理由书或付款人未付票款通知书交给商业银行。

商业银行会计部门收到并审核无误后，进行账务处理，其会计分录如下：

借：贴现负债——××票据户（面值）

　贷：存放中央银行款项

7.3 商业银行往来的核算

商业银行同业往来，是指各个不同系统的商业银行之间的往来。同业往来业务主要包括跨系统转汇款项、同业拆借、同城票据清算等。

7.3.1 异地结算转汇的核算

微课16 存款准备金

建立联行系统或资金汇划清算系统的商业银行，其系统内的异地结算，可以通过系统内联行往来或资金汇划清算系统划拨款项。

未建立联行系统或资金汇划清算系统的商业银行，其系统内的异地结算，以及商业银行跨系统的异地结算，均需要通过中央银行转汇或通过建立联行系统的商业银行转汇。汇划款项超出限额的，通过中央银行清算资金和转汇；在限额以内的，通过跨系统商业银行转汇核算。

1. 通过中央银行转汇的核算

跨系统汇划款项（10万元以上，含10万元）和系统内汇划款项（50万元以上，含50万元）的大额汇划款项应通过中国人民银行清算资金和转汇。其中，汇出行是通过中央银行办理转汇的商业银行，发报行是汇出行开户的中央银行经办机构。

发报行受理商业银行转汇业务，通过联行往来划拨款项，其会计分录为：

借：××银行准备金存款——××户

　贷：联行类科目

收报行收到发报行的报单，为汇入行收账并将汇划凭证交汇入行。其会计分录为：

借：联行类科目

　贷：××银行准备金存款——××户

汇入行收到划来款项，为收款人收账。其会计分录为：

借：存放中央银行款项

　贷：××科目——××户

2. 通过跨系统商业银行转汇的核算

目前在我国，异地跨系统银行之间还未建立直接的往来关系，在异地结算业务中，如果收付款双方不在同一系统的商业银行开户，其资金划转只能通过异地跨系统银行转汇。转汇的目的是把异地跨系统银行间的往来转化为同城跨系统银行的往来及异地同系统银行的往来（联行往来）。同城不同银行系统之间的汇划往来与清算为横向往来，简称为“横”；异地同系统银行的汇划往来与清算为纵向往来，简称为“直”。往来转化后，对同城跨系统银行的往来通过同城票据交换处理或直接处理；对异地同系统银行的往来则按联行往来处理。

异地跨系统转汇，根据各地商业银行机构的设置情况可以有以下几种处理方法：

（1）汇出行所在地为双设机构地区

采取“先横后直”的转汇方法。这种方法适用于汇出行所在地为双设机构地区，即该地区既有汇出行，又有与汇入行相同系统的银行营业机构。当跨系统汇划款项业务发生时，汇出行将汇划款项凭证提交跨系统转汇行办理转汇，由转汇行通过本系统联行将款项划往汇入行。其基本处理程序如图7-3所示。

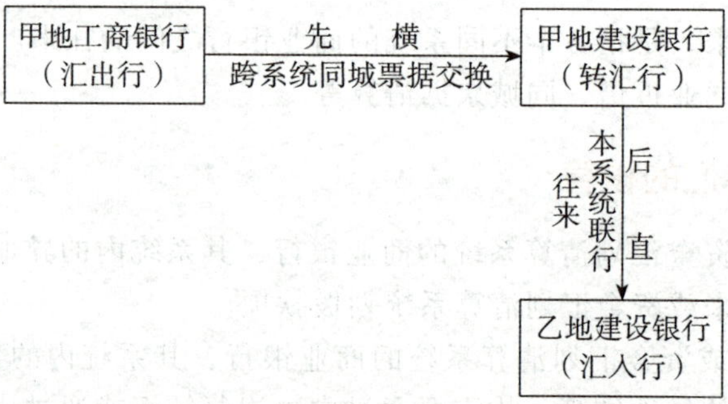

图7-3　“先横后直”的基本处理程序

①汇出行将客户提交的汇款凭证，通过同城票据交换提交同城跨系统转汇行办理汇款。其会计分录为：

借：××存款——汇款人户

　　贷：同业存放款项——转汇行户

②转汇行通过本系统联行将款项划往异地汇入行。其会计分录为：

借：存放同业款项——转汇行户

　　贷：联行往账（或有关科目）

③汇入行收到本系统划来的联行报单及有关结算凭证，为收款人进账。其会计分录为：

借：联行来账（或有关科目）

　　贷：××存款——收款人户

（2）汇出行所在地为单设机构地区，汇入行所在地为双设机构地区

采取“先直后横”的转汇方法。这种方法适用于汇出行所在地为单设机构地区，即在同一地区没有汇入行系统的银行机构，而汇入行所在地为双设机构地区。当业务发生时，汇出行先将汇划款项通过本系统联行划转汇入行所在地的系统内转汇行，由转汇行转划给汇入行。其基本处理程序如图7-4所示。

①汇出行根据客户提交的汇款凭证填制联行报单，将款项划转异地本系统的转汇行。

其会计分录为：

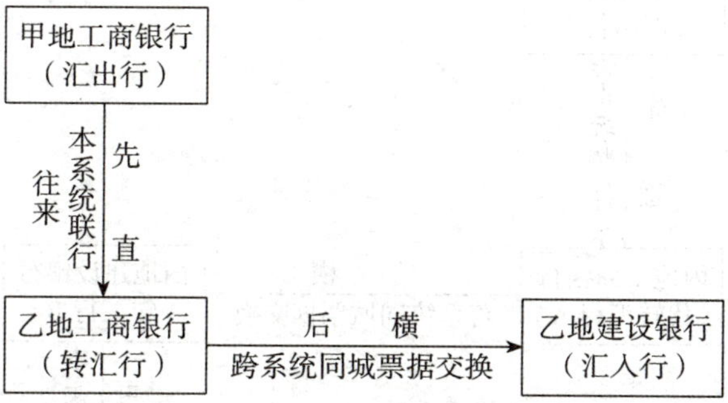

图7-4　"先直后横"的基本处理程序

借：××存款——汇款人户

　贷：联行往账（或有关科目）

②转汇行收到本系统汇出行划来的联行报单及结算凭证，经审核无误后，通过同城票据交换送交汇入行。其会计分录为：

借：联行来账（或有关科目）

　贷：同业存放款项——转汇行户

③汇入行收到转汇行划转的款项，为收款人入账。其会计分录为：

借：存放同业款项——转汇行户

　贷：××存款——收款人户

（3）汇出行、汇入行所在地均为单设机构地区

采取"先直后横再直"的办法。这种方式适用于汇出行和汇入行所在地均为单设机构地区，即只有汇出行和汇入行一家银行系统，未设有其他系统的银行机构。当业务发生时，汇出行先通过本系统联行将款项划转双设机构地区的系统内银行（代转汇行），由其通过同城票据交换转跨系统银行（转汇行），再由跨系统银行通过本系统联行划转汇入行。其基本处理程序如图7-5所示。

①甲地汇出行的会计分录为：

借：××存款——汇款人户

　贷：联行往账（或有关科目）

②丙地代转汇行A的会计分录为：

借：联行来账（或有关科目）

　贷：同业存放款项——转汇行户

③丙地转汇行B的会计分录为：

借：存放同业款项——转汇行户

　贷：联行往账（或有关科目）

④乙地汇入行的会计分录为：

借：联行来账（或有关科目）

　贷：××存款——收款人户

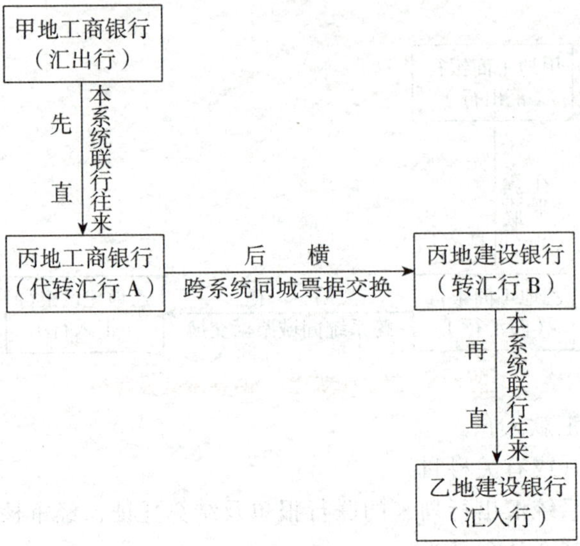

图7-5 “先直后横再直”的基本处理程序

7.3.2 同业拆借的核算

1. 同业拆借的内容

同业拆借是商业银行解决临时性资金不足的一种融资方式，是指在同一城市或异地的商业银行，因跨系统汇划款项导致存放中央银行款项账户资金余额不足所引起的相互资金融通。同业拆借是一种短期资金融通行为，禁止利用拆入资金发放固定资产贷款或用于投资。

同业拆借的主管机关是中央银行。拆借的资金都要通过各自在中央银行开立的存款账户进行核算，按照中央银行的有关规定办理，不能直接互相拆借。

2. 同城同业拆借的核算

（1）拆借的核算

①拆出行的核算。

拆出行以拆入行借据为依据，向中国人民银行填交进账单及转账支票，并编制特种转账借、贷方传票予以转账。其会计分录为：

借：拆放同业——拆入行户

　贷：存放中央银行准备金

②中国人民银行的核算。

中国人民银行收到进账单及转账支票后，将款项从拆出行准备金账户转入拆入行准备金账户，转账后将进账单回单联转交拆入行。中国人民银行的会计分录为：

借：××银行准备金存款——拆出行户

　贷：××银行准备金存款——拆入行户

③拆入行的核算。

拆入行根据进账单回单联，编制特种转账借、贷方传票各一联，进行账务处理。其会计分录为：

借：存放中央银行准备金

　贷：同业拆入——拆出行户

资产负债表日，拆入行应计算确定拆入资金的利息费用。其会计分录为：

借：金融企业往来支出——拆借利息支出户

　贷：应付利息——××银行户

（2）拆借资金归还的核算

拆入行归还借款时，应按事先规定的利率，计算应付利息，将本息一并通过中国人民银行划转拆出行。

①拆入行的核算。

拆入行应根据借款本息填制进账单和转账支票送往中国人民银行，并办理转账。其会计分录为：

借：同业拆入——拆出行户

　　金融企业往来支出——拆借利息支出户

　贷：存放中央银行准备金

②中国人民银行的核算。

中国人民银行收到借款行归还借款的进账单和转账支票，将款项从拆入行准备金账户转入拆出行准备金账户，转账后将进账单收账通知转交拆出行。其会计分录为：

借：××银行准备金存款——拆入行户

　贷：××银行准备金存款——拆出行户

③拆出行的处理。

拆出行根据进账单回单联，办理转账。其会计分录为：

借：存放中央银行准备金

　贷：拆放同业——拆入行户

　　　金融企业往来收入——拆借利息收入户

3. 异地同业拆借的核算

异地商业银行间进行拆借时，拆出行通过开户的中央银行将款项汇往异地拆入行开户的中央银行转入拆入行账户；归还拆借款时，由拆入行将款项汇给拆出行。拆出行与拆入行账务处理的会计分录与前述同城拆借相同，而双方开户的中央银行则需要通过联行往来划拨款项。

7.3.3　同城票据交换的核算

1. 同城票据交换的内容

同城票据交换，是指同城或同一个票据交换中心的各商业银行定时、定点集中交换相互代收、代付的票据，及时处理账务并清算存欠的方式。同城票据交换一般由当地中国人民银行主持实施和管理。同城票据交换有利于简化核算手续，缩短资金清算时间，加速资金周转。

凡向他行提出票据交换的行处，称为提出行；凡接受他行票据的行处，称为提入行。

在实际工作中，每个行处既是提出行，又是提入行，在不同的业务中扮演不同的角色。

各行提出交换的票据可以分为两类：一类是在本行开户的收款单位提交的应由他行开户单位付款的票据，称为借方票据或代付票据；另一类是在本行开户的付款单位委托本行向他行开户单位付款的票据，称为贷方票据或代收票据。在票据交换中，借方票据对提出行来说应该收款，对提入行则应该付款；贷方票据对提出行来说应该付款，对提入行则应该收款。

参加票据交换的行处按规定的交换场次和时间参加票据交换时，应将提出的代收、代付票据，按提入行分别填制“票据交换借方汇总表”和“票据交换贷方汇总表”一式两联，一联与所提出的票据一并提出交换，另一联留存作传票或传票附件。

银行设置“同城票据清算”账户进行核算。“同城票据清算”是资产负债共同类账户，用以核算同城票据交换清算的款项。提出借方凭证和提入贷方凭证时，记入借方；提出贷方凭证和提入借方凭证时，记入贷方；其借贷方差额为应收差额或应付差额，当天资金清算后，该账户没有余额。

2. 同城票据交换的核算

（1）交换提出

①对提出的代收票据（贷方凭证），提出行的会计分录为：

借：××存款——各付款人户

　贷：清算资金往来——同城票据清算

②对提出的代付票据（借方凭证），根据“收妥入账”的原则，分不同情况进行处理。其会计分录为：

A. 对于即时抵用的票据，如本票等，应及时将资金划入客户账内。其会计分录为：

借：清算资金往来——同城票据清算

　贷：××存款——各收款人户

B. 对于收妥抵用的票据，如支票等，先将应收票款记入“其他应付款”账户。其会计分录为：

借：清算资金往来——同城票据清算

　贷：其他应付款

退票时间过后，对他行未退回的代付票据为收款人进账。其会计分录为：

借：其他应付款

　贷：××存款——各收款人户

对他行退回的代付票据，应将已退回的票据及其他有关凭证等退收款人。其会计分录为：

借：其他应付款

　贷：清算资金往来——同城票据清算

（2）交换提入

提入行根据提入的借、贷方票据办理转账。

①对提回的代收票据（贷方票据），可以直接办理转账。其会计分录为：

借：清算资金往来——同城票据清算

　贷：××存款——各收款人户

如果因其他原因不能进账，应办理退票。其会计分录为：

借：清算资金往来——同城票据清算

　贷：其他应付款——退票专户

②对提入的代付票据（借方票据），若付款单位有足够的资金支付，则会计分录为：

借：××存款——各付款人户

　贷：清算资金往来——同城票据清算

若付款单位账户资金不足以支付或因票据要素错误无法办理支付，则应办理退票。其会计分录为：

借：其他应收款——退票专户

　贷：清算资金往来——同城票据清算

并将待退的票据专夹保管，以便下场交换时退交原提出行。

（3）清算差额

各参加票据交换的银行在票据交换结束后，根据应收差额或应付差额进行资金的清算。对每一个参加票据交换的行处来说：

应收金额=提出借方票据金额+提入贷方票据金额

应付金额=提出贷方票据金额+提入借方票据金额

如果应收金额大于应付金额，则为应收差额；反之，则为应付差额。

各行交换员将已汇总的应收金额、应付金额及应收或应付差额与交换所打印的相应数据核对一致后，填写“同城票据清算划收（划付）专用转账凭证”一式四联。其中两联交票据交换所，另两联带回本行进行账务处理。

各行将提出、提入票据全部记入“同城票据清算”科目后，其余额应与本次通过中国人民银行划转存款的金额一致，应收、应付的方向也一致，然后根据带回的“同城票据清算划收（划付）专用转账凭证”办理转账，结清“同城票据清算”科目余额。

①若本次交换为应付差额。其会计分录为：

借：清算资金往来——同城票据清算

　贷：存放中央银行款项

②若本次交换为应收差额，则会计分录方向相反。

例7-9 工行某支行第一场交换提出借方凭证金额合计为400 000元，提出贷方凭证金额合计为100 000元；提入借方凭证金额合计为600 000元，提入贷方凭证金额合计为200 000元，编制该行清算资金的会计分录。

该行应收金额合计=400 000+200 000=600 000（元）

该行应付金额合计=100 000+600 000=700 000（元）

应付差额=700 000−600 000=100 000（元）

借：清算资金往来——同城票据清算　　100 000

　贷：存放中央银行款项　　100 000

3. 同城票据交换退票的核算

提入的票据由于各种原因不能办理转账时，要办理退票。

（1）退票行的核算

退票行即原提入行。退票时，应在规定的退票时间内打电话通知原提出行，并将待退票据视同提出票据列入下次清算。同时，填制退票理由书，待退票款项应列入应收或应付科目核算。

①提入的贷方票据（如进账单）需要退票时，其会计分录为（当天不能退回时）：

借：清算资金往来——同城票据清算

　贷：其他应付款——托收票据退票户

下次交换提出退票时，其会计分录为：

借：其他应付款——托收票据退票户

　贷：清算资金往来——同城票据清算

②提入的借方票据（如空头支票）需要退票时，其会计分录为：

借：其他应收款——托收票据退票户

　贷：清算资金往来——同城票据清算

下次交换提出退票时，其会计分录为：

借：清算资金往来——同城票据清算

　贷：其他应收款——托收票据退票户

（2）原提出行的核算

原提出行接到退票通知后，若查明确属本行提出的票据，则在票据交换登记簿中注明退票的理由和时间，并进行账务处理。

①提出的贷方票据发生退票时，其会计分录为：

借：清算资金往来——同城票据清算

　贷：××存款——各付款人户

②提出的借方票据发生退票时，其会计分录为：

借：其他应付款

　贷：清算资金往来——同城票据清算

退回的票据视同提入票据处理，在下次票据交换前通过“其他应收款”或“其他应付款”科目核算。

推荐阅读资料及网站

《会计档案管理办法》

复习思考题

1. 金融机构往来的种类有哪些？
2. 商业银行向中国人民银行存取现金应如何核算？
3. 商业银行向中国人民银行缴存存款应如何核算？
4. 商业银行向中国人民银行再贷款应如何核算？
5. 什么是再贴现？商业银行办理票据再贴现应如何核算？
6. 商业银行跨系统相互转汇有哪几种情况？分别是如何处理的？
7. 什么是同业拆借？如何进行核算？
8. 同城票据交换的基本做法是什么？如何进行账务处理？
9. 试讨论商业银行同业往来和联行往来的关系。

案例分析

中国工商银行鄂州市分行与中国银行鄂州市分行资金拆借合同纠纷案

原告：中国银行鄂州市分行（以下简称鄂州中行）

被告：中国工商银行鄂州市分行（以下简称鄂州工行）

1996年2月，鄂州工行房地产信贷部主任熊某（兼任金鹏房地产公司经理）与鄂州中行联系资金拆借事宜，商定先由鄂州中行出面向中国银行蚌埠分行（以下简称蚌埠中行）拆入资金2 000万元，然后借给鄂州工行房地产信贷部和金鹏房地产公司，事成后，将付给鄂州中行10万元好处费。

于是，鄂州中行和蚌埠中行达成协议：鄂州中行从蚌埠中行拆入资金2 000万元，拆借期限自1996年3月12日至1997年3月12日；拆借月利率为13.8‰，利息分3次结算；到偿还日不偿还本息，按日0.5‰计算罚息。

1996年3月12日，鄂州中行将蚌埠中行汇入的2 000万元转入鄂州工行房地产信贷部账户，而后转入金鹏房地产公司账户。熊某出具了盖有鄂州工行房地产信贷部印章、面额为2 000万元、未注明期限及利率的大额存单和一份承诺函。该承诺函载明：鄂州中行兑付本息。同年4月5日，鄂州中行与鄂州工行补签了一份资金拆借合同，约定：鄂州中行拆借给鄂州工行资金2 000万元，此笔资金由鄂州工行房地产信贷部具体办理、运用，拆借期限为1996年3月12日至1997年3月12日，拆借月利率为13.8‰，到期未还按日0.5‰计收罚息。双方在该合同上均盖了公章，鄂州工行行长在合同上签了名。鄂州工行在合同签订后向鄂州中行支付了好处费10万元。

鄂州中行曾致函鄂州工行催付到期本息未果，遂于1996年9月19日向湖北省高级人民法院提起诉讼，请求鄂州工行归还本息，并承担违约金及诉讼费用。法院判决：鄂州工行偿还鄂州中行拆借款本金1 990万元；鄂州工行支付占用该1 990万元的利息给鄂州中行。

资料来源：作者根据相关资料整理而成。

问题：

1. 鄂州中行与鄂州工行的资金拆借合同约定的利率、期限等内容违反了哪些规定？

2. 到1996年9月19日，鄂州工行应支付多少利息？

第7章

扫码答题

第8章 现金出纳业务的核算

学习目标

通过本章的学习，了解现金出纳业务的职责和工作原则；掌握现金出纳的核算方法、出纳错款的发生及处理方法；认识在银行中现金核算及管理的重要性。

价值引领

- 坚持原则，坚守底线，慎初、慎独、慎微，守住做人、做事的底线。
- 牢固确立法律红线不能触碰、法律底线不能逾越的观念。

专业融合

- 结合现金出纳工作的职责和原则，按照现金出纳业务的法律规定和制度处理与核算相关业务，严格做到知法、懂法、守法。
- 现金出纳办理现金收付、整点、保管和调运等业务，直接接触现金，要做到廉洁自律，不为利动，坚持原则，守住红线。

能力培养

- 通过学习有关法律规定，自觉树立底线思维，自觉培养底线思维，自觉运用底线思维。
- 要坚信有付出才有回报，培养合理分析、评估的专业判断力和因果推理的逻辑思维能力。

开篇案例11

银行会计侵吞1 700万元现金炒股，逃亡三年最终落网

8.1

现金出纳工作概述

8.1.1 现金出纳工作的概念及意义

微课17

假币识别

银行会计中的现金通常指的是现钞，包括人民币和外币。银行的现金出纳业务所经营的不只是现钞，还包括金银以及其他有价单证。出纳，是支出和纳入的意思。用在货币流通中，“出”是指投放货币，“纳”是指回笼货币。现金出纳是指银行的现钞、有价单证、贵重物品等的收付及保管工作。

现金是指具有现实购买力或清偿力的现行通货。我国法定的现行通货是人民币，银行是全国的现金出纳中心。现金出纳是指直接用现金进行的货币收付行为，即银行办理现金、外币、有价证券和贵金属的收付、保管、调运以及损伤票币的兑换等业务。现金出纳工作在调节货币流通、组织现金结算、实现银行的职能中发挥着重大作用。

根据国家的方针政策和现金管理的有关规定，商业银行对机关、团体、部队、学校、国有企业和集体经济等单位，因支付工资、资金、采购农副产品和其他零星开支以及收兑个人金银等付出现金，同时，通过企业组织商品零售和劳务供应以及财政税收和银行吸收人民储蓄等方式收回现金。这样，商业银行在调节货币流通和满足市场正常现金需要的基础上，成为现金投放和回笼的主要渠道，成为全国范围的现金出纳中心。

商业银行的现金出纳工作，是体现银行基本职能的重要环节，是银行的一项基础性工作，同国民经济各部门、各单位及广大城乡人民生活有着密切的联系。

因此，商业银行必须根据党和国家的方针政策、金融法令和制度，认真做好现金出纳的核算工作，监督现金合理收付。这对加速现金周转，加强现金管理和调运，保护国家财产安全，实现国家现金出纳计划，调节社会经济生活，促进我国社会主义现代化建设，更好地服务于人民生活，都有重大的作用。

8.1.2 现金出纳工作的职责

微课18

假币处理

现金出纳工作的任务包括以下几个方面：

①贯彻执行中华人民共和国的金融法令和有关规章制度。

②办理现金（包括本国货币和外币）收付、整点、保管和调运业务，做好现金回笼和供应工作。

③办理人民币兑换和挑残业务，调剂好市场流通的人民币券别比例。

④接受委托代理中国人民银行货币发行部分业务，代理其他银行及金融机构的部分现金收付业务。

⑤做好爱护人民币，维护人民币信誉的公众宣传工作，做好本币、外币反假、反破坏工作。

⑥经中国人民银行授权，承担对社会公众残损人民币和外币兑换，假人民币和外币的最终鉴定工作。

8.1.3　现金出纳工作的原则

银行为了确保现金出纳工作业务的顺利完成，必须建立和健全现金出纳工作的内部控制制度，做到手续严密、责任分明、及时准确。现金出纳工作的内部控制制度应遵循下列几项原则：

1. 钱账分管

钱账必须分开。实行管钱的不管账，管账的不管钱，钱账绝不能由一个人管理。

2. 双人经办

双人经办是指在现金出纳工作中，必须坚持双人临柜、双人守库、双人碰库、双人押送的原则。这样，可以互相帮助和互相监督，防止差错事故的发生。如果发生意外情况，也便于互相协商和及时处理，以保护经办人员和国家财产的安全。

碰库，是营业时间内记账员和出纳员核对“库存”现金的手段。一般由出纳员先报出“库存”现金数额（大多数时候是指外库现金），记账员当即与账核对是否相符。

3. 现金收付分开

收付必须分开。经办收款与经办付款的人员要分开，不能由一个人既收款又付款，责任必须分明。

收入现金必须坚持“先收款后记账”、付出现金必须坚持“先记账后付款”的原则。避免现金没有收妥而给单位虚入了账或者单位账上存款不足而取了款。

4. 换人复核

现金收付必须坚持收款复点、付款复核的原则。这样，可以避免发生差错，不至于给银行信誉和财产造成损失。

因此，对外办理业务的行处要配备足够的专职或兼职的复点、复核人员，做到收款换人复点、付款换人复核。业务量较少的基层处所，也必须配备专职出纳人员，实行会计、出纳交叉复核。

5. 坚持办理交接手续和查库的原则

确保库款安全是出纳部门的重要职责。款项交接或出纳人员调换时，必须办理交接手续，分清责任。库房管理除必须坚持双人管库、双人守库外，还必须实行定期或不定期的查库制度，加强对库房的监督和检查，防止发生意外事故。

6. 严禁挪用库存实物、白条抵库，做到账实相符

柜员之间不得“空调”现金，不得白条抵库。白条抵库亦称“白条顶库”，是指以不符合财务制度和会计凭证的字条或单据顶替合法单据，挪用库存现金的行为。

7. 维护国家利益和银行信誉，坚持服务和监督并重

作为国家的银行出纳，必须维护国家利益和银行信誉，既要做好现金收付的服务工作，又要在具体的收付工作中体现国家的有关政策、法令和制度规定，做好监督工作。服务和监督是做好现金出纳工作的两个重要方面。

8.2

现金出纳业务的核算

拓展阅读8

粗心的柜员

银行的现金业务主要是指出纳柜台的现金收入、现金支出以及出纳错款的处理。“库存现金”科目是反映银行现金增减状况的科目。现金增加时借记本科目，贷记“吸收存款”等科目；现金减少时则作相反的会计分录。

8.2.1 现金收入的核算

商业银行的客户在向银行缴存现金时，应填制一式两联的现金缴款单，连同现金交银行出纳部门，收款员收到缴款单和现金后，经审核无误，即当面点收款项。现金收妥后，收款员在两联缴款单上分别加盖名章，然后交复核员进行复点。经复核无误后，在凭证上加盖“现金收讫”章及复核员名章。然后，将第一联（回单联）退还客户，第二联由收款员登记现金收入日记簿后按有关规定程序送相关会计专柜代现金收入传票。会计部门收到第二联缴款单后，凭以记入缴款单位分户账。其会计分录为：

借：库存现金

　　贷：吸收存款——活期存款——××单位存款户

例8-1 新阳公司到银行存入现金50 000元。银行编制会计分录如下：

借：库存现金　　50 000

　　贷：吸收存款——活期存款——新阳公司　　50 000

8.2.2 现金付出的核算

客户在提取现金时，应填写本行的现金支票，或其他现金付款凭证到银行会计专柜办理取款手续。会计人员收到支款凭证后，经审核无误，将现金支票右下角的“出纳对号单”撕下或将铜牌交取款人，凭以向出纳部门领取款项。然后，会计部门将留下支票（或其他支款凭证）代替现金付出传票进行账务处理。银行会计分录为：

借：吸收存款——活期存款——××单位存款户

贷：库存现金

例8-2 甲公司开出现金支票支取现金20 000元。银行编制会计分录如下：

借：吸收存款——活期存款——甲公司	20 000	
贷：库存现金		20 000

经复核无误，将现金支票按有关规定程序传送到出纳部门。出纳部门付款员接到会计部门传来的现金支票，按规定审核无误后，凭以登记现金付出日记簿，并予以配款，在支款凭证上填明券别明细、加盖“现金付讫”章和名章，将凭证、现金付出日记簿连同现金一并交复核员复核。复核员复核无误后，叫号、问清取款额、收回对号单或铜牌，将款项当面交给取款人清点。最后将支款凭证分别送回会计部门。

8.2.3 营业终了后现金收付汇总的处理

1. 收款结账操作程序

每日营业终了时，收款员应将当日所收的现金，按票币种类进行汇总，计算出现金总数，并同现金收入日记簿的总数和会计部门的库存现金科目的借方发生额核对相符，然后填写入库单，登记款项交接登记簿，将现金交管库员审核入库。

2. 付款结账操作程序

付款员应当根据当日领取的备付现金总数，减去未付的剩余现金，轧出当日实付现金总数，并同现金付出日记簿总数和会计部门的库存现金科目的贷方发生额核对相符，再填写出库单，登记款项交接登记簿，将剩余现金交管库员审核入库。

3. 管库结账操作程序

管库员收到收款员和付款员交来的现金，经同现金收付登记簿及入库单核对相符后，将现金入库保管，同时登记现金库存簿。管库员应将昨日库存，加减今日收付的现金总数，结出今日库存，并同库房的实存现金核对相符，同时还应与会计部门当日“库存现金”科目的余额核对相符。

8.2.4 出纳错款的处理和核算

1. 错款处理原则

出纳错款是指出纳柜台在办理现金收付业务过程中发生的现金过多或短缺，导致账款不符的现象。在会计核算中，款多于账称为长款，款少于账称为短款。出纳错款处理时应遵循“长款不得寄库，短款不得空库，长、短款不能相互抵补”的原则。对于长款应查明原因及时退还，如确实无法查明原因，应按规定入账归公，不得侵占，否则以贪污论处；对于短款不能自行补贴，隐瞒不报，应及时查找收回，确实无法收回的，按规定的会计程序处理。

2. 出纳长款的核算

出纳长款是指实有现金库存数大于账面余额的差额。发生出纳长款应及时查明，退还原主。如当日未能查明原因，无法退还，营业终了前，错款人应填列“出纳错款列账报告单”，经出纳负责人审核签章、主管人员审批签字后，按暂收款项列账处理，其会计分录为：

借：库存现金

　　贷：其他应付款——待处理出纳长款户

“其他应付款”是负债类科目，用以核算银行应付、暂收企业或个人的款项。银行发生应付、暂收款项时，贷记本科目；偿还、转销各种应付、暂收款项时，借记本科目；余额在贷方，表示尚未偿还、转销款项的数额。该科目应按单位或个人进行明细分类核算。

同时，登记“现金收入日记簿”。

查明原因后，分别按不同情况处理：

①若日后查明长款的原因为客户多交或银行少付，则应及时退还客户，同时作相反的会计分录以抵销原会计分录：

借：其他应付款——待处理出纳长款户

　　贷：库存现金

同时，登记“现金付出日记簿”。

例8-3 某银行营业终了发生出纳长款400元，原因未明，经会计主管批准后列账。其会计分录为：

借：库存现金	400	
贷：其他应付款——待处理出纳长款户		400

②若经过认真查找仍不能查明长款原因，则应按规定的审批权限报批后列作银行收益。其会计分录为：

借：其他应付款——待处理出纳长款户

　　贷：营业外收入——出纳长款收入户

例8-4 承接上例，上述出纳长款，经查找为银行少付开户单位350元，通知企业领取，另50元确实无法归还，经批准列作银行收益。其会计分录为：

借：其他应付款——待处理出纳长款户	400	
贷：营业外收入——出纳长款收入户		50
库存现金		350

3. 出纳短款的核算

出现出纳短款而当天未能查出原因的，应由出纳部门出具证明，经会计主管审核批准后，由会计部门填制现金付出传票，暂列“其他应收款”科目入账。“其他应收款”是资产类科目，用以核算银行应收、暂付企业或个人的款项。银行发生应收、暂付款项时，借记本科目；收回各种款项时，贷记本科目；余额在借方，表示尚未收回款项的数额。其会计分录为：

借：其他应收款——待处理出纳短款户

　贷：库存现金

同时，登记“现金付出日记簿”。

查明原因后，分别按不同情况处理：

①若日后查明短款的原因为客户少交或银行多付，则应及时向客户追回短款。同时作相反的会计分录以抵销原会计分录：

借：库存现金

　贷：其他应收款——待处理出纳短款户

同时，登记“现金收入日记簿”。

②经过认真查找仍不能查明短款原因，属于技术性短款或一般责任事故的，应按规定的审批手续予以报损。其会计分录为：

借：营业外支出——出纳短款支出户

　贷：其他应收款——待处理出纳短款户

属于有章不循、玩忽职守的，应追究其责任，给予适当的纪律处分；属于监守自盗，侵吞长款的，应按贪污论处，并追回全部赃款。

8.3 库房管理和现金运送的核算

8.3.1 库房管理

银行的出纳库房，是保管国家现金、金银、有价证券等贵重物品的重要地方。库房管理是出纳工作的主要任务之一。银行必须做好库房保卫工作，严格执行库房管理制度，保证国家财产不受损失。为此要从以下几个方面做好库房管理工作：

1. 设置专用库房

对外营业的行处，均应设置专用库房。库房设置力求隐蔽，并要求结构坚固，具有通风、防火、防潮、防鼠、报警等安全措施，库房的钥匙、密码必须分人掌管。

2. 实行双人管库共同负责制

库房应由双人管理，管理员要明确分工和责任，出入库必须同时进出，出入库的款项要互相复核，以防差错。

3. 严格出入库制度

营业终了，所有的现金、金银及有价证券等贵重物品都必须入库保管，并有账记载。出入库都必须按规定的手续和凭证办理，做到账款、账实相符，严禁白条、借条抵作库存。

4. 严格查库制度

为了保证库房的安全，行长和出纳主管必须经常定期或不定期地进行查库。管辖行对下级行也要定期或不定期地进行查库，查库时必须携带介绍信。每次查库完毕后，应将检查情况记入“查库记录簿”，由主查人员和库房管理员共同签章，以备查考。

8.3.2 现金运送的核算

各个行处的现金收入和付出往往会出现不平衡，这就需要进行现金调剂，因而产生了现金运送业务。运送现金是一项艰巨而又经常性的工作，其责任重大。因此要求各行处在运送现金时必须做到安全、准确、及时。

1. 现金运送的有关规定

（1）坚持双人押运、武装运送

运送现金必须由两名责任心强的出纳人员负责现金从启运地至目的地的款项交接及办理运送的具体手续，并由两名经济民警或保卫人员携带武器进行押送，负责安全。

（2）严守秘密、专车运送

对运送时间、地点、数量、路线等情况要保密，除押运人员知道外，不得向其他任何人泄密。运送现金车辆严禁搭乘无关人员，也不得搭载除运送物品以外的非押运物品。

（3）严密交接手续

现金启运前和运达后，都应当面点交。

2. 运出行的核算

运出行接到现金调拨通知，确定运送现金的数额后，由出纳部门根据调拨通知填制一式三联的“发款单”，经押运员签章后，登记“现金付出日记簿”。会计部门根据“发款单”填制“联行报单”，并以第一联发款单代替现金付出传票入账，然后将联行报单和发款单第二、三联一并交押运员办理现金出库，送交收款银行。其会计分录为：

借：辖内往来

　　贷：库存现金

3. 运入行的核算

运入行出纳部门接到运出行送来的联行报单、发款单和现金，经审查单据和点收现金无误后，据以登记“现金收入日记簿”，并在“发款单”第三联回单上加盖“现金收讫”章及管理员人名章后，交送款员带回。留下的单据转交会计部门，会计人员以此代替现金收入传票入账。其会计分录为：

借：库存现金

　　贷：辖内往来

推荐阅读资料及网站

1.《企业会计准则》
2.《中华人民共和国会计法》

复习思考题

1. 什么是现金？试述现金出纳工作的原则。
2. 现金收款和现金付款的核算手续有哪些？
3. 如何进行现金日结？其长款、短款应如何处理？

案例分析

有章不循处处违规 金库巨款不翼而飞
——河北省某商业银行某县支行一营业所盗窃案

2002年2月22日，河北省某商业银行某县支行一营业所发生一起金库库款被盗案件，被盗现金20万元。

2002年2月23日8时左右，该营业所出纳员王玉上班后，用钥匙打开营业室的保险柜，取出存放在保险柜里的金库门钥匙和金库里的保险柜钥匙，然后用钥匙打开金库。进入库房后，发现存放现金的保险柜门虚掩着，保险柜上的把手掉在地上，王玉打开保险柜，发现没有整把现金。王玉叫来已到营业所的会计马兰，二人一同进入库房查看，保险柜里确实没有整把现金，只有零星残币，便用电话向内勤主任范军和营业所主任江滨做了报告，同时打电话询问了22日下班时进库房存放现金的另一管库员王福。经王福证实，22日营业终了，他将20万元现金放入库房的保险柜里，锁好保险柜和金库门后，将保险柜的钥匙和金库门的钥匙放入营业室的小保险柜里，然后回了家。营业所主任江滨和内勤主任范军接到王玉的电话后，迅速赶到营业所，再次进入库房查看了保险柜，发现保险柜确实是空的，确认22日下班后存放在库房保险柜里的20万元现金已被盗走。营业所立即通过电话向县支行报告，县支行接到报告后，派人向县公安局报案，同时电话报告上级行。经公安机关勘查现场和初步调查，2月22日夜间值班的两名守库员均未到岗值班守库，营业所所有的门锁完好无损，无任何撬压痕迹，证明不法分子是用钥匙开门进入金库盗走库款的。后经调查其有以下几种违规行为：

1. 案发当晚，守库员杨军在守库登记簿上签字后便上二楼宿舍睡觉，另一守库员孙山未到营业所值班（该营业所长期以来多次发生值班守库人员只在值班登记簿上签字，之后不是在二楼宿舍睡觉，就是回家睡觉，甚至存在脱岗后第二天补签字的现象）。

2. 该所在22日将当日现金入库时，只有一名管库员王福拿着金库门、金库内保险柜共4把锁的钥匙一同放入了自己的临柜保险柜内，形成一人保管。

3.该所3个保险柜和金库门的密码锁，在管理人员变动后没有及时更换锁芯和变更密码。

4.更为严重的是，该所的金库门密码锁近4个月没有使用，金库门两把锁的锁芯2年没有更换。在这2年内，该所变动的7人均有机会接触钥匙，其中5人已内退，2人已调往支行。

5.从该所的检查登记簿上看，1个月内有几次检查，既有县支行的检查，也有该所的自查，登记簿上没有填写任何隐患整改意见。

资料来源：作者根据相关资料整理而成。

问题：

1.本案例留给人们的教训是什么？该行及其人员分别违反了哪些规定？

2.本案例除了直接责任人承担直接责任外，还应由哪一级什么职位的人分别承担什么责任？

第8章

扫码答题

第9章 外汇业务的核算

学习目标

通过本章的学习，了解外汇业务的主要内容，明确认识外汇业务对我国开展对外贸易的重要意义，掌握外汇存款业务、外汇贷款业务和国际贸易结算业务核算的基本方法。

价值引领

- 践行敬业这一社会主义核心价值观，为实现中华民族的伟大复兴而奋斗。
- 怀感恩之心，增幸福之感，厚植爱党爱国情怀。

专业融合

- 以对外汇、汇率的变化及专业知识的学习，增强对人民币及祖国强大的认同感和自豪感，激发爱党爱国热情。
- 结合对外汇业务核算规定的学习，引导热爱本职工作，严肃认真，一丝不苟，忠于职守，勤勉尽责。

能力培养

- 培养清晰、严谨的逻辑思维能力，细致、周到的做事本领。
- 结合历史观，增强注重过程积累的认识，培养持之以恒的毅力。

开篇案例12

前车之鉴 银行外汇违规被罚

9.1 外汇业务概述

9.1.1 外汇与汇率

1. 外汇

外汇是指以外国货币表示的用于国际结算的支付手段，是“国际汇兑”的简称。按照我国外汇管理条例的规定，外汇包括外国货币、外币有价证券（债券、股票、息票、国库券等）、外币支付凭证（存放同业凭证、信用证、票据等），以及其他外汇资金。

2. 外汇的分类

（1）外汇按来源和用途分类，分为贸易外汇和非贸易外汇

贸易外汇是指一国进出口贸易所收付的外汇及其从属费用外汇，如贷款、运输费、保险费、佣金、广告费等。非贸易外汇是指除进出口贸易以外所收付的各项外汇，如侨汇、旅游、航运、邮电、海关银行、对外承包工程以及图书、电影、邮票、代理及服务、出国旅游等收入和支出的外汇。

（2）外汇按交割期限分类，分为即期外汇和远期外汇

即期外汇是指即期交付的外汇，一般即期外汇交易的成交双方在2个营业日内办理交割。远期外汇是指银行同业间和客户间预先签订合同，商定外汇买卖数量、汇率和期限，到约定日期（2个营业日以后的某一天）进行交割而收付的外汇。交割期限一般在1～6个月，最长不超过1年，多为3个月。

（3）外汇按形态分类，分为现钞和现汇

现钞是指各种外币钞票、铸币。现汇又称转账外汇，主要由国外汇入，或由境外携入、寄入的外汇票据，经银行托收收妥后存入，是用于国际汇兑和国际非现金结算的，用以清偿国际债务的外汇。

（4）外汇按能否自由兑换分类，分为自由外汇和记账外汇

微课19

汇率

自由外汇是指可自由兑换的外国货币，如美元、英镑、欧元、日元等。

记账外汇是指政府贸易和支付协定项下或贸易协定书项下开立账户，严格按协定规定范围通过上述账户收付的外汇。这种外汇只能用作双边清算，不能用作多边清算。

3. 汇率

汇率又称汇价、牌价、兑换率，是指一个国家货币兑换成另一个国家货币的比率，或

是以一种货币表示另一种货币的价格。

（1）直接标价法

直接标价法（Direct Quotation），又称应付标价法（Giving Quotation）。这种标价法是以一定单位的外国货币为标准，折合若干单位的本国货币，就相当于计算购买一定单位外币应付多少本币，所以叫应付标价法。在直接标价法下，外国货币为基准货币，本国货币为标价货币；标价货币（本国货币）数额随着外国货币或本国货币币值的变化而变化，包括中国在内的世界上绝大多数国家目前都采用直接标价法。

（2）间接标价法

间接标价法（Indirect Quotation），又称应收标价法（Receiving Quotation）。这种标价法是以一定单位的本国货币为标准，折合若干单位的外国货币，即以本国货币作为基准货币，其数额不变，而标价货币（外国货币）的数额则随本国货币或外国货币币值的变化而改变。英国和美国都是采用间接标价法的国家。

4. 外汇业务

商业银行的外汇业务是指以记账本位币以外的货币进行收付、结算的业务。目前我国外汇指定银行经营的外汇业务主要有：外汇存款业务；外汇贷款业务；外汇汇款业务；外汇兑换业务；外汇同业拆借；外汇借款业务；发行或代理发行股票以外的外币有价证券；买卖或代理买卖股票以外的外币有价证券；外币票据的承兑和贴现；贸易和非贸易结算；外汇担保业务；自营及代客货币兑换业务；国家外汇管理局批准的其他外汇业务。

9.1.2 外汇业务核算的特点

1. 实行外汇分账制

外汇分账制又称原币记账法。当外汇业务发生时，除以人民币为本位币记账外，还要按原币分别填制凭证、登记账簿和编制报表。对每一项业务，均按业务发生货币（原币）填制凭证、登记账簿和编制报表，各货币的账务均自成体系，各种货币分账核算不混淆；同一货币分外汇和现汇两种内容核算，外汇用于两国间贸易、支付，不可兑换或在国际货币市场买卖；而现汇则可以自由买卖，且用于国际结算。

2. 设置“货币兑换”科目

遇有两种或两种以上货币相互兑换时，使用“货币兑换”科目核算，“货币兑换”科目属于资产负债共同类科目，是一个过渡性科目，为一级科目，“货币兑换”科目下按人民币和各外币设置明细账进行核算，货币兑换时，通过“货币兑换”科目在人民币和外币账户上同时等值反映，以达到平衡的目的。

3. 以单式凭证为主，兼用复式凭证

外汇银行业务主要采用单式凭证进行核算。但与反映某些或有资产、或有负债经济业务有固定对应关系的会计科目，为了确切表示权责关系同时发生、同时解除，可简化编制传票的手续，对此类业务使用复式凭证。

9.2

外汇买卖的核算

拓展阅读9

厉害了，祖国！

9.2.1 外汇买卖的概念及分类

微课20

货币兑换

外汇买卖是指两种可自由兑换货币之间的兑换，即按照一定的汇率买入一种货币或卖出一种货币的交易行为。在我国，人民币还不是完全自由兑换的货币，按照现行的外汇管理制度，我国实行外汇结售汇制。外汇买卖业务按不同的标准有不同的分类。

1. 按交易对象，可将外汇买卖分为代客外汇买卖和自营外汇买卖

代客外汇买卖是银行接受客户的委托，依据其委托指示买入或卖出外汇的经营活动。代客外汇买卖业务按客户对象分为单位外汇买卖和个人外汇买卖。其中单位外汇买卖有四种方式：现钞兑换现钞、现钞兑换现汇、现汇兑换现汇、现汇兑换现钞。银行对个人外汇买卖实行“现钞买卖现钞、现汇买卖现汇”的原则。

自营外汇买卖是指经国家外汇管理部门批准，外汇指定银行直接在国际金融市场上买卖外汇的活动。自营外汇买卖集中在总行办理，一般由总行国际资金部门委托交易室买进或卖出，总行清算中心负责记入其借贷账户。

2. 按交易时间，可将外汇买卖分为即期外汇买卖和远期外汇买卖

即期外汇买卖是指买卖双方按约定的汇率，于交易后第二个工作日（T+2）进行交割的外汇交易。即期外汇买卖交割日分三种类型：标准交割（在交易成交日后的第二个工作日交割）、次日交割和当日交割。

远期外汇买卖是指买卖双方按外汇合同约定的汇率，在约定的期限（成交日后第二个工作日以后的某一日期）进行交割的外汇交易。

例如，某进出口企业有一笔进口业务，2025年4月初签订进口合同，将于7月9日支付1 000万欧元。为规避汇率风险，公司4月8日与银行进行远期外汇交易，约定在7月9日按照远期成交价格1.3344用美元向银行购入欧元。到期日时，汇率牌价为1.3350，买卖双方按约定汇率进行交割，避免了欧元上涨的汇率风险，从而锁定了外汇成本。

3. 按核算形式，可将外汇买卖分为买入外汇、卖出外汇和套汇

买入外汇即结汇，是指客户把外汇卖给外汇指定银行，外汇指定银行根据交易行为发生之日的人民币汇率付给客户等值人民币的行为。

卖出外汇即售汇，是指外汇指定银行将外汇卖给客户，并根据交易行为发生之日的人

民币汇率收取等值人民币的行为。

套汇，也称外汇套算，是指将一种外汇兑换成另一种外汇的业务。

9.2.2　外汇买卖科目与凭证

1. 外汇买卖科目

在外汇分账制下，银行需要设置“货币兑换”科目。该科目是资产负债共同类科目。当买入外汇时，银行借记有关科目（外币），贷记本科目（外币）；再借记本科目（人民币），贷记有关科目（人民币）。当卖出外汇时，银行借记本科目（外币），贷记有关科目（外币）；相应借记有关科目（人民币），贷记本科目（人民币）。

2. 外汇买卖凭证

银行发生货币兑换业务时，均应填制外汇买卖传票（见表9-1、表9-2）。外汇买卖传票是一式两联的套写传票：一联是借方传票，另一联是贷方传票；一联是外币，另一联是人民币。传票内容包括外币金额、人民币金额和外汇牌价等。

表9-1　**外汇买卖借方传票**　编号：

（借）　年　月　日　（对方科目）

摘　要	外币金额							牌　价	人民币金额						
	万	千	百	十	元	角	分		万	千	百	十	元	角	分
合　计															

表9-2　**外汇买卖贷方传票**　编号：

（贷）　年　月　日　（对方科目）

摘　要	外币金额							牌　价	人民币金额						
	万	千	百	十	元	角	分		万	千	百	十	元	角	分
合　计															

对同一货币、同一牌价、同一借贷方向和同一结汇单位的多笔业务，可以汇总填制一

套外汇买卖传票，凭以转账。

9.2.3 货币兑换账簿

“货币兑换”科目既要设置明细账，又要设置总账。

“货币兑换”明细账是一种特定格式的账簿，把人民币金额和外币金额分别记在同一张账页上，账簿格式由买入金额、卖出金额、结存金额三栏组成，买入金额栏、卖出金额栏内各由外币、牌价和人民币三栏组成。买入金额栏外币为贷方，人民币为借方；卖出金额栏外币为借方，人民币为贷方。结存金额栏则设借或贷外币，借或贷人民币两栏。“货币兑换”明细账应按币别设置，其格式见表9-3。

表9-3 “货币兑换”明细账 币别：港币

年		摘要	买入金额			卖出金额			结存金额	
月	日		外币（贷）	牌价	人民币（借）	外币（借）	牌价	人民币（贷）	外币（借/贷）	人民币（借/贷）

“货币兑换”总账采用三栏式，它将外币与人民币分别登记。外币的货币兑换总账应于营业终了根据各货币的货币兑换科目日结单借贷方发生额分别填列，人民币的货币兑换总账则根据人民币买卖科目日结单借贷方发生额分别填列，然后根据上日余额分别得出本日外币和人民币的余额，记入余额栏。

9.2.4 外汇买卖业务核算

银行经营的外汇买卖业务主要有以下四种：结汇、售汇、套汇和自营或代客户进行的外汇买卖交易。

1. 结汇业务的核算

结汇指企业或个人按照汇率将买进外汇和卖出外汇进行结清的行为。进出口专业公司，根据进口业务需要，以本国的货币按照国家公布的外汇牌价，向外汇专业银行购买外币汇往国外，或将出口所得外币，按照牌价售与外汇银行而折合成本国货币，在对外贸易中，均称为结汇。我国外汇牌价，规定由中国银行逐日公布，外汇管理，亦由中国银行进行。牌价有买价和卖价。卖价要高于买价，其间的差额为银行兑换的手续费，或称兑换收益。

受理结汇时，应按结汇外币金额和当天本行挂牌汇率计算的人民币金额填制货币兑换贷方凭证。会计分录为：

借：吸收存款——外汇活期存款——外币/库存现金——外币/港澳及国外联行往来 外币

贷：货币兑换（汇买价或钞买价） 外币

借：货币兑换（汇买价或钞买价）　　　　　　　　　　　　人民币

　贷：吸收存款——活期存款——人民币/库存现金——人民币　　　　　　人民币

港澳及国外联行往来，是指内地联行与港澳及国外各联行之间因资金划拨结算而发生的账务往来，如内地中行与香港、澳门分行的往来，与伦敦、纽约、卢森堡、新加坡、悉尼、巴黎、东京、多伦多等国外分行的往来，以及与中国香港中银集团机构等的往来。

例9-1 2025年4月8日，某分行收到A行贷记报单一份，为在本行开户的东艺外贸公司第××号信用证项下的100万美元收妥。给予结汇。当日外汇买入牌价为1美元=7.2038元人民币。会计分录如下：

借：港澳及国外联行往来——A行　　　　　　　　USD 1 000 000

　贷：货币兑换——结汇户（汇买价7.2038）　　　　　　USD 1 000 000

借：货币兑换——结汇户（汇买价7.2038）　　　　RMB 7 203 800

　贷：吸收存款——活期存款——东艺　　　　　　　　　RMB 7 203 800

例9-2 2024年8月31日，客户A持1 000美元现钞到中国银行兑换人民币现金，当日中国银行外汇牌价见表9-4。要求：编制中国银行该项业务的会计分录。

表9-4　**中国银行美元外汇牌价**

货币名称	现汇买入价	现钞买入价	现汇卖出价	现钞卖出价	中行折算价
美元	708.27	702.5	711.09	711.09	711.24
港币	90.83	90.1	91.17	91.17	91.22
日元	4.8384	4.699	4.8713	4.8878	4.9054

中国银行根据买入外币的金额登记外币账，按现钞买入价USD100=RMB702.5折算成的人民币金额登记人民币账，编制会计分录如下：

借：库存现金——美元　　　　　　　　　　　USD 1 000

　贷：货币兑换（钞买价702.5）　　　　　　　　　USD 1 000

借：货币兑换（钞买价702.5）　　　　　　　RMB 7 025.00

　贷：库存现金——人民币　　　　　　　　　　　RMB 7 025.00

例9-3 2024年8月31日，客户B到中国银行要求将其2 000美元现汇存款兑换成人民币存入其人民币活期账户，当日中国银行外汇牌价见表9-4。要求：编制中国银行该项业务的会计分录。

中国银行为客户办理现汇结汇业务，应以现汇买入价USD100=RMB708.27进行货币兑换，编制会计分录如下：

借：吸收存款——外汇活期储蓄存款——客户B　　　　USD 2 000

　贷：货币兑换（汇买价708.27）　　　　　　　　　USD 2 000

借：货币兑换（汇买价708.27） RMB 14 165.4

贷：吸收存款——活期储蓄存款——客户B RMB 14 165.4

例9-4 2024年8月31日，某进出口公司收到中国香港汇丰银行汇入的产品出口货款80 000港币，其开户行中国银行将该笔款项兑换成人民币存入该进出口公司的活期账户。当日中国银行外汇牌价见表9-4。要求：编制中国银行该项业务的会计分录。

由于该款项是由同业机构中国香港汇丰银行汇入的，中国银行为客户办理现汇结汇业务，应以现汇买入价HKD100=RMB90.83进行货币兑换，编制会计分录如下：

借：港澳及国外联行往来——中国香港汇丰银行 HKD 80 000

贷：货币兑换（汇买价90.83） HKD 80 000

借：货币兑换（汇买价90.83） RMB 72 664

贷：吸收存款——活期存款——某进出口公司 RMB 72 664

2. 售汇业务的核算

售汇是外汇指定银行将外汇卖给外汇使用者，并根据交易行为发生之日的人民币汇率收取等值人民币的行为。按照外汇管理制度的规定，境内企事业单位、机关、社会团体可在经常项目下持有效凭证用人民币到外汇指定银行，按银行挂牌汇率购汇，办理支付。银行在按规定售汇时，应填制银行售汇凭证。会计分录如下：

借：吸收存款——活期（储蓄）存款——人民币/库存现金——人民币 人民币

贷：货币兑换（卖出价） 人民币

借：货币兑换（卖出价） 外币

贷：港澳及国外联行往来——××行/库存现金——外币 外币

例9-5 2024年4月8日，东艺外贸公司需付境外一笔货款50万美元。持有关凭证到中国银行某分行申请用人民币办理兑付。经审查给予售汇。当日外汇卖出牌价为1美元=7.2507元人民币。要求：编制中国银行该项业务的会计分录。

编制会计分录如下：

借：吸收存款——活期存款——东艺 RMB3 625 350

贷：货币兑换（汇卖价7.2507） RMB3 625 350

借：货币兑换（汇卖价7.2507） USD500 000

贷：港澳及国外联行往来——中国银行 USD500 000

例9-6 2024年8月31日，客户A到中国银行以人民币现金购买1 000美元现钞，当日中国银行外汇牌价见表9-4。要求：编制中国银行该项业务的会计分录。

中国银行按钞卖价USD100=RMB711.09进行账务核算，编制会计分录如下：

借：库存现金——人民币　　RMB 7 110.90
　贷：货币兑换（钞卖价711.09）　　RMB 7 110.90
借：货币兑换（钞卖价711.09）　　USD 1 000
　贷：库存现金——美元　　USD 1 000

例9-7　2024年8月31日，客户B以在中国银行的活期存款，购买外汇4 000美元存入在该行开立的美元账户，当日中国银行外汇牌价见表9-4。要求：编制中国银行该项业务的会计分录。

中国银行按汇卖价USD100=RMB711.09进行账务核算，编制会计分录如下：

借：吸收存款——活期储蓄存款——B客户　　RMB 28 443.60
　贷：货币兑换（汇卖价711.09）　　RMB 28 443.60
借：货币兑换（汇卖价711.09）　　USD 4 000
　贷：吸收存款——外汇活期储蓄存款——B客户　　USD4 000

例9-8　2024年8月31日，某外贸公司需要进口一批原材料，通过中国银行购入外汇100 000美元汇往在美国花旗银行开户的C公司，当日中国银行外汇牌价见表9-4。要求：编制中国银行该项业务的会计分录。

中国银行为客户办理现汇售汇业务，按汇卖价USD100=RMB711.09进行账务核算，编制会计分录如下：

借：吸收存款——活期存款——某外贸公司　　RMB 711 090
　贷：货币兑换（汇卖价711.09）　　RMB 711 090
借：货币兑换（汇卖价711.09）　　USD 100 000
　贷：吸收存款——外汇活期存款——某外贸公司　　USD 100 000

3. 套汇业务的核算

（1）套汇的含义

套汇业务的具体做法是先将一种外汇的金额折算成人民币的金额，然后再将人民币的金额兑换成另一种外汇的金额。套汇包括两种情况：

一是两种货币之间的套算。一种外币兑换为另一种外币必须通过人民币进行套汇，也就是先买入一种外币，按买入价折算为人民币数额，再卖出另一种外币，把人民币数额按卖出价折算为另一种外币。

二是同种货币之间的套算，包括钞兑汇或汇兑钞，因为在汇率上，同一种外币的现钞价值和现汇价值有所不同，所以必须按兑回方法处理。

（2）套汇的具体核算

借：吸收存款——外汇活期存款——外币/库存现金——外币　套入外汇A

贷：货币兑换（A币种汇买价或钞买价） 套入外汇A

借：货币兑换（A币种汇买价或钞买价） 人民币

贷：货币兑换（B币种汇卖价或钞卖价） 人民币

借：货币兑换（B币种汇卖价或钞卖价） 套出外汇B

贷：吸收存款——外汇活期存款——外币/库存现金——外币 套出外汇B

例9-9 2024年8月31日，李阳用2 000港币现钞向中国银行兑换日元现钞，当日中国银行外汇牌价见表9-4。要求：编制中国银行该项业务的会计分录。

银行以钞买价HKD100=RMB90.1买入客户的港币现钞，再以钞卖价JPY100=RMB4.8878卖给客户日元现钞，编制会计分录如下：

借：库存现金——港币 HKD 2 000

贷：货币兑换（钞买价90.1） HKD 2 000

借：货币兑换（钞买价90.1） RMB 1 802.00

贷：货币兑换（钞卖价4.8878） RMB 1 802.00

借：货币兑换（钞卖价4.8878） JPY 36 867.30

贷：库存现金——日元 JPY 36 867.30

例9-10 2024年8月31日，中国银行应某进出口公司要求，将10 000美元现汇兑换成等值日元现汇，当日中国银行外汇牌价见表9-4。要求：编制中国银行该项业务的会计分录。

银行以汇买价USD100=RMB708.27买入客户的美元现汇，再以汇卖价JPY100=RMB4.8713卖给客户日元现汇，编制会计分录如下：

借：吸收存款——外汇活期存款——某进出口公司 USD 10 000

贷：货币兑换（汇买价708.27） USD 10 000

借：货币兑换（汇买价708.27） RMB 70 827

贷：货币兑换（汇卖价4.8713） RMB 70 827

借：货币兑换（汇卖价4.8713） JPY 1 453 965.06

贷：吸收存款——外汇活期存款——某进出口公司 JPY 1 453 965.06

4. 自营及代客户外汇买卖

自营外汇买卖是指经国家外汇管理部门批准，直接在国际金融市场上买卖外汇。自营外汇买卖集中在总行办理，一般由总行国际资金部门委托交易室买进或卖出。总行清算中心负责登记其借贷账户。

代客户外汇买卖主要是指总行接受分支行或企业单位的委托代其在国际金融市场上买卖外汇，将一种外汇兑换成另一币种的外汇。

9.3 外汇存款业务的核算

外汇存款是指单位或个人将其所持有的外汇资金存入银行，并于以后随时或约定期限存取，银行按约定支付一定利息的一项负债业务。外汇存款按存取的币种不同，有美元、英镑、欧元、日元、港币等多种货币，根据开户对象和管理要求的不同，分为甲种存款、乙种存款和丙种存款3类。其中甲种存款是单位外汇存款，乙种存款和丙种存款是个人外汇存款。单位外汇存款一般只允许开立现汇户；个人外汇存款可开立现汇户，也可开立现钞户。

9.3.1 单位外汇存款的核算

单位外汇存款的核算分存入、支取和计息3个环节。

1. 单位外汇存款开户和续存的核算

(1) 外币现钞存入的核算

由于单位外汇活期存款或外汇定期存款为现汇存款，因此存入时外币现钞应按套汇方法折算入账。

例9-11　南平公司持现钞10 000港币，要求存入其外汇活期存款港币现汇户。当天钞买价HKD100=RMB103.60，汇卖价HKD100=RMB106.70。银行作会计分录如下：

第一步将港币现钞折算成人民币，第二步将人民币折算成港币现汇。

借：库存现金　　HKD 10 000

　贷：货币兑换（钞买价103.60）　　HKD 10 000

借：货币兑换（钞买价103.60）　　RMB 10 360

　贷：货币兑换（汇卖价106.70）　　RMB 10 360

借：货币兑换（汇卖价106.70）　　HKD 9 709.47

　贷：吸收存款——外汇活期存款——南平公司　　HKD 9 709.47

(2) 国外汇入汇款或国内转汇存入的核算

如收到的是现汇，可直接办理原币转账，其会计分录为：

借：存放国外同业（或汇入汇款）　　外币

　贷：吸收存款——外汇活期存款　　外币

如汇入币种与存入币种不同，则按当日外汇牌价套汇入账。会计分录为：

借：汇入汇款　　A外币
　贷：货币兑换——汇买价　　A外币
借：货币兑换——汇买价　　人民币
　贷：货币兑换——汇卖价　　人民币
借：货币兑换——汇卖价　　B外币
　贷：吸收存款——外汇活（定）期存款——××户　　B外币

例9-12 某银行收到中国香港大华银行汇入汇款5 000港币，收款人宝来公司在银行开有美元现汇账户，套汇存入。当天汇买价HKD100=RMB105.20，汇卖价USD100=RMB827.30。银行作会计分录如下：

借：汇入汇款　　HKD 5 000
　贷：货币兑换（汇买价105.20）　　HKD 5 000
借：货币兑换（汇买价105.20）　　RMB 5 260
　贷：货币兑换（汇卖价827.30）　　RMB 5 260
借：货币兑换（汇卖价827.30）　　USD 635.80
　贷：吸收存款——外汇活期存款——宝来公司　　USD 635.80

2. 单位外汇存款支取的核算

单位支取外汇存款时，外汇活期存款支票户应凭签发的支票支取；外汇活期存款存折户应凭加盖预留印鉴的存折支取；外汇定期存款应凭存单及预留印鉴或其他约定方式到期支取。外汇定期存款到期或提前支取时，不得直接提取现金，只能转入外汇活期存款后，从外汇活期存款中支取。

（1）原币汇往国外或国内异地的核算

可直接通过有关的结算方法汇出。其会计分录为：

借：吸收存款——外汇活期存款　　外币
　贷：汇出汇款等　　外币

（2）支取货币与原存款货币不同的核算

支取货币与原存款货币不同时，需按汇买价、汇卖价套汇后办理。会计分录为：

借：吸收存款——外汇活期存款　　A外币
　贷：货币兑换——汇买价　　A外币
借：货币兑换——汇买价　　人民币
　贷：货币兑换——汇卖价　　人民币
借：货币兑换——汇卖价　　B外币
　贷：汇出汇款　　B外币

例9-13 华信公司委托银行汇付佣金1 600英镑给一个英国商人，华信公司在银行开有美元现汇存款账户。当天汇买价USD100=RMB827.20，汇卖价GBP100=RMB1 278.20。银行作会计分录如下：

借：吸收存款——外汇活期存款——华信公司　　USD 2 472.34
　贷：货币兑换（汇买价827.20）　　USD 2 472.34
借：货币兑换（汇买价827.20）　　RMB 20 451.20
　贷：货币兑换（汇卖价1 278.20）　　RMB 20 451.20
借：货币兑换（汇卖价1 278.20）　　GBP 1 600
　贷：汇出汇款　　GBP 1 600

（3）从外汇活期存款账户转存至外汇定期存款账户的核算

银行办理转存定期存款业务时，凭存款单位开立的转账支票办理。其会计分录为：

借：吸收存款——外汇活期存款　　外币
　贷：吸收存款——外汇定期存款　　外币

3. 单位外汇存款利息的核算

单位外汇活期存款、定期存款的利息的计算与处理，与人民币活期存款、定期存款的利息的计算与处理基本相同，如外汇活期存款可采用余额表按季计息，每季末月20日为结息日，结息后以原币主动入账；单位外汇定期存款的利息，存款到期采取利随本清的方法，对3个月以上的单位外汇定期存款应按季以原币种计提应付利息。

9.3.2　个人外汇存款的核算

1. 个人外汇存款开户和续存的核算

个人外汇存款的申请人开立定期或活期外币存款账户时，应填写存款凭条，提供身份证明，并应书面约定存取方式。

存款人将外币现钞存入个人外汇存款账户时，其会计分录为：

借：库存现金　　外币
　贷：吸收存款——外汇活期（或定期）存款——现钞户　　外币

境内、境外汇入的汇款或托收的外币票据收妥存入个人外汇存款现汇户时，其会计分录为：

借：汇入汇款等　　外币
　贷：吸收存款——外汇活期（或定期）存款——现汇户　　外币

2. 个人外汇存款支取的核算

个人外汇存款的存款人支取外汇存款时，须凭存折、存单、预留印鉴或书面约定的支取方式办理支取。个人外汇定期存款为记名式存单，到期凭存单支取；如提前支取，需凭存款人身份证件或有关单位的证明办理。

从个人外汇活期存款现钞户中提取外币现钞时，需填写取款凭条。其会计分录为：

借：吸收存款——外汇活期（或定期）存款——现钞户　　外币
　贷：库存现金　　外币

个人外汇定期存款现钞户到期提取外币现钞，应同时计算应计利息，一并办理转账。

个人外汇存款现汇户各种支取业务的核算同单位外汇存款。

3. 个人外汇存款利息的核算

个人外汇活期存款的利息、定期存款的利息的计算与个人人民币活期、定期储蓄存款基本相同。

9.4 外汇贷款业务的核算

外汇贷款是银行外汇资金的主要运作形式，是银行将其在境外筹集的资金、在国内吸收的外汇存款以及国家拨付的外汇资金贷放给具备贷款条件、需要外汇资金、能创造外汇收入和具有偿还能力的企业单位的一项资产业务。外汇贷款按融资方法及贷款性质的不同，可分为短期外汇贷款、进出口押汇、买方信贷外汇贷款等。

9.4.1 短期外汇贷款的核算

短期外汇贷款是企业根据业务需要，采取信用证、托收或汇款等方式，在国际市场上采购适用商品，向银行申请的额度内外汇贷款或单笔现汇贷款。贷款到期，借款单位以外汇收入或其他外汇来源偿还贷款本息。现汇贷款使用的货币由贷款人选择，借什么货币，还什么货币，并收取原币利息。短期外汇贷款期限在1年以内，采用浮动利率计息。

1. 发放贷款的核算

（1）直接转入借款单位的外汇存款账户

对外汇存款开户单位，银行应将外汇贷款直接转入其外汇存款账户。其会计分录为：

借：贷款——短期外汇贷款——某单位借款　　外币

　贷：吸收存款——外汇活期存款　　外币

（2）直接代贷款单位以外汇贷款对外支付

对非外汇存款开户单位，银行应于借款单位对外支付的同时，办理外汇贷款。其会计分录为：

借：贷款——短期外汇贷款——某单位借款　　外币

　贷：汇出汇款/存放境外同业等　　外币

如贷款货币与对外支付的货币不一致，还应通过套汇处理。其会计分录为：

借：贷款——短期外汇贷款——某单位借款　　甲种外币

　贷：货币兑换（汇买价）　　甲种外币

借：货币兑换（汇买价） 人民币
　贷：货币兑换（汇卖价） 人民币
借：货币兑换（汇卖价） 乙种外币
　贷：吸收存款——外汇活期存款/存放境外同业等 乙种外币

2. 收回贷款的核算

借款单位短期外汇贷款，必须按期偿还，也可以提前偿还或分批偿还。

（1）借款人以原币归还借款

其会计分录为：

借：吸收存款——外汇活期存款 外币
　贷：贷款——短期外汇贷款——某单位借款 外币
　　利息收入 外币

当借款单位到期不能归还借款或其存款账户金额不足以偿还借款本息时，按照逾期贷款的会计核算办法处理。

（2）借款人以人民币购汇归还借款

当借款单位以人民币购汇归还短期外汇贷款时，应凭外汇还本付息核准件，按还款日挂牌汇率购汇后偿还。其会计分录为：

借：吸收存款——活期存款 人民币
　贷：货币兑换（汇卖价） 人民币
借：货币兑换（汇卖价） 外币
　贷：贷款——短期外汇贷款——某单位借款 外币
　　利息收入 外币

（3）借款人以贷款货币以外的其他外币归还借款

当借款人以贷款货币以外的其他外币归还借款时，应通过套汇核算。其会计分录为：

借：吸收存款——外汇活期存款 还款外币
　贷：货币兑换（汇买价） 还款外币
借：货币兑换（汇买价） 人民币
　贷：货币兑换（汇卖价） 人民币
借：货币兑换（汇卖价） 贷款外币
　贷：贷款——短期外汇贷款 贷款外币
　　利息收入 贷款外币

9.4.2 进出口押汇的核算

1. 进口押汇

进口押汇是指进口商以进口货物物权作抵押，向银行申请的短期资金融通。根据结算方式的不同，进口押汇可分为信用证项下进口押汇和托收项下进口押汇两种。

进口押汇的会计核算主要包括叙做进口押汇和收回押汇垫款两个环节。“进出口押汇”是资产类科目，用以核算银行向进口商或出口商提供信用证或托收项下进口押汇款项的发放和收回。叙做进口押汇时，记入借方；收回押汇垫款时，记入贷方；余额在借方，表示已叙做进口押汇但尚未收回的数额。该科目按申请押汇单位设置明细账核算。

（1）叙做进口押汇的核算

进口商申请进口押汇时，必须填制进口押汇申请书，并提供信托收据、贸易合同和其他有关资料。银行编制会计分录：

①收取保证金时。

借：吸收存款——外汇活期存款——申请人　　外币

　贷：存入保证金——申请人　　外币

同时，表外核算：

付出：开往国外保证凭信

②收到国外联行或代理行报单及相关票证时。

借：贷款——进口押汇　　外币

　　存入保证金——申请人　　外币

　贷：存放国外同业　　外币

冲抵保证金的会计分录为：

借：应付开出信用证款项　　外币

　贷：应收开出信用证款项　　外币

同时，表外核算：

收入：国外开来保证凭信

（2）偿还押汇本息的核算

进口商向银行偿还进口押汇本息，赎取单据时，银行编制会计分录：

借：吸收存款——外汇活期存款——申请人　　外币

　贷：贷款——进口押汇　　外币

　　　利息收入——进口押汇利息收入　　外币

2. 出口押汇

出口押汇是指出口商将全套出口单据交议付行，由该行买入单据并按票面金额扣除自议付日起到预计收汇日止的利息及有关手续费，将净额预先付给出口商的一种出口融资方式。根据结算方式的不同，出口押汇可分为信用证项下出口押汇及托收项下出口押汇。

出口押汇的核算主要包括叙做出口押汇和收回押汇款两个环节的核算。

（1）叙做出口押汇的核算

银行在叙做出口押汇时，出口单位需填制出口押汇申请书，并与押汇银行签订出口押汇总质权书，明确双方的权利和义务。银行经审核同意后，按押汇之日起加上开证行付款的合理工作日，加邮程时间，加票据期限，计算押汇垫款利息，办理出口押汇手续。其会计分录为：

借：贷款——出口押汇　　外币

　贷：利息收入　　外币

　　　货币兑换　　外币

借：货币兑换　　人民币
　贷：吸收存款——活期存款——××户　　人民币

出口押汇的利率，按同档次流动资金贷款利率执行。

同时，进行表外核算：

收入：国外开来保证凭信

（2）收回押汇款的核算

押汇银行收到国外联行或代理行寄来的贷方报单时，应先考核押汇时间是否合理，然后收回出口押汇款项，会计分录为：

借：存放国外同业　　外币
　贷：贷款——出口押汇　　外币
　　手续费及佣金收入　　外币

同时，销记表外核算：

付出：国外开来保证凭信　　外币

例 9-14 飞扬服装厂3月16日将金额为USD 80 000的即期（20天后）信用证项下全套单据连同押汇申请书交中国银行上海市分行营业部（代理行），经审核单据，符合押汇要求。通过计算，该银行当天即按5.4%的年利率扣收20天的利息，并将余额按当日挂牌汇买价USD 100=RMB 676.90，转入该公司人民币存款户。其会计分录如下：

押汇利息=80 000×20÷360×5.4%=240（美元）

借：贷款——出口押汇——飞扬服装厂　　USD 80 000
　贷：利息收入　　USD 240
　　货币兑换（汇买价676.90）　　USD 79 760

借：货币兑换（汇买价676.90）　　RMB 539 895.44
　贷：吸收存款——活期存款——飞扬服装厂　　RMB 539 895.44

同时，进行表外核算：

收入：国外开来保证凭信

例 9-15 承上例，3月26日中国银行上海市分行营业部收到美洲银行（开证行）的贷记报单，金额为USD 80 200（其中USD 200为进口商支付给议付行的银行费用），中国银行在该行开有美元账户，可分散记账。经审核无误后办理转账手续。其会计分录如下：

借：存放国外同业　　USD 80 200
　贷：手续费及佣金收入　　USD 200
　　贷款——出口押汇——飞扬服装厂　　USD 80 000

同时，进行表外核算：

付出：国外开来保证凭信

9.4.3 买方信贷外汇贷款的核算

买方信贷是出口信贷的一种形式，是出口方银行直接向进口商提供的贷款，而出口商与进口商所签订的成交合同中则规定为即期付款方式。出口方银行应根据合同规定，凭出口商提供的交货单据，将货款付给出口商，同时记入进口商偿还账户内，然后由进口方按照与银行订立的交款时间，陆续将所借款项偿还出口方银行，并付给利息。其业务流程如图9-1所示。

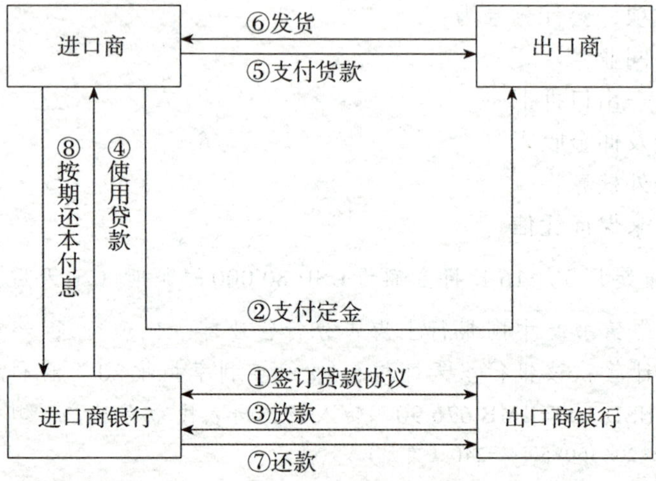

图9-1 买方信贷业务流程图

1. 获得和使用买方信贷的核算

（1）对外签订协议

对外签订协议是获得买方信贷的首要工作步骤。对外签订协议一般由总行或总行授权分行进行，不论哪种方式，总行均要建立“买方信贷用款限额登记簿”，按协议商定的金额登记用款限额台账。

（2）支付定金

买方信贷额度一般占贸易合同总额的85%，其余15%的款项需要用现汇支付，即定金。当借款单位以现汇支付定金时，其会计分录为：

借：吸收存款——外汇活期存款　　外币

　贷：存放国外同业　　外币

借款单位用人民币购买外汇支付定金时，其会计分录为：

借：吸收存款——活期存款　　人民币

　贷：货币兑换（汇买价）　　人民币

借：货币兑换（汇买价）　　外币

　贷：存放国外同业　　外币

（3）使用买方信贷的核算

①出口商银行总行对外直接办理贷款，其会计分录为：

借：贷款——买方信贷外汇贷款——××借款单位 外币

贷：借入买方信贷款——××银行 外币

②进口商银行总行收到出口商银行贷款起息通知时，开证的会计分录为：

借：全国联行外汇往来——外汇活期存款等 外币

贷：借入买方信贷款——××银行 外币

随后，按支款金额销记买方信贷用款限额登记簿。

③进口商银行分行收到进口商银行总行买方信贷起息通知时，发放贷款的会计分录为：

借：贷款——买方信贷外汇贷款 外币

贷：全国联行外汇往来——外汇活期存款等 外币

2.偿还贷款本息的核算

①进口商银行总行偿还贷款本息时，其会计分录为：

借：借入买方信贷款——××银行 外币

利息支出 外币

贷：存放国外同业 外币

同时，向借款单位收回本息。

如果借款单位以自有外汇偿还，其会计分录为：

借：吸收存款——外汇活期存款 外币

贷：贷款——买方信贷外汇贷款 外币

利息收入 外币

如果借款单位以人民币购汇偿还，其会计分录为：

借：吸收存款——活期存款 人民币

贷：货币兑换（汇买价） 人民币

借：货币兑换（汇买价） 外币

贷：贷款——买方信贷外汇贷款 外币

利息收入 外币

②进口商在分行开户，总行在对外支付后，以联行业务划付分行，其会计分录为：

借：借入买方信贷款 外币

利息支出 外币

贷：存放国外同业 外币

同时：

借：全国联行外汇往来 外币

贷：联行科目 外币

分行收到总行报单转账时，其会计分录为：

借：联行科目 外币

贷：全国联行外汇往来 外币

借：吸收存款——外汇活期存款 外币

贷：借入买方信贷款　　外币

　　利息收入　　外币

借款单位也可以购汇偿还，如未能按期归还本息，则转入“短期外汇贷款”账户，并在以后督促收回。

9.5 国际贸易结算业务的核算

国际贸易结算业务是外汇银行在国际贸易过程中为进出口贸易的双方提供资金结算等服务的业务，该业务是外汇银行的一项主要业务。

9.5.1 信用证结算方式

1. 信用证结算方式概述

国际贸易结算的基本方法有3种，即汇款、托收、信用证。信用证是一种以银行为中介、由银行承担一定风险和进行资金融通的结算方式，也是国际贸易中使用最广泛的结算方式。

一笔信用证业务，从发生到终结，大体要经过6个环节：进口商申请开证；进口商银行开证；出口商银行通知信用证；出口商受证出运；出口商银行议付及索汇；进口商赎单提货。其具体结算流程如图9-2所示。

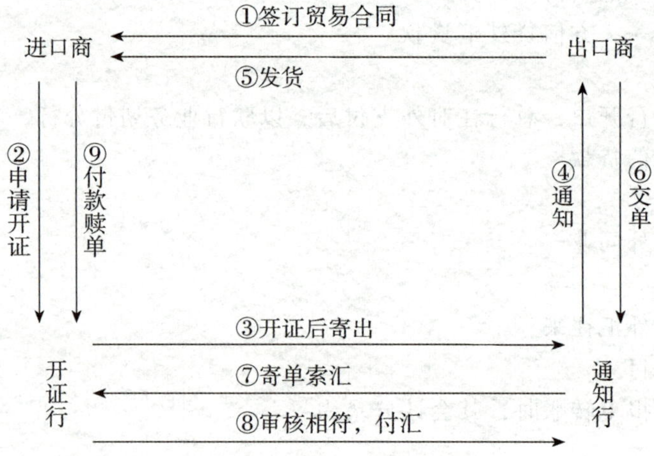

图9-2　信用证结算方式流程图

2. 信用证业务的账务处理

信用证结算方式的全部结算过程分出口信用证结算和进口信用证结算两个方面。

（1）出口信用证业务的核算

信用证项下的出口结汇，有通知、修改、议付和结汇4个环节。

①通知和修改信用证时，以表外科目核算。

通知时：

收入：国外开来保证凭信　　外币

修改信用证，要求增加金额时：

收入：国外开来保证凭信　　外币增额

修改信用证，要求减少金额时：

收入：国外开来保证凭信　　外币减额（红字）

②议付信用证时。

借：应收即（远）期信用证出口款项　　外币

　贷：代收即（远）期信用证出口款项　　外币

同时，转销表外科目：

付出：国外开来保证凭信　　外币

③结汇时。

借：代收即（远）期信用证出口款项　　外币

　贷：应收即（远）期信用证出口款项　　外币

借：存放国外同业（或其他）　　外币

　贷：货币兑换（汇卖价）　　外币

　　手续费收入　　外币

借：货币兑换（汇卖价）　　人民币

　贷：吸收存款——活期存款——××出口企业　　人民币

（2）进口信用证业务的核算

①开立信用证时。

借：应收开出信用证款项　　外币

　贷：应付开出信用证款项　　外币

同时，收取保证金：

借：吸收存款——活期存款——开证人户　　人民币

　贷：存入保证金——开证人户　　人民币

②修改信用证，要求增加金额时。

借：应收开出信用证款项　　外币增额

　贷：应付开出信用证款项　　外币增额

修改信用证，要求减少金额时：

借：应付开出信用证款项　　外币减额

　贷：应收开出信用证款项　　外币减额

③审单付款时。

借：吸收存款——外汇活期存款——开证人户　　外币

　贷：货币兑换（汇卖价）　　外币

借：货币兑换（汇卖价）　　外币

　　保证金——开证人户　　外币

　贷：存放国外同业　　外币

9.5.2 托收结算方式

1. 出口托收业务的核算

出口托收是出口单位根据买卖双方签订的贸易合约，在规定期限内备货出运后，将货运单据连同以进口买方为付款人的汇票一并送交银行，由银行委托境外代理行向进口买方代为交单和收款的一种出口贸易结算方式。

托收出口款项，一般经过两个步骤：一是托收；二是收妥。

（1）托收

借：应收出口托收款项　　外币

　贷：代收出口托收款项　　外币

或进行表外核算：

收入：应收外汇托收款项　　外币

（2）收妥

借：代收出口托收款项　　外币

　贷：应收出口托收款项　　外币

或销记表外核算：

付出：应收外汇托收款项　　外币

同时：

借：存放国外同业（或其他）　　外币

　贷：货币兑换（汇买价）　　外币

借：货币兑换（汇买价）　　人民币

　贷：吸收存款——活期存款——××托收方企业　　人民币

2. 进口代收业务的核算

进口代收是指国外出口商根据贸易合同的规定，于装运货物后，通过国外托收银行寄来单据，委托银行向进口单位收取款项的一种结算方式。

若进口业务通过代收方式进行，则银行一般在收到国外银行寄来的单据时，代进口单位办理对外付款业务。

①收到国外单据时。

借：应收进口代收款　　外币

　贷：进口代收款　　外币

或进行表外核算：

收入：代收外汇托收款项　　外币

②代公司办理对外付款业务时。

借：进口代收款　　外币

　贷：应收进口代收款　　外币

或销记表外核算：

付出：代收外汇托收款项　　外币

同时：

借：吸收存款——活期存款——××付款企业　　人民币

　贷：货币兑换（汇卖价）　　人民币

借：货币兑换（汇卖价）　　外币

　贷：存放国外同业（或其他）　　外币

9.5.3 汇兑结算方式

1. 汇出进口货款

汇出进口货款是指商业银行接受汇款人的委托，签发信用工具，委托境外代理行或异地银行解付汇款的一种结算方式。

如果商品进口货款是通过汇款的方式结算，这种汇款一般称为汇出进口货款。

①汇出时。

借：吸收存款——活期存款——××户　　人民币

　贷：货币兑换（汇卖价）　　人民币

借：货币兑换（汇卖价）　　外币

　贷：汇出汇款　　外币

②解付时。

借：汇出汇款　　外币

　贷：存放国外同业（或其他）　　外币

2. 汇入出口货款

汇入出口货款是指汇入行根据境外代理行和国内联行的电汇、信汇委托，以及受益人（收款人）提示的汇票，把汇入的汇款解付给收款人的过程。

如果国外进口商以汇款的形式将出口货款汇给我国出口商，其货款流转一般经过两个过程：一是从国外进口地银行汇入我国外汇银行；二是由我国外汇银行将汇入款项解付出口单位。

①汇入时。

借：存放国外同业（或其他）　　外币

　贷：汇入汇款　　外币

②解付时。

借：汇入汇款（汇买价）　　外币

　贷：货币兑换（汇买价）　　外币

借：货币兑换（汇买价）　　　　人民币
　　贷：吸收存款——活期存款——××户　　　　人民币

推荐阅读资料及网站

1.《国家外汇管理局外汇会计制度》
2.《国家外汇管理局关于境外上市外汇管理有关问题的通知》
3. http：//business.sohu.com

复习思考题

1. 外汇业务核算有哪些特点？
2. 外汇银行买卖外汇过程中，如何做到正确地使用“货币兑换”科目？
3. 试举出银行买进及卖出外汇的例子，并说明银行应使用汇买价、钞买价、汇卖价、钞卖价中的哪一个价格。
4. “货币兑换”分户账有哪些特殊的地方？
5. 简述个人外汇存款的分类。
6. 比较借入买方信贷款与买方信贷外汇贷款两个账户。
7. 从会计分录的角度谈谈信用证结算方式下对或有资产、或有负债的确认是如何体现的。

案例分析

从信用证结算方式到汇兑结算方式

4月16日，昆阳棉纺厂与伊拉克某织布厂签订了1 200吨两种规格的棉纱出口合同，并约定采用信用证结算方式。甲规格的棉纱800吨计划于4月25日装船运输，乙规格的棉纱400吨计划于7月至8月间装船运输（具体时间另定），双方约定由伊拉克方面针对800吨甲规格棉纱的进口贸易先行开立信用证。4月20日，昆阳棉纺厂如期收到伊拉克方面开来的信用证，金额为800万元，于是在4月25日装船运出。4月26日，昆阳棉纺厂持信用证、相关单据到开户行以出口单据为抵押申请贷款，额度为760万元，扣除的40万元为押汇垫款利息。4月30日，昆阳棉纺厂的开户银行收到伊拉克方面的银行已贷记通知书，于是进行相关会计处理。5月6日，该伊拉克织布厂以棉纱在使用过程中发现严重质量问题为由，向昆阳棉纺厂索赔100万元，经过协商，双方约定由昆阳棉纺厂向伊拉克方面多运输乙规格棉纱50吨作为补偿，并且棉纱必须先行运送到伊拉克，货到2个月后再采用汇兑结算货款的方式进行结算。

问题：

1. 上述事件涉及我国外汇银行的哪些业务和哪些经办环节？

2. 昆阳棉纺厂从信用证结算方式转为汇兑结算方式，增加了哪些损失和风险？

第9章

扫码答题

第10章 金融性公司业务的核算

学习目标

通过本章的学习，使读者了解信托、保险、租赁、证券、证券投资基金等金融性公司即非银行金融机构的主要业务及核算。

价值引领

◆怀敬业精神，执事敬、事思敬、修己以敬。

◆学习与践行精益、专注、创新的工匠精神。

专业融合

◆结合“基于谨慎性原则的要求，对超过一个租金支付期未收到的租金，应当停止确认融资收入”规定，培养谨慎细致、严肃认真的工作作风。

◆结合金融性公司业务的核算学习，培育笃定专注、精益求精、追求创新的工匠精神。

能力培养

◆以不同类型的金融性公司业务培养细心负责、多视角分析、举一反三的能力。

◆结合金融性公司业务方面的新兴事物培养坚持学习、守正创新的能力。

开篇案例13

有温度的保险

10.1 信托投资业务的核算

10.1.1 信托业务概述

1. 信托的定义

信托，具有“信用”和“委托”的双重含义，指委托人与受托人在信任的基础上，委托人将其财产权委托给受托人，由受托人按委托人的意愿以自己的名义，为受益人的利益或者特定目的进行管理或者处分的行为。

信托是以资财为核心，以信任为基础，以委托为方式的财产管理制度。

信托当事人一般有3个，即委托人、受托人、受益人。委托人是提出信托要求者，也是信托资财的所有者，其为了特定的目的，将属于自己的资金财产授权受托人代为经营与管理；受托人是接受委托人的委托，并按照委托人的指示对信托资财进行管理和处理的人；受益人是享受信托资财利益的一方，由委托人指定，可以是第三方，也可以是委托人自己，但不可以是受托人。

2. 信托的常见分类

（1）按信托业务内容划分

信托业务按业务内容的不同，可分为“信托”、“代理”和“租赁”三大类。

信托类业务是指财产所有人作为委托人，在信任的基础上，将财产委托给受托人，并要求后者按契约中的信托目的，对信托财产进行有效的管理、运用，或作妥善的处理。代理类业务是指信托行为的双方依其既定的信托目的，由一方授权另一方代为办理一定的经济事务。租赁类业务是指承租者以付出租金为代价，在一定期限内获得出租者某种物品的使用权，从而达到融资、融物的目的。

（2）按信托事项的法律立场划分

以信托事项的法律立场为标准，信托业务可以分为民事信托和商事信托。

民事信托（又称非营业信托）是指信托事项所涉及的法律依据在民事法律范围之内的信托。例如，涉及个人财产的管理、抵押、变卖，遗产的继承和管理等方面事项的信托为民事信托。

商事信托（又称营业信托）是指信托事项所涉及的法律依据在商法规定的范围之内的信托。商法主要包括公司法、票据法、海事法、保险法等。例如，公司的设立、改组、合并、兼并、解散、清算，有价证券的发行、还本付息等方面事项的信托为商事信托。

（3）按委托人划分

信托业务按委托人的不同，可分为个人信托和法人信托。

个人信托是以个人为委托人而设立的信托，如受托管理财物、代办证券投资、执行个人遗嘱等。个人信托又可分为生前信托和身后信托两种。前者是指委托人生前与信托机构签订信托契约，委托信托机构在委托人在世时就开始办理有关的事项，主要包括财产信托、代办事务信托等；后者则是指信托机构受托办理委托人去世后的各项事务，主要与执行遗嘱、遗产管理，代人寿保险者在身后领取赔款，未成年人监护等方面的事务有关。

法人信托是指由具有法人资格的企业、公司、社团等作为委托人办理的信托业务，如委托代办股票、债券，代分红利、股息，代收回债务，代办财务事项等，主要业务有证券发行信托业务、商务管理信托业务、设备（动产）信托业务和收益债券发行信托业务等。

（4）按受益对象划分

信托业务按受益对象的不同，可分为私益信托和公益信托（按受益人是否为委托人本人，亦可分为自益信托和他益信托）。

私益信托是指完全为委托人自己或其指定的受益人的利益而设定的信托。私益信托一般预先指定具体受益人。公益信托设定的目的是促进和赞助社会公益事业，其受益人是社会公众中符合特定条件的人士或团体。

（5）按信托的标的物划分

信托业务按标的物的不同，可分为资金信托、实物信托、债权信托和经济事务信托4种。

资金信托是一种以货币资金为标的物的信托业务。实物信托是一种以动产或不动产为标的物的信托业务。动产是指原材料、设备、物资、交通工具和机器等；不动产是指住宅、厂房、仓库、土地等。债权信托是以债权凭证为标的物的信托业务，如代为清理和收付债款、代收人寿保险赔款（人寿保险单也是一种债权凭证）等。经济事务信托是以委托代办各种经济事务为内容的、委托凭证为标的物的信托业务，如专利代理、会计代理。

（6）按信托关系成立的方式划分

以信托关系成立的方式为标准，信托业务可以分为自由信托和法定信托。

信托三方关系人依照信托法规，按自己的意愿自由协商而设立的信托称为自由信托。自由信托又分为契约信托和遗嘱信托。契约信托是依照委托人和受托人所订契约而设立的；遗嘱信托是依照个人遗嘱而设立的。这种信托的事务范围、处理方针等均在信托契约或遗嘱中订立明确。这种信托最为普遍。

由司法机关依其权力指派确定信托关系人而建立的信托称为法定信托。法定信托又分为鉴定信托和强制信托。鉴定信托是指信托关系的形成无明确的信托文件为依据，而由司法机关对信托财产或经济事务以及信托关系人鉴定认可；强制信托则是不考虑信托关系人的意愿，由司法机关依公平正义的原则，按照法律政策强制性建立的信托。

3. 信托业务展业合规要求

（1）受托人义务

受托人需履行尽职管理义务、财产独立义务和信息披露义务。

受托人尽职管理义务要求受托人亲自处理信托事务，积极履行多项关键职责。根据《中华人民共和国信托法》第30条的规定，受托人应当自己处理信托事务，但信托文件另有规定或者有不得已事由的，可以委托他人代为处理。受托人依法将信托事务委托他人代理的，应当对他人处理信托事务的行为承担责任。

财产独立义务强调信托财产必须实行严格的“三重隔离”，即独立于委托人固有财产、独立于受托人固有财产以及不同信托计划财产相互独立。在执行方面，需做到分账核算、单独建库以及物理隔离。

信息披露义务涵盖了定期报告和临时报告两种类型。定期报告至少需要每年进行一次，其内容应全面涵盖财产管理情况，包括：资产的运用、投资收益、成本费用等详细信息；收益分配的明细，如分配的时间、金额、方式等；风险事件，涉及已发生或潜在的风险情况及其对信托财产的影响等。临时报告则要求在重大风险事件发生后的48小时内及时发布，重点披露风险的性质，即风险的类型、来源、严重程度等；处置方案，说明信托公司为应对风险所采取的具体措施和计划；对受益人的影响，分析风险事件可能给受益人带来的损失或收益变化等情况，确保受益人能够及时了解信托财产的重要动态，以便做出合理的决策。

（2）投资者保护

投资者保护涵盖了准入性保护、过程性保护和救济性保护。准入性保护是信托业务投资者保护的首要环节，主要通过设定合格投资者标准来实现。《关于规范金融机构资产管理业务的指导意见》第5条规定了自然人投资者需满足近3年年均收入不低于40万元或者金融净资产不低于300万元的要求，法人或其他组织则需具备净资产不低于1 000万元的条件，以此确保投资者具备一定的风险承受能力。此外，信托公司要对投资者进行全面的风险评估，了解其风险偏好、投资经验及财务状况，并据此为其匹配合适的产品，且风险评估结果有效期不超过1年，以便及时更新投资者信息。

过程性保护是指信托公司需在业务开展过程中持续守护投资者权益。信息披露是关键环节，公司应保证信息真实、准确、完整、及时，募集资金前全面披露产品信息，运行期间至少每年提供详细信托报告，遇重大变动或突发事件及时披露。销售环节要遵循规范，充分揭示风险，确保销售人员具备专业资格，杜绝向非合格投资者推介产品或拆分份额突破合格投资者门槛等行为。投资运作上，严格按信托文件运用资金，深入尽职调查，科学决策，保障财产独立核算、分账管理。此外，信托公司应建立风险监测与预警体系，实时监测项目风险，发现异常时及时预警并处置。

救济性保护是投资者最后的保障。信托公司要建立投诉处理机制，提供便捷投诉渠道，及时登记处理投诉并反馈结果。当纠纷无法内部解决时，可借助外部调解或仲裁机构，通过调解、仲裁寻求公正合理的解决方案。投资者若认为信托公司存在违法违规或违约行为导致其损失，还可通过司法途径起诉，要求赔偿。

（3）财产管理规范

根据《中华人民共和国信托法》和《信托公司管理办法》规定，信托财产应遵循独立性原则和投资运作限制。独立性原则要求信托财产必须与委托人、受托人及受益人固有财产严格隔离，实行分账户管理、独立核算，禁止任何形式的财产混同或挪用。投资运作限制要求集合资金信托计划中非标债权资产不得超过信托净资产的30%，单一融资人非标债权敞口不得超过15%，且所有资产管理信托必须按公允价值逐日计量并披露净值，严禁资金池运作。

（4）风险控制体系

信托展业合规的风险控制体系由风险资本约束机制、偿付能力储备制度和系统性风险防控制度三重法定制度构成。其中，风险资本约束机制要求以业务规模乘以差异化风险系数（融资类信托0.5%~3%，投资类信托0.1%~1%）计提风险资本，确保风险资本覆盖率达到100%以上。偿付能力储备制度强制信托公司按年度税后利润5%的比例提取信托赔偿准备金，累计金额达到注册资本20%前不得停止计提。系统性风险防控制度要求信托公司制订恢复与处置计划（RRP）并按季度开展压力测试，测试场景须覆盖市场剧烈波动、流动性危机及交易对手集中违约三类极端风险情景。

4. 信托业务会计核算的特点

信托投资公司因接受信托而取得的财产，以及因信托资产的管理、处分或者其他情形而取得的财产，称为信托资产。信托资产不属于信托投资公司的自有财产，也不属于信托投资公司对受益人的负债。信托投资公司终止时，信托资产不属于其清算资产。

信托投资公司的自有资产与信托资产应分开管理、分别核算。信托投资公司管理不同类型的信托业务，应分别按项目设置信托业务明细账进行核算管理。

信托投资公司对不同信托资产按来源和运用设置相应的会计科目进行核算。

来源类科目应按类别、委托人等设置明细账，具体分为短期信托资产来源、长期信托资产来源。短期信托资产来源是指不超过1年的信托资产来源，包括短期信托存款、代扣代缴税金、待分配信托收益、应付受托人收益及应付其他受益人款项等。长期信托资产来源是指1年以上的信托资产来源，包括长期信托存款、委托存款、财产信托、公益信托、投资基金信托、有价证券信托等。

运用类科目应按其类别、使用人和委托人等设置明细账，具体分为短期信托资产运用、长期信托资产运用。短期信托资产运用是指不超过1年的信托资产运用，包括信托货币资金、拆出信托资金、短期信托贷款、短期信托投资、信托财产等。长期信托资产运用是指1年期以上的资金运用，包括长期信托贷款、委托贷款、长期信托投资、信托租赁财产等。

10.1.2　信托存款与委托存款业务的核算

拓展阅读10

信托小知识

1. 信托存款与委托存款

信托存款的资金来源基本限于非直接经营单位可自行支配的专项资金。其具体包括财政部门委托投资或贷款的信托资金，企事业主管部门委托投资或贷款的信托资金，劳动保险机构的劳保基金，科研单位的科研基金及各种学会、基金会的基金。信托存款每笔资金都单独管理、独立核算。

委托存款是指委托人将定额资金委托给信托机构，由其在约定期限内按规定用途进行营运，营运收益扣除一定信托报酬后全部归委托人所有的信托业务。它与一般的信托货币资金存在许多实质性的差异。

2. 信托存款业务的核算

客户提出申请，填写“存款委托书”后，信托机构应审查其资金来源，审查合乎规定后，与客户签订“信托存款协议书”，写明信托存款金额、期限、信托收益支付方法、指定受益人、手续费率等。信托机构为委托人开立账户，委托人将信托存款划转到信托机构开立的银行账户，信托机构签发相应存款凭证给委托人。

（1）账户设置

信托机构为全面反映和监督对信托存款的吸收、归还、付息及结余情况，应设置“代理业务负债——信托存款户”“应付利息”“利息支出”等科目。

“代理业务负债——信托存款户”属负债类科目，核算企业不承担风险的代理业务收到的款项，包括受托投资资金和受托贷款资金等。

“应付利息”属负债类科目，贷方反映应计提的存款利息，借方反映实际支付的存款利息，期末贷方余额反映应付未付利息，本科目应按存款客户设置明细科目。

“利息支出”属损益类科目，借方反映预提的应付利息或实际支付的各项利息，会计期末应将本科目借方发生额从贷方转入“本年利润”科目借方，期末无余额，本科目应按存款客户设置明细科目。

（2）账务处理

①开户时。

借：银行存款（或存放中央银行款项、吸收存款）

　贷：代理业务负债——××单位信托存款户

②计息时。

借：利息支出——××信托存款利息支出户

　贷：应付利息——××单位户

③到期支取时。

借：代理业务负债——××单位信托存款户

　　应付利息——××单位户

　　利息支出——××信托存款利息支出户

　贷：银行存款

例 10-1 2024 年 3 月 1 日，南方信托投资公司收到 B 公司存入信托存款 1 000 万元，存期 1 年，年利率 3%，采取利随本清的结息方式，2025 年 3 月 1 日 B 公司前来支取存款本金和利息。

（1）2024 年 3 月 1 日，信托投资公司接受存款的会计分录编制如下。

借：银行存款　　10 000 000

　贷：代理业务负债——B 公司信托存款户　　10 000 000

（2）2025 年 3 月 1 日，支付 B 公司到期存款的会计分录编制如下。

借：代理业务负债——B 公司信托存款户　　10 000 000
　　利息支出——信托存款利息支出户　　300 000
　贷：银行存款　　10 300 000

3. 委托存款业务的核算

客户与信托机构商定办理委托业务后，双方应签订“委托存款协议书”，标明存款的资金来源、金额、期限及双方的责任等。信托机构根据协议书为客户开立委托存款账户，由客户将委托存款资金存入在信托机构开立的银行账户，信托机构则向客户开出“委托存款单”。

（1）账户设置

信托机构为全面反映和监督委托存款业务情况，应设置“代理业务负债——委托存款户”“应付利息”“利息支出”等科目。

“代理业务负债——委托存款户”属负债类科目，贷方反映信托机构代客户向指定的单位或项目进行贷款或投资而收到客户存入的款项，借方反映归还的委托资金，期末贷方余额反映尚未归还的委托存款资金。委托存款按委托业务持续时间不同，分为长期委托存款和短期委托存款，本账户应按存款客户设置明细账户。

（2）账务处理

①开户时。

借：银行存款
　贷：代理业务负债——××单位委托存款户

②计息时。

借：利息支出——××委托存款利息支出户
　贷：应付利息——××单位委托存款户

③支取时。

借：代理业务负债——××单位委托存款户
　贷：银行存款

例 10-2 2025 年 3 月 2 日，南方信托投资公司接受 D 公司委托存款 100 万元，会计分录编制如下。

借：银行存款　　1 000 000
　贷：代理业务负债——D 公司委托存款户　　1 000 000

10.1.3　信托贷款与委托贷款业务的核算

1. 信托贷款与委托贷款

信托贷款是指信托机构运用自有资金、信托存款或筹集的其他资金，对自行审定的企业和项目，自主发放贷款的业务。其性质与用途与银行贷款相似，但更灵活、方便、及时。信托贷款的用途主要是解决企业单位某些正当、合理，但银行限于制度规定无法支持的资金需求。

委托贷款是指信托机构接受委托人委托，在委托人存入的委托存款额度内，按委托人指定的对象、用途、期限、利率及金额发放贷款，监督使用并到期收回本息的业务。

2. 信托贷款业务的核算

借款单位向信托机构提出申请后，由信托机构进行审查。审查决定贷款后，由借款单位出具借据，并按要求出具贷款担保，然后与信托机构签订“信托借款合同”，合同写明贷款的金额、期限、利率等。贷款到期，信托机构收回本息。如借款单位确有困难不能还款，应在到期前提出申请，有担保的还需原担保单位承诺担保，然后经信托机构审查同意办理一次续展，续展期最长不超过半年。

（1）账户设置

“贷款——信托贷款”属于资产类科目，核算信托项目管理运用、处分信托财产而持有的各项贷款。借方登记信托机构发放的信托贷款本金，贷方登记收回的信托贷款本金，期末借方余额表示发放的信托贷款的余额。贷款具体分为期限不超过一年的短期信托贷款和一年期以上的长期信托贷款，本科目应按贷款单位进行明细核算。

“应收利息”属于资产类科目，本科目核算信托项目应收取的利息，包括债券投资、拆出资金、贷款、买入返售证券、买入返售信贷资产计提的利息等。借方登记信托机构应向借款单位收取的利息，贷方登记实际收回或预收的利息，期末借方余额表示应收未收利息。本科目应按往来客户设置明细账。

“利息收入”属于损益类科目，贷方登记发生的各项贷款利息收入，期末贷方余额结转“本年利润”贷方，结转之后无余额，本科目应按往来客户设置明细账。

（2）账务处理

①开户时。

借：贷款——××单位信托贷款户

　　贷：银行存款（或吸收存款）

②计息时。

借：应收利息——××贷款利息收入户

　　贷：利息收入

　　　　应交税费——应交增值税——销项税额

③收回时。

借：银行存款

　　贷：贷款——××单位信托贷款户

　　　　应收利息——××贷款利息收入户

例10-3 南方信托投资公司贷放给A公司信托贷款300万元，年利率6.5%，期限1年，采取利随本清的结息方式，发放贷款的会计分录编制如下。

借：贷款——A公司信托贷款户　　3 000 000

　贷：银行存款　　3 000 000

到期收回贷款本息的会计分录编制如下：

借：银行存款　　3 195 000

　贷：贷款——A公司信托贷款户　　3 000 000

　　利息收入——A公司信托贷款利息户［（3 000 000×6.5%）÷1.06］　　183 962.26

　　应交税费——应交增值税——销项税额　　11 037.74

3. 委托贷款业务的核算

由委托人向信托机构提出办理委托贷款的申请，信托机构审查同意后与委托人签订委托贷款合同。委托人按合同向信托机构交存委托基金，信托机构为其开立委托存款户，专项存储。信托机构按委托人指定的对象或项目、金额、期限及利率等发放贷款，并督促借款单位按期归还贷款。委托期满，信托机构将已收回的委托贷款和尚未发放的委托存款退回委托人，并收取规定的手续费。手续费按委托金额和期限征收，手续费率每月最高不超过3‰，付款方式、时间由双方商定。

（1）账户设置

“代理业务资产——委托贷款”属资产类科目，核算信托机构接受客户委托代理发放的贷款。借方反映委托贷款的发放，贷方反映委托贷款的收回，期末借方余额反映委托贷款实有额。本科目应按委托单位设置明细账。

“应付利息”属负债类科目，贷方反映受托方交来的应付给委托方的委托贷款利息（不含受托方按合同规定收取的手续费），借方反映交付给委托人的委托贷款利息，期末贷方余额反映已收回但尚未交给委托方的委托贷款利息，是信托机构的一项短期债务，本科目应按委托单位设置明细账。

“手续费及佣金收入”为损益类科目，核算信托机构收取的手续费，贷方反映各项手续费收入，期末将贷方余额结转“本年利润”科目贷方，结转之后该科目应无余额。

（2）账务处理

①发放贷款时。

借：代理业务资产——××单位委托贷款户

　贷：银行存款

②收取手续费时。

借：银行存款

　贷：手续费及佣金收入

　　应交税费——应交增值税——销项税额

③结息时。

借：应付利息——××单位户

　贷：银行存款

④到期收回时。

借：银行存款

　贷：代理业务资产——××单位委托贷款户

例 10-4 南方信托投资公司接受B公司委托，贷放给天贸公司委托贷款150万元，贷款期限1年，年利率为7%。双方约定信托投资公司在放款时按照贷款金额的1.5%收取手续费。

（1）放款时的会计分录编制如下：

借：代理业务资产——天贸公司委托贷款户	1 500 000	
贷：银行存款		1 500 000

（2）收取手续费的会计分录编制如下：

借：银行存款	22 500	
贷：手续费及佣金收入		21 226.42
应交税费——应交增值税——销项税额		1 273.58

（3）贷款到期时，信托公司代为收回贷款本息，会计分录编制如下：

借：银行存款	1 605 000	
贷：代理业务资产——天贸公司委托贷款户		1 500 000
应付利息——B公司户		105 000

10.1.4 信托投资与委托投资业务的核算

1. 信托投资与委托投资

信托投资是指信托机构以投资者身份，直接参与企业的投资及其经营成果的分配，并承担相应的经济责任的业务。其资金主要来源于信托机构的自有资金及各种信托存款而非委托投资用于明确的投资对象的专项资金。信托投资包括短期信托投资和长期信托投资。短期信托投资指能够随时变现并且持有时间不准备超过1年的信托投资，包括股票、债券、基金等；长期信托投资是指短期信托投资以外的信托投资，包括股权投资、债权投资等。

委托投资是指委托人将资金事先存入信托机构作为委托投资基金，委托信托机构按其指定的对象、方式进行投资，并对资金的使用情况、被投资企业的经营管理和利润分配等进行管理和监督的业务。委托投资既可以直接投资于企业，也可用于购买股票、债券等有价证券。

2. 信托投资业务的核算

信托投资通过“交易性金融资产”和“其他债权投资”等科目进行核算。

（1）交易性金融资产的核算

“交易性金融资产”科目核算企业为交易目的所持有的债券投资、股票投资、基金投资等交易性金融资产的公允价值。

信托投资公司对外投资取得交易性金融资产的，按其公允价值，编制如下会计分录。

借：交易性金融资产——成本

　　投资收益——交易费用

　　应收利息或应收股利

　贷：银行存款（或存放中央银行款项、结算备付金）

对交易性金融资产持有期间被投资单位宣告发放的现金股利，或在资产负债表日按分期付息、一次还本债券投资的票面利率计算的利息，编制如下会计分录：

借：应收股利（或应收利息）

　贷：投资收益

资产负债表日，按交易性金融资产的公允价值高于其账面价值的差额，编制如下会计分录：

借：交易性金融资产——公允价值变动

　贷：公允价值变动损益

若公允价值低于其账面价值，做相反的分录。

信托投资公司出售交易性金融资产，编制如下会计分录。

借：银行存款（或存放中央银行款项、结算备付金）（实际收到的金额）

　贷：交易性金融资产——成本

借记或贷记“交易性金融资产——公允价值变动”科目，按借贷方的差额，借记或贷记“投资收益”科目，同时将原计入该金融资产的公允价值变动转出，贷记或借记“公允价值变动损益”科目，贷记或借记“投资收益”科目。

（2）其他债权投资的核算

“其他债权投资”科目核算信托投资公司持有的既可能持有至到期收取合同现金流量，也可能在到期之前出售的债权投资。本科目设置“成本”“利息调整”“应计利息”“公允价值变动”等明细科目核算。

信托投资公司取得其他债权投资，编制如下会计分录。

借：其他债权投资——成本（面值）

　　应收利息（支付的价款中包含的已到付息期但尚未领取的利息）

　贷：银行存款（或存放中央银行款项、结算备付金）

按借贷方差额，借记或贷记“其他债权投资——利息调整”科目。

其他债权投资为一次还本付息债券的，应于资产负债表日按票面利率计算确定的应收未收利息，编制如下会计分录：

借：其他债权投资——应计利息

　贷：投资收益（按其他债权投资的摊余成本和实际利率计算确定的利息收入）

按借贷方差额，借记或贷记“其他债权投资——利息调整”科目。

资产负债表日，按其他债权投资的公允价值高于其账面余额的差额，编制如下会计分录：

借：其他债权投资——公允价值变动

　贷：其他综合收益

公允价值低于其账面余额的，做相反的会计分录。

确定其他债权投资发生减值时，编制如下会计分录：

借：信用减值损失（减记的金额）

　贷：其他综合收益

按借贷方差额，借记或贷记“其他债权投资——公允价值变动”科目。

对于已确认减值损失的其他债权投资，在随后的会计期间内公允价值已上升且客观上与确认原减值损失事项有关的，应按照原确认的减值损失，编制如下会计分录：

借：其他债权投资——公允价值变动

　贷：信用减值损失

出售其他债权投资，应按实际收到的金额，编制如下会计分录：

借：银行存款（或存放中央银行款项、吸收存款）

　贷：其他债权投资——成本

　　　　　　　　——公允价值变动（或借记）

　　　　　　　　——利息调整（或借记）

　　　　　　　　——应计利息

按应从所有者权益中转出的公允价值累积变动额，借记或贷记“其他综合收益”科目，按其差额贷记或借记“投资收益”科目。

3. 委托投资业务的核算

（1）账户设置

“代理业务资产——委托投资”属于资产类科目，核算信托机构接受客户委托代理客户进行的投资。借方反映受客户委托投出的资金，贷方反映收回的投资，期末借方余额反映尚未收回的委托投资。本科目按委托单位和投资种类设置明细账。

“手续费及佣金收入”为损益类科目，核算信托机构收取的手续费。贷方反映各项手续费收入，期末将贷方余额结转至“本年利润”科目贷方，结转之后无余额。

（2）账务处理

委托投资时：

借：银行存款

　贷：代理业务负债——××单位委托存款户

借：代理业务资产——委托投资——××投资单位户

　贷：银行存款

分红时：

借：银行存款

　贷：代理业务负债——××单位委托存款户

收取手续费时：

借：银行存款

　贷：手续费及佣金收入

　　　应交税费——应交增值税——销项税额

例10-5 南方信托投资公司接受A公司存入资金300万元，投资于C公司，经协商，信托投资公司收取投资额2%的手续费。

（1）收到投资资金时，编制如下会计分录。

借：银行存款	3 000 000	
贷：代理业务负债——A公司委托存款户		3 000 000

（2）对外投资时，编制如下会计分录。

借：代理业务资产——委托投资——C公司户	3 000 000	
贷：银行存款		3 000 000

（3）收取手续费时，编制如下会计分录。

借：银行存款	60 000	
贷：手续费及佣金收入		56 603.77
应交税费——应交增值税——销项税额		3 396.23

10.2

保险业务的核算

开篇案例14

银行保险销售违规频发：监管重拳出击，维护金融秩序

10.2.1　保险业务概述

1. 保险的概念

从经济学角度来讲，保险本质上是指在参与平均分担损失补偿的单位或个人之间形成的一种分配关系。

本章核算的是商业保险行为。商业保险，即保险双方当事人自愿订立合同，由投保人交纳保险费，用于建立保险基金，当被保险人发生合同约定的财产损失或人身事件时，保险人履行赔付或给付保险金的义务。《中华人民共和国保险法》第一章第二条给保险下的定义是：“本法所称保险，是指投保人根据合同约定，向保险人支付保险费，保险人对于合同约定的可能发生的事故因其发生所造成的财产损失承担赔偿保险金责任，或者当被保险人死亡、伤残、疾病或者达到合同约定的年龄、期限等条件时承担给付保险金责任的商业保险行为。”

拓展阅读11

保险的起源

2. 保险的分类

保险可按照不同的标准进行分类，下面简要说明几种主要的分类方法。

（1）按保险保障范围分

根据保险分业经营的原则，《中华人民共和国保险法》按照保险保障范围的不同将保险分为财产保险和人身保险两大类。这是最基本的分类方法。

财产保险是指以财产及其有关利益为保险标的，因保险事故的发生导致财产损失，以金钱或实物进行补偿的一种保险。财产保险有广义和狭义之分。广义的财产保险是人身保险之外的一切保险业务的统称。狭义的财产保险专指财产损失保险。本章阐述的是广义的财产保险。它是与人身保险相对应的概念。财产保险主要包括财产损失保险、责任保险和信用保险3种。

人身保险是指以人的寿命和身体作为保险标的，当被保险人在保险期间内因保险事故的发生导致伤、残、死亡或者生存至保险期满时，由保险人给付保险金的保险。根据保障范围的不同，人身保险可以分为人寿保险、意外伤害保险、健康保险3种。

（2）按照业务承保方式分

按照保险业务的承保方式不同，保险可以分为原保险、再保险和共同保险。

① 原保险。

原保险是再保险的对称，是指保险人直接承保并与投保人签订保险合同，构成保险人权利和义务的保险。它是由投保人与保险人之间直接签订保险合同而形成的保险关系，即投保人将风险转嫁给保险人。

② 再保险。

再保险简称分保，是指保险人在直接承保合同的基础上，通过签订分保合同，将其所承保的部分风险和责任向其他保险公司进行保险的行为，即对保险人的保险。

③ 共同保险。

共同保险也称共保，是指投保人与两个以上保险人之间，就同一可保利益，对同一危险缔结保险合同的一种保险。

3. 保险业务会计核算的特点

保险公司作为金融机构体系的重要组成部分，其业务既有别于一般的工商企业，也不同于其他金融企业。具体来讲，保险公司业务核算的特点主要包括以下几点：

（1）分业经营，分别核算

保险业务需要按险种类别分别独立建账，独立核算盈亏。因为我国的保险业务主要有财产保险业务、人身保险业务和再保险业务三大类，所以保险公司对财产保险业务、人身保险业务和再保险业务应分开经营，分别进行会计核算。

（2）会计要素的构成具有特殊性

保险公司的流动资产中实物形态资产所占的比例很小，以存放同业、债券等形式进行的投资是其保险基金的主要运用形式。而且，保险公司必须将其注册资本总额的20%作为法定保证金存入保险监督管理部门指定的银行，除公司清算时用于清偿债务外，不得动用。

保险公司的所有者权益项目，除和其他企业具有相同的内容外，还包括按规定从税后利润中提取的总准备金，应在资产负债表中单独列示。随着保险公司经营业务活动的开展，各种准备金逐渐积累，使保险公司最初的资本性质发生了改变。

保险公司的负债，既包含一般的结算性、金融性负债，也包含为履行其未来理赔或给付责任而从保费中提存的准备金。不同种类的保险，准备金也不同。

保险公司的营业利润与一般企业不同，保险公司的营业利润是营业收入减营业支出、准备金提转差，以及加减由于投资和筹资而发生的收支项目后的余额。由于各准备金的估计与调整难以客观准确，其估计的变动会对年度利润产生较大影响。准备金提存过多，将使利润降低并形成秘密公积，导致各年度的利润不具可比性。

（3）实行按会计年度和按业务年度两种损益结算方法

大部分保险业务按会计年度结算损益。有些保险业务按业务年度结算损益，即实行多年期结算损益，年限根据业务性质确定，非结算年度的收支差额，作为长期责任准备金提存，不确认利润，并于下年转回滚存，到结算年度终止时结算损益。通常，长期工程险、再保险等业务按这种方法结算损益。

（4）保险公司年度决算的重点是估算负债

保险公司年度决算的重点是估算负债，即保险公司为履行其未来理赔或给付责任而从所收取的保费中提存的各种准备金，是保险公司独有的负债，占其负债总额的比例较大。其各项准备金提存转回的数额估算得准确与否，不仅影响保险公司的负债水平，而且还会对保险公司营业利润的确定及利润水平产生重大影响。因此，对各项准备金的估算成为保险公司年度决算的重要内容。

10.2.2　财产保险业务的核算

1. 财产保险收入的核算

（1）保费收入的核算

为了核算保费收入，应设置“保费收入”“应收保费”“预收保费”“保户储金”等科目。各科目应按险种或投保人分别设置明细账，进行明细分类核算。

①直接交纳保费的核算。

签发保险单时，直接交纳保费的，会计部门根据业务部门交来的财产险保费日报表、保费收据存根和银行收账通知办理转账。按实际价款，借记“库存现金（或存放同业）”科目，贷记“保费收入”科目。

②预收保费的核算。

如果发生保险客户提前交费或交纳保费在前、承担保险责任在后的业务，则应作为“预收保费”处理，到期再转入“保费收入”科目。会计部门根据业务部门交来的财产险保费日报表和保费收据存根，以及银行收账通知进行账务处理。

按实际价款借记“存放同业”科目，贷记“预收保费”科目。保费收入实现时，借记“预收保费”科目，贷记“保费收入”科目。

③分期交费的保费核算。

经保险公司同意可以分期交纳保费时，保险单一经签单，全部保费均应作为“保费收入”处理，未收款的部分则作为“应收保费”递延，待下期收款时再冲销。

首期收款并发生应收保费时，借记“存放同业”“应收保费”科目，贷记“保费收入”科目；以后每期收到应收保费时，借记“存放同业”科目，贷记“应收保费”科目。

④保户储金收益转作保费收入的核算。

财产保险业务中的两全保险，投保人在投保时一次性交存保险储金，保险公司可将该保险储金进行再投资，取得的投资收益作为保费收入，保险期满，投保人到保险公司领回投保时所交纳的全部保险储金。

收到保户储金时，借记“存放同业”科目，贷记“保户储金”科目。每年计算利息时，借记“应收利息”科目，贷记“保费收入”科目。还本付息时，借记“存放同业”科目，贷记“应收利息”“保费收入”科目；同时，借记“保户储金”科目，贷记“存放同业”科目。

⑤中途加保或退保的核算。

保单签发后至期满前，由于保险标的升值、财产重估或企业关、停、并、转等原因，经业务部门审查同意并签发批单后，保户中途可以要求加保或退保。中途加保保费收入的核算，与投保时保费收入的核算相同。中途退保或部分退保，应按已保期限与剩余期限的比例计算退保费，退保费直接冲减保费收入，借记“保费收入”科目，贷记“存放同业（或库存现金）”“应收保费”科目。

（2）追偿款收入的核算

追偿款收入是指公司向赔款事故责任人追回的保险赔款。从理论上讲，追偿款并不是一项收入，而是对赔款支出的一种抵减。但是，在会计实务中，保险公司应将追偿款作为收入处理。

为了核算追偿款收入，保险公司应设置“追偿款收入”科目。保险公司收到追偿款时，借记“存放同业”等科目，贷记“追偿款收入”科目。期末，将“追偿款收入”科目的余额转入“本年利润”科目，借记“追偿款收入”科目，贷记“本年利润”科目。

保险公司财产保险收入除上述内容以外，还有投资收益、利息收入及其他收入等内容，这几项内容的核算与一般企业相关内容的核算基本相同。

2. 财产保险支出的核算

财产保险支出主要包括保险公司的赔款支出、手续费支出和税金及附加、利息支出、其他支出以及提取保险保障基金等内容。

（1）赔款支出的核算

为了核算赔款支出，保险公司应设置“赔款支出”“预付赔款”等科目。各科目应按险种设置明细账，进行明细分类核算。

理赔业务发生后，理赔人员应及时计算出赔偿金额，填制赔款计算书，连同被保险人签章的赔款收据送交会计部门。会计部门接到业务部门的赔款计算书后，认真审查有关内容，审查无误后，根据不同的情况分别处理。

对于保险赔案清楚、能及时结案的，借记“赔款支出”科目，贷记“存放同业（或库存现金）”科目。对于按估计损失的一定比例预付部分赔款的，预付部分赔款时，借记“预付赔款”科目，贷记“存放同业（或库存现金）”科目；损失核定后，保险公司支付剩余赔款时，借记“赔款支出”科目，贷记“预付赔款”“存放同业（或库存现金）”科目。

保险财产遭受保险事故后，在多种情况下，不是完全灭失，而是部分受损，物资还具有一定程度的利用价值，称为损余物资。损余物资一般应合理作价归被保险人所有，并在赔款中予以扣除。如果被保险人不愿意接受，保险公司应按全损赔付，损余物资归保险公司处理，处理损余物资的收入冲减赔款支出。损余物资在没有处理前，要妥善保管，要设置“损余物资登记簿”进行登记。

在保险理赔过程中，对于错赔或骗赔案件，一经发现，要认真查处并追回赔款。对于追回的赔款，要冲减相应的赔款支出。

（2）其他费用的核算

手续费支出是指保险公司向受其委托在其受托范围内代理保险业务的保险代理人支付的代理手续费。手续费支付的比例不得超过实收保费的8%，通过“手续费支出”科目核算。发生手续费支出时，借记“手续费支出”科目，期末，将该科目的手续费支出从其贷方转入“本年利润”科目，结转后“手续费支出”科目无余额。

税金及附加的核算与一般企业的税金及附加的核算基本相同。

3. 财产保险准备金的核算

财产保险准备金是保险公司为履行其承担的保险责任或者备付未来赔款，从收取的保险费中提存的资金准备。金融企业的会计制度规定，财产保险业务提存的准备金包括未决赔款准备金、未到期责任准备金和长期责任准备金。

（1）未决赔款准备金的核算

未决赔款准备金是指保险公司在会计期末为本期已发生的保险事故应付未付赔款所提存的一种准备金。一般包括3种情况：一是未决赔案应提存的未决赔款准备金，是指被保险人已提出保险赔款但保险公司与索赔人就案件是否属于保险责任范围、赔款额等事项尚未达成协议的案件，其准备金金额可分别采用逐案估计法、平均值估计法和赔付率法3种方法估计；二是已决未付赔案应提存的已决未付赔款准备金，是指索赔案件已理算完结，应赔金额已确定，但尚未赔付或尚未支付全部赔款的案件，其赔款准备金只需逐笔计算即可；三是已发生保险事故但尚未报告的赔案应提存的已发生未报告赔款准备金，其准备金数额的估计比较复杂，一般以经验数据为基础。

提存和转回准备金应分别核算，通常设置“未决赔款准备金”、“提存未决赔款准备金”和“转回未决赔款准备金”3个科目。

本年年末提存未决赔款准备金时，借记“提存未决赔款准备金”科目，贷记“未决赔款准备金”科目；转回上年未决赔款准备金时，借记“未决赔款准备金”科目，贷记“转回未决赔款准备金”科目；将本年提存的未决赔款准备金冲减当年收益时，借记“本年利润”科目，贷记“提存未决赔款准备金”科目；将转回的上年未决赔款准备金转为当年收益时，借记“转回未决赔款准备金”科目，贷记“本年利润”科目。

（2）未到期责任准备金的核算

根据权责发生制和配比原则，保险公司应将入账保费分为已赚保费和未赚保费，并分别对应当年责任和下一年度未满期责任分两年入账。针对下一年度未满期责任，要将未赚保费从入账保费中减去，转入下一会计年度，进而建立起相应的责任准备金，这就是未到期责任准备金。

为了正确地反映和监督未到期责任准备金的提存、转回等情况，通常设置“未到期责任准备金”、“提取未到期责任准备金”和“转回未到期责任准备金”3个科目。

（3）长期责任准备金的核算

长期责任准备金是保险公司针对长期财产保险业务，为应付保险期内的保险责任和有关费用而提存的准备金。根据稳健性原则，长期财产保险业务按业务年度结算损益。长期责任准备金在未到结算损益年度之前，按业务年度的营业收支差额提存，即根据长期财产保险业务取得的收入扣除相关费用后的差额提存。

核算长期责任准备金通常设置“长期责任准备金”“转回长期责任准备金”“提存长期责任准备金”3个科目。核算方法与前述两项准备金相同。

10.2.3 人身保险业务的核算

人身保险业务的核算具体分为人寿保险业务的核算和健康保险业务的核算。

1. 人寿保险业务的核算

（1）保费收入的核算

为了核算人寿保险业务的保费收入，应设置“保费收入”和“预收保费”科目。保险业务发生时，会计部门根据业务部门送来的“保费日结单”及所附的收据存根和现金，经审查无误后，办理转账，借记“库存现金（或存放同业）”科目，贷记“保费收入”科目。如收到的保费中包括保险客户的提前交费，应作为预收保费处理，到期再转入保费收入，借记“库存现金（或存放同业）”科目，贷记“预收保费”科目；保费收入实现时，借记“预收保费”科目，贷记“保费收入”科目。

（2）保险金给付的核算

当被保险人发生保险事故时，人寿保险公司有义务根据保险契约的约定给付保险金。

①满期给付的核算。

满期给付是指被保险人在保险期满后，按照保险合同的规定，从保险人处领取保险金。满期给付保险金既可以按一次性方式领取，也可以选择有利于领取人的其他方式，如按分期支付的方式领取。

为了核算满期给付，保险公司应设置“满期给付”科目。发生满期给付时，借记该科目。期末，将该科目余额转入“本年利润”科目，结转后该科目无余额。被保险人生存到期满，按保险条款规定支付保险金时，借记“满期给付”科目，贷记“库存现金”科目；在保险合同规定的交费宽限期发生满期给付时，借记“满期给付”科目，贷记“保费收入”、“利息收入”和“库存现金”等科目；期末，将“满期给付”科目余额转入“本年利润”科目，借记“本年利润”科目，贷记“满期给付”科目。

②死伤医疗给付的处理。

死伤医疗给付是指被保险人在保险期限内因发生疾病而导致的医疗费用或者导致伤残、死亡，按保险合同规定给付的保险金。

为了核算死伤医疗给付，应设置“死伤医疗给付”科目。该科目应设置“死亡给付”和“医疗给付”两个明细科目。发生死伤医疗给付时，应借记该科目。期末，应将该科目余额转入“本年利润”科目，结转后该科目无余额。

被保险人在保险期内发生保险责任范围内的死亡、意外伤残、医疗事故而按保险责任支付保险金时，借记“死伤医疗给付”科目，贷记“库存现金”科目；在保险合同规定的交费宽限期发生死伤医疗给付时，借记“死伤医疗给付”科目，贷记“保费收入”、“利息收入”和“库存现金”等科目；期末，将“死伤医疗给付”科目余额转入“本年利润”科目，借记“本年利润”科目，贷记“死伤医疗给付”科目。

③年金给付的处理。

年金给付是人寿保险公司年金保险业务的被保险人生存至规定年龄，按保险合同约定支付给被保险人的给付金额。

为了核算年金给付，应设置“年金给付”科目。“年金给付”科目为损益类科目。发生年金给付时，应借记该科目。期末，应将该科目的余额转入“本年利润”科目，结转后该科目无余额。

被保险人生存至规定年龄，按保险合同条款规定支付年金时，借记“年金给付”科目，贷记“库存现金”科目；期末，将“年金给付”科目余额转入“本年利润”科目，借记“本年利润”科目，贷记“年金给付”科目。

(3) 保户利差支出的核算

以预计死亡率、利率和费率为依据计算确定的保费标准通常与实际情况不一致。保险费过剩实质上是对保户利益的占有。因此，我国人寿保险公司推出了利差返还型寿险产品，当实际利率高于预定利率时，实际利率高于预定利率的差额对寿险责任准备金会产生利息，保险人将这部分利息返还给保单持有人。

为了核算保户利差支出，应设置“保户利差支出”科目。“保户利差支出”科目为损益类科目。发生保户利差支出时，应按保险精算部门计算的应支付给保户的利差，借记该科目。期末，应将该科目余额转入“本年利润”科目，结转后该科目无余额。

期末，按清算部门提供的应付保户利差金额办理转账，借记“保户利差支出”科目，贷记“应付保户利差”科目；实际支付利差时，借记“应付保户利差”科目，贷记“库存现金”科目；期末，将“保户利差支出”科目余额转入“本年利润”科目，借记“本年利润”科目，贷记“保户利差支出”科目。

(4) 佣金支出的核算

佣金支出是指保险公司向专门从事寿险营销业务的代理人支付的佣金，其金额按不超过实收保费的8%确定。其核算通过“佣金支出”科目进行，该科目属于损益类科目。期末，应将该科目余额转入“本年利润”科目，结转后该科目无余额。

发生佣金支出时，借记“佣金支出”科目，贷记“库存现金”科目；期末，将发生的佣金支出转入“本年利润”科目，借记“本年利润”科目，贷记“佣金支出”科目。

(5) 寿险责任准备金的核算

寿险责任准备金是保险公司收入的净保费和利息与寿险合同中所规定的当年应承担给付义务之间的差额。为了核算寿险责任准备金的提存、转回等情况，应设置“寿险责任准备金”、“提存寿险责任准备金”和“转回寿险责任准备金”3个科目。

年末提存寿险责任准备金时，借记“提存寿险责任准备金”科目，贷记“寿险责任准备金”科目；保户需要转移保险关系时，借记“寿险责任准备金”科目，贷记“存放同业”科目；转回本年度寿险责任准备金时，借记“寿险责任准备金”科目，贷记“转回寿险责任准备金”科目。

2. 健康保险业务的核算

（1）健康保险业务收支的核算

短期健康保险业务的收支核算与财产保险业务的核算方法基本相同。长期健康保险业务的收支核算与人寿保险业务的核算方法基本相同。

（2）长期健康险责任准备金的核算

为了核算长期健康险责任准备金的提存、转回等情况，保险公司应设置“长期健康险责任准备金”、“提存长期健康险责任准备金”和“转回长期健康险责任准备金”3个科目。

会计年度末按规定提取长期健康险责任准备金时，借记“提存长期健康险责任准备金”科目，贷记“长期健康险责任准备金”科目；年终决算，按规定将上年长期健康险责任准备金的账面余额转回时，借记“长期健康险责任准备金”科目，贷记“转回长期健康险责任准备金”科目；年终决算，按规定结转利润时，借记“本年利润”科目，贷记“提存长期健康险责任准备金”科目，同时，借记“转回长期健康险责任准备金”科目，贷记“本年利润”科目。

10.2.4　再保险业务的核算

1. 再保险业务核算的特点

再保险业务涉及分入业务和分出业务，对于同一笔再保险业务，同时涉及分保分出人的核算和分保接受人的核算。

再保险业务资金结算是在保险公司之间进行的，一般通过分保分出人编制的分保账单进行。分保账单是分保分出人与分保接受人核算分保业务的主要凭证，一般按季编制，账单中一般载明分保手续费、分保赔款、分保准备金、分保费等内容，根据账单中借贷方的差额确定是应收还是应付。

对于分保分出人来说，再保险业务主要核算分出保费、摊回分保赔款、摊回分保费用、存入分保准备金、分保业务往来等内容。对于分保接受人来说，再保险业务主要核算分保费收入、分保赔款支出、分保费用支出、存出分保准备金、分保业务往来等内容。上述内容的核算均根据分保分出人编制的分保账单进行。再保险业务按业务年度结算损益，不提取未到期责任准备金。

再保险业务，特别是分入业务，对赔案的处理需要时间，且分保费收入、准备金扣存和返还也需要延续若干个会计年度，一般为3~5年，甚至更长时间。为正确核算损益，再保险业务的会计核算采用3年期业务年度核算方法。

3年期业务年度核算法是指每一个业务年度的分保账务需延续两个会计年度，在第三个会计年度末核算经营成果。实行3年期业务年度核算法，每个业务年度的损益在第一个、第二个会计年度时先不体现，在会计年度终了时，根据收支余额，提存长期责任准备金，并滚转到下一个会计年度。至第三个会计年度，在年末按未了责任提存未决赔款准备金，将责任转移到下一个业务年度，以结束该业务年度的账务。采用3年期业务年度核算法，分保业务收支在每个业务年度分别设立3个会计年度核算（其中两个开放年度，一个结算年度），其他业务收支记入与会计年度相同的业务年度账。若某业务年度未到结算年度，出现收不抵支的情况，即该业务年度提存的长期责任准备金出现红字时，则提前结算损益。

2. 分出再保险业务的核算

（1）科目设置

①“应收分保账款”科目。

“应收分保账款”是资产类科目，用于核算保险公司从事再保险业务应收取的款项。其借方登记再保险业务发生的应收未收款项的增加，贷方登记再保险业务发生的应收未收款项的减少；期末余额在借方，反映保险公司从事再保险业务应收而尚未收取的款项。该科目可按再保险分出人或再保险接受人和再保险合同进行明细核算。

②“应付分保账款”科目。

“应付分保账款”是负债类科目，用于核算保险公司从事再保险业务发生的应付未付的款项。其贷方登记再保险业务发生的应付未付款项的增加，借方登记再保险业务发生的应付未付款项的减少；期末余额在贷方，反映保险公司从事再保险业务应付而尚未支付的款项。该科目可按再保险分出人或再保险接受人和再保险合同进行明细核算。

③“预收赔付款”科目。

“预收赔付款”是负债类科目，用于核算保险公司从事再保险业务按保险合同的约定预收的分保赔付款。其贷方登记预收的分保赔付款，借方登记转销的预收分保赔付款；期末余额在贷方，反映保险公司尚未转销的预收分保赔付款。该科目可按再保险接受人进行明细核算。

④“存入保证金”科目。

“存入保证金”是负债类科目，用于核算保险公司从事再保险分出业务按合同约定扣存再保险接受人的保费形成的保证金。其贷方登记扣存的分保保证金，借方登记返还的上期扣存的分保保证金；期末余额在贷方，反映保险公司扣存的尚未返还的分保保证金。该科目可按再保险接受人进行明细核算。

⑤“分出保费”科目。

“分出保费”是损益类科目，用于核算保险公司从事再保险分出业务向再保险接受人分出的保费。其借方登记按合同约定向再保险接受人分出的保费及调整增加的分出保费，贷方登记按规定调整减少的分出保费。期末，应将该科目余额转入“本年利润”科目，结转后该科目无余额。该科目可按险种进行明细核算。

⑥“应收分保合同准备金”科目。

“应收分保合同准备金”是资产类科目，用于核算再保险分出人从事再保险业务确认的应收分保未到期责任准备金，以及应向再保险接受人摊回的保险责任准备金。其借方登记按规定确认的应收分保未到期责任准备金，应向再保险接受人摊回的保险责任准备金金额，以及调整增加的金额；贷方登记按规定调整减少、冲减及转销的金额；期末余额在借方，反映保险公司从事再保险业务确认的应收分保合同准备金的余额。该科目可按再保险接受人或再保险合同进行明细核算。

⑦“摊回保险责任准备金”科目。

“摊回保险责任准备金”是损益类科目，用于核算再保险分出人从事再保险业务应向再保险接受人摊回的保险责任准备金，包括未决赔款准备金、寿险责任准备金、长期健康险责任准备金。“摊回保险责任准备金”科目贷方登记应向再保险接受人摊回的保险责任准备金金额，以及调整增加的金额；借方登记按规定冲减、转销的摊回的保险责任准备金金额。期末，应将该科目余额转入“本年利润”科目，结转后该科目无余额。该科目可按保险责任准备金的类别和险种进行明细核算。

⑧“摊回赔付支出”科目。

“摊回赔付支出”是损益类科目，用于核算再保险分出人向再保险接受人摊回的应由其承担的赔付成本。“摊回赔付支出”科目贷方登记向再保险接受人摊回的应由其承担的赔付成本，以及调整增加的金额；借方登记按规定调整减少的金额。期末，应将该科目余额转入“本年利润”科目，结转后该科目无余额。该科目可按险种进行明细核算。

⑨“摊回分保费用”科目。

“摊回分保费用”是损益类科目，用于核算再保险分出人向再保险接受人摊回的应由其承担的分保费用，以及向再保险接受人收取的纯益手续费。该科目贷方登记应向再保险接受人摊回的应由其承担的分保费用，以及向再保险接受人收取的纯益手续费；借方登记按规定减少的摊回分保费用。期末，应将该科目余额转入“本年利润”科目，结转后该科目无余额。该科目可按险种进行明细核算。

（2）再保险业务分出人的账务核算

①分出保费的核算。

分保业务发生时，按照合同规定，分出人须按再保险合同的约定，计算确定分出保费并计入当期损益，其会计分录为：

借：分出保费

　贷：应付分保账款

如分出保费调整减少，则会计分录方向相反。

②应收分保未到期责任准备金的核算。

原保险合同为非寿险原保险合同的，再保险分出人在确认原保费收入的当期，还应按相关约定，计算确认应收分保未到期责任准备金资产，并冲减提取未到期责任准备金。其会计分录为：

借：应收分保未到期责任准备金

　贷：提取未到期责任准备金

资产负债表日，再保险分出人在调整原保险合同未到期责任准备金余额时，应相应调整应收分保未到期责任准备金。

③摊回分保费用的核算。

再保险分出人应当在确认原保险合同保费收入的当期，按照相关约定，计算确定应向再保险接受人摊回的分保费用，计入当期损益，并计算确定应向再保险分出人收取的纯益手续费，将其作为摊回分保费用计入当期损益。其会计分录为：

借：应收分保账款

　贷：摊回分保费用

④摊回保险责任准备金的核算。

再保险分出人应当在提取原保险合同未决赔款准备金的当期，按相关再保险合同的约定，计算确定应向再保险接受人摊回的相应准备金，并确认为相应的应收分保准备金资产。其会计分录为：

借：应收分保未决赔款准备金

　贷：摊回未决赔款准备金

再保险分出人至少须于每年年度终了，对原保险合同保险责任准备金进行充足性测试。补提保险责任准备金时，相应调整向再保险接受人摊回的相应准备金。其会计分录为：

借：应收分保未决赔款准备金

　贷：摊回未决赔款准备金

再保险分出人在确定支付赔付款项金额或实际发生理赔费用而冲减原保险合同相应保险责任准备金余额的当期，冲减相应的应收分保准备金余额。其会计分录为：

借：摊回未决赔款准备金

　贷：应收分保未决赔款准备金

⑤摊回赔付支出的核算。

再保险分出人在确定支付赔付款项金额或实际发生理赔费用而确认原保险合同赔付成本的当期，按相关再保险合同的约定，计算确定应向再保险接受人摊回的赔付成本，计入当期损益。其会计分录为：

借：应收分保账款

　贷：摊回赔付支出

⑥存入分保保证金的核算。

再保险分出人在发出分保业务账单时，应将账单标明的扣存本期分保保证金确认为存入分保保证金；同时，按照账单标明的返还上期扣存分保保证金，转销相关存入的分保保证金。其会计分录为：

借：应收分保账款

　贷：存入保证金

借：存入保证金

　贷：应收分保账款

⑦结算分保账款的核算。

再保险分出人、再保险接受人结算分保账款时，按应付分保账款金额，借记“应付分保账款”科目；按应收分保账款的金额，贷记“应收分保账款”科目；按借贷方差额，借记或贷记“存放同业”科目。

3. 分入再保险业务的核算

（1）科目设置

①“分保费用”科目。

“分保费用”是损益类科目，用于核算再保险接受人向再保险分出人支付的应由其承担的各项费用。该科目借方登记再保险接受人按再保险合同约定计算确定的分保费用金额，以及按再保险合同约定计算确定的纯益手续费金额；贷方登记收到分保业务账单时对分保费用调整减少的金额。期末，余额结转入“本年利润”科目，结转后该科目无余额。该科目可按险种进行明细核算。

②“存出保证金”科目。

“存出保证金”是资产类科目，用于核算再保险接受人按合同约定存出的分保保证金。该科目借方登记存出的分保保证金，贷方登记收回的分保保证金；期末余额在借方，反映再保险接受人存出的分保保证金。该科目可按再保险分出人进行明细核算。

（2）再保险业务分入人的账务核算

①分保费收入的核算。

再保险接受人应当根据再保险合同的约定，计算确定分保费收入金额，确认分保费收入。其会计分录为：

借：应收分保账款

　贷：保费收入

②分保费用的核算。

分入保险公司接到分出保险公司寄送的分保账单时，应根据分保账单确定分保费用，计入当期损益；再保险接受人按照合同约定，计算确定应向再保险分出人支付的纯益手续费，计入分保费用。其会计分录为：

借：分保费用

　贷：应付分保账款

③分保赔付支出的核算。

再保险接受人在接到分保业务账单的当期，按照账单标明的分保赔付款项金额，作为分保赔付成本，计入当期损益。其会计分录为：

借：分保赔付支出

　贷：应付分保账款

④存出分保保证金的核算。

再保险接受人应当在收到分保业务账单时，将账单标明的扣存本期分保保证金确认为存出分保保证金；同时，按照账单标明的再保险分出人返还上期扣存分保保证金转销相关存出分保保证金。其会计分录为：

借：存出保证金

　贷：应收分保账款

借：应收分保账款

　贷：存出保证金

⑤结算分保账款的核算。

再保险业务的分入人结算分保账款的核算与分出人结算分保账款的核算相同。

⑥分保准备金的核算。

为了满足未来理赔或给付的需要，分保接受人需要提取未到期责任准备金、分保未决赔款准备金，其会计核算与原保险业务中的核算相同。

例 10-6 某保险公司会计部门收到业务部门交来的 1 年期家财两全险保户储金日报表、储金收据和银行储金专户收款凭证，金额为 20 000 元，预定年利率为 2%。增值税税率为 6%。其会计分录为：

收到保户储金时：

借：存放同业——储金专户　　20 000

　贷：保户储金——家财两全险　　20 000

每年计算利息时：

借：应收利息　　424

　贷：保费收入——家财两全险　　400

　　　应交税费——应交增值税——销项税额　　24

缴税时：

借：应交税费——应交增值税——销项税额　　24

　贷：银行存款　　24

例 10-7 某财产保险公司期末计提未决赔款准备金，对已决未赔案按当期已提出的保险赔款 6 000 000 元计提；对已发生未报告的未付赔案按当期实际赔款支出额 8 000 000 元的 4% 计提；同时，本期转回上期提存的未决赔款准备金 2 000 000 元；期末结转相关准备金。保险公司应编制如下会计分录：

本期提存未决赔款准备金时：

借：提存未决赔款准备金——已提出赔款的准备　　6 000 000

　　　　　　　　　　　——未提出赔款的准备　　320 000

　贷：未决赔款准备金　　6 320 000

转回上期未决赔款准备金时：

借：未决赔款准备金　　2 000 000

　贷：转回未决赔款准备金　　2 000 000

期末，结转各项准备金确定损益时：

借：转回未决赔款准备金　　2 000 000

　贷：本年利润　　2 000 000

借：本年利润　　6 320 000
　贷：提存未决赔款准备金——已提出赔款的准备　　6 000 000
　　　　　　　　　　　——未提出赔款的准备　　320 000

10.3 租赁业务的核算

10.3.1 新租赁准则下承租人会计处理的主要变化

第一，完善了租赁的定义，增加了租赁识别、分拆、合并等内容。

长期以来，租赁被认为是比较容易识别和处理的交易行为，在旧准则下，经营租赁行为与服务业的会计处理基本类似。新租赁准则将租赁定义为“在一定期间内，出租人将资产的使用权让与承租人以获取对价的合同”，并进一步说明如果合同中一方让渡了在一定期间内控制一项或多项已识别资产使用的权利以换取对价，则该合同为租赁或者包含租赁。同时，新租赁准则还对包含租赁和非租赁成分的合同如何分拆，以及何种情形下应将多份合同合并为一项租赁合同进行会计处理做出了规定。

第二，承租人会计处理由双重模型修改为单一模型。

旧租赁准则，要求承租人以风险和报酬转移为基础，将租赁划分为融资租赁和经营租赁，承租人对经营租赁不确认相关资产和负债。

新租赁准则下，承租人不再将租赁区分为经营租赁或融资租赁，而是采用统一的会计处理模型，对短期租赁和低价值资产租赁以外的其他所有租赁，均要求确认使用权资产和租赁负债，并分别计提折旧和利息费用。

对承租人来说，新准则的这一改变使“经营租赁”不再是游离于企业会计报表之外的项目。长期以来，经营性租赁业务一直被业界普遍认为是企业“表外融资、优化报表”的一大优势，但新准则下，对承租人会计处理由双重模型向单一模型的改变，使得“经营租赁”相对于银行信贷、融资租赁来说，在会计处理上的优势荡然无存。

第三，改进承租人后续计量，增加选择权重估和租赁变更情形下的会计处理。

旧租赁准则未对租赁期开始日后选择权重估或合同变更等情形下的会计处理作出明确规范，导致实务中多有争议且会计处理不统一。

新租赁准则明确规定发生承租人可控范围内的重大事件或变化，且影响承租人是否合理确定将行使相应选择权的，承租人应当对其是否合理确定将行使续租选择权、购买选择权或不行使终止租赁选择权进行重新评估。

租赁变更，是指原合同条款之外的租赁范围、租赁对价、租赁期限的变更。企业应视其变更情况将其作为一项单独租赁进行会计处理或重新计量租赁负债。

第四，完善了与租赁有关的列示和信息披露要求。

对于承租人来说，根据会计处理模型的变化，新租赁准则对租赁相关的使用权资产、租赁负债、折旧和利息、现金流出等在财务报表中的列示作出了明确规范，要求承租人根据金融工具相关准则的规定，披露租赁负债的到期期限，并且要区别于其他金融负债单独披露等。

10.3.2　承租人的会计处理

1. 初始计量

借：使用权资产（尚未支付的租赁付款额的现值等）
　　租赁负债——未确认融资费用（差额）
　贷：租赁负债——租赁付款额（尚未支付的租赁付款额）
　　　预付账款（租赁期开始日之前支付的租赁付款额，扣除已享受的租赁激励）
　　　银行存款（初始直接费用）
　　　预计负债（预计将发生的为拆卸及移除租赁资产、复原租赁资产所在场地或将租赁资产恢复至租赁条款约定状态等成本的现值）

2. 后续计量

①确认租赁负债的利息时。

借：财务费用——利息费用/在建工程等
　贷：租赁负债——未确认融资费用（增加租赁负债的账面金额）

②支付租赁付款额时。

借：租赁负债——租赁付款额（减少租赁负债的账面金额）
　贷：银行存款等

③因重估或租赁变更等原因导致租赁付款额发生变动时，重新计量租赁负债的账面价值。

10.3.3　出租人的会计处理

1. 初始计量

借：应收融资租赁款——租赁收款额（尚未收到的租赁收款额）
　　　　　　　　　——未担保余值（预计租赁期结束时的未担保余值）
　　银行存款（已经收取的租赁款）
　贷：融资租赁资产（账面价值）（业务不多，也可通过固定资产核算）
　　　资产处置损益（公允价值-账面价值）（可借可贷）
　　　银行存款（发生的初始直接费用）
　　　应收融资租赁款——未实现融资收益

2. 后续计量

借：银行存款

贷：应收融资租赁款——租赁收款额

借：应收融资租赁款——未实现融资收益

贷：租赁收入/其他业务收入

10.4 证券业务的核算

10.4.1 证券业务概述与分类

1. 证券的概念

证券是用以证明或设立权利所做成的书面凭证，它表明证券持有人或者第三者有权取得该证券拥有的特定权益，或证明其曾经发生过的行为。

证券有广义与狭义两种概念。狭义的证券即指资本证券，广义的证券包括商品证券、货币证券和资本证券。商品证券是证明持有人有商品所有权或使用权的凭证，取得这种证券就等于取得这种商品的所有权。持有人对这种证券所代表的商品的所有权受法律保护。商品证券有提货单、运货单、仓库栈单等。货币证券是指本身能使持有人或第三者取得货币索取权的证券。货币证券主要包括两大类：一类是商业证券，主要是商业汇票和商业本票；另一类是银行证券，主要是银行汇票、银行本票和支票。资本证券是指由金融投资或与金融投资有直接联系的活动而产生的证券。持有人有一定的收入请求权。资本证券是有价证券的主要形式。本书中的证券是指资本证券。

2. 证券的分类

证券的种类多种多样，可以从不同的角度按不同的标准进行分类。

（1）按证券发行主体的不同，证券可分为政府证券、金融证券与公司证券

政府证券通常是指政府债券。金融证券是指银行及非银行金融机构为筹措资金而发行的股票、金融债券等，尤以金融债券为主。公司证券是公司为筹措资金而发行的有价证券。公司证券包括的范围比较广泛，主要有股票、公司债券及商业票据等。

（2）按是否在证券交易所挂牌交易，证券可分为上市证券与非上市证券

上市证券又称挂牌证券，是指经证券主管机关核准，并在证券交易所注册登记，获得在交易所内公开买卖资格的证券。非上市证券也称非挂牌证券，指未申请上市或不符合证券交易所挂牌交易条件的证券。非上市证券不允许在证券交易所内交易，但可以在其他证

券交易市场交易。凭证式国债和开放式基金份额属于非上市证券。

（3）按募集方式分类，证券可分为公募证券和私募证券

公募证券是指发行人通过中介机构向不特定的社会公众投资者公开发行的证券，其审核较严格并采取公示制度。私募证券是指向少数特定的投资者发行的证券，其审核条件相对宽松，投资者也较少，不采取公示制度。私募证券的投资者多为与发行人有特定关系的机构投资者，可包括发行公司的职工。

（4）按证券所代表的权利性质分类，证券可分为股票、债券与其他证券

股票和债券是证券市场两个最基本和最重要的品种；其他证券包括基金证券、证券衍生品，如金融期货、可转换证券等。

3. 证券业务的分类

目前，我国金融企业经营的证券业务主要有证券经纪业务、证券自营业务、证券承销业务和其他证券业务。

证券经纪业务，是指公司代理客户（投资者）买卖证券的活动，包括代理买卖证券业务、代理兑付证券业务和代理保管证券业务。证券自营业务，是指公司以自己的名义，用公司的资金买卖证券，以达到获取利润目的的证券业务，包括买入证券业务和卖出证券业务。证券承销业务，是指在证券发行过程中，公司接受发行人的委托，代理发行人发行证券的活动。其他证券业务，是指公司经批准在国家允许的范围内，进行除经纪、自营、承销业务以外的与证券业务有关的其他证券业务，如买入返售证券业务、卖出回购证券业务和受托资产管理业务。

10.4.2　证券自营业务的核算

证券自营业务包括自营买入和自营卖出两个方面。自营买入证券按买入的实际成本计价，其实际成本包括买入的成交价和应缴纳的各项税费。自营卖出证券，其实际成本可以采用先进先出法、加权平均法、移动加权平均法等方法计算确定。在一般情况下，方法一经确定，不得随意变更。如需变更，应在会计报表附注中说明变更的内容和理由、变更的影响数等。

1. 自营买入证券的核算

公司在证券交易所办理自营证券业务时，应在交易所开设清算资金专户，调出资金时，借记“清算备付金”科目，贷记“存放同业”科目。自营买入证券时，按实际购入成本进行核算，借记“自营证券”科目，贷记“清算备付金”科目。

当公司采用包销方式代理发行证券时，发行期结束，如还有未售出的证券，则应当转为公司自营证券，按实际承购价或发行价进行核算，借记“自营证券”科目，贷记“代发行证券”科目。

公司自营证券通过网上配股的，在与交易所清算配股款时，按实际成交的配股款核算，借记“自营证券”科目，贷记“清算备付金”科目；如通过网下配股，则按实际支付的配股款核算，借记“自营证券”科目，贷记“存放同业”科目。

公司自营证券在持有期内取得的现金股利，作为投资收益处理，借记“清算备付金”

科目，贷记“投资收益”科目。

公司自营买入分期付息到期还本的债券，在持有期内取得的利息，也作为投资收益处理，借记“清算备付金”“存放同业”科目，贷记“投资收益”科目。

公司通过网上认购新股，申购款被交易所从清算账户中划出冻结时，借记“应收款项——应收认购新股占用款”科目，贷记“清算备付金”科目；如中签，购买新股按实际成本核算，借记“自营证券”科目，贷记“应收款项——应收认购新股占用款”科目；如未中签，交易所退回被冻结的认购款项，借记“清算备付金”科目，贷记“应收款项——应收认购新股占用款”科目。

如果公司通过网下认购新股，应按规定划出认购款存入指定机构，借记“应收款项——应收认购新股占用款”科目，贷记“存放同业”科目；如中签，办理认购手续，按购买新股实际成本核算，借记“自营证券”科目，贷记“应收款项——应收认购新股占用款”科目；如未中签，收回认购款，借记“存放同业”科目，贷记“应收款项——应收认购新股占用款”科目。

2. 自营卖出证券的核算

公司在交易所卖出证券时，应按清算日实际收到的款项进行核算，借记“清算备付金”或“存放同业”科目，贷记“证券销售”科目；卖出债券时，应将购买日到卖出日的持有期间的应计利息确认为投资收益，借记“清算备付金”或“存放同业”科目，贷记“投资收益”“证券销售”（实际收到价款与持有期间应计利息差额）科目；公司的自营证券在到期前没有出售，而是继续持有并在到期时兑付本息，到期时按兑付的金额进行核算，借记“清算备付金”或“存放同业”科目，贷记“投资收益”（到期兑付的利息）、“证券销售”（到期兑付的金额减去兑付的利息）科目；公司自营买入分期付息到期还本的债券，在持有期内分期取得利息，按收到的金额进行核算，借记“清算备付金”或“存放同业”科目，贷记“投资收益”科目。

3. 自营证券卖出成本的核算

自营证券卖出的实际成本，可以选用先进先出法、加权平均法、移动加权平均法等方法中的某一种来计算确定，方法一经选定，不能随意变更。

以加权平均法为例，其计算公式如下：

$$\text{某种证券的加权平均单位成本}=\frac{\text{期初结存证券实际成本}+\text{本期购进证券实际成本}}{\text{期初结存证券面值}+\text{本期购进证券面值}}$$

$$\text{本次卖出某种证券的实际成本}=\text{本次卖出证券面值总额}\times\text{该种证券的加权平均单位成本}$$

卖出自营证券的实际成本计算确定后，应结转销售成本，借记“证券销售”科目，贷记“自营证券”科目。

公司在年末，应将自营证券的市价与成本进行比较，如果市价低于成本，应按差额确认跌价损失、计提跌价准备，借记“自营证券跌价损失”科目，贷记“自营证券跌价准备”科目。

经过计提跌价准备的自营证券，如果原来的市价又恢复了，应按恢复增加的数额（其增加数应以补足以前入账的减少数为限）冲销跌价准备，借记“自营证券跌价准备”科目，贷记“自营证券跌价损失”科目。

10.4.3　代理证券业务的核算

代理证券业务是金融企业作为证券代理人，根据客户委托代理发行、兑付、买卖证券的业务。

1. 代理发行证券业务的核算

代理发行证券业务是指金融企业在一级市场代理证券发行单位发售证券的业务。如金融企业代国家发售国库券、国家重点建设债券，代企业发行集资债券和股票等。代理证券业务中除代保管证券外，均应纳入表内科目，分别设置资产科目和负债科目进行核算。代理发行证券业务按发行的过程分类，有全过程代理和某一阶段的代理；按发售方式分类，有代销方式、全额承购包销方式和余额承购包销方式。下面按发售方式的不同，分别阐述代理发行证券业务的核算方法。

（1）代销方式的核算

代销就是金融企业受发行单位委托，代理销售一级市场上发行的证券。证券售出后所筹集的款项交给发行单位，代销证券的金融企业向委托人收取手续费。

金融企业收到发行单位交来的代销证券，在发行期开始前，可作为重要凭证保管，发行期开始后，应按面值或协议价入账。收到证券时，借记“代发行证券”科目，贷记“代发行证券款”科目；发售证券后，转销“代发行证券”科目，借记“存放同业”（或“库存现金”）科目，贷记“代发行证券”科目。

发行结束后，将代发行证券款交给委托代销单位，同时由委托代销单位付给手续费。手续费可以从代发行证券款中扣留，也可以单独结算收取，由双方协商。如从代发行证券款中扣留，借记“代发行证券款”科目，贷记“存放同业”“手续费收入”科目；如单独结算手续费，则代发行证券款全部划给委托代销单位，再由委托代销单位将手续费划给代销证券的金融企业。

发行结束时，如果尚有未售出证券，则应退回，借记“代发行证券款”科目，贷记“代发行证券”科目。

（2）全额承购包销方式的核算

全额承购包销就是金融企业与证券发行单位签订合同或协议，由金融企业按合同或协议确定的价格将证券从发行单位那里买下来，并按一定价格在证券一级市场发售的一种代理发行方式。金融企业向发行单位承购证券的价格可能低于、等于或高于证券面值，由双方在协议里确定，但发售价格由金融企业确定，发行单位原则上不干预。

金融企业收到证券并在发行开始时，按承购价，借记“代发行证券”科目，贷记“存放同业”（或“应付账款”）科目。

如果按面值记账，并且面值与承购价不一致，则应在“代发行证券”科目下分设面值户和差额户，分别反映承购证券面值和承购价与面值的差额。

按发售价销售证券后，按售价进行账务处理，借记“存放同业”（或“库存现金”）科目，贷记“证券发行”科目。证券发售完毕，结转证券成本时，借记“证券发行”科目，贷记“代发行证券”科目。

承购证券时按面值记账的，还要结转证券差额账户。结转证券发行成本后，如果“证券发行”科目账户余额在贷方，即为发行收益；反之，则为发行损失。

发行期满后，如有尚未售出的证券，应按承购价转作自营库存证券或长期投资，借记“自营库存证券”或“长期投资”科目，贷记“代发行证券”科目。

（3）余额承购包销方式的核算

余额承购包销方式就是金融企业与证券发行单位事先签订合同或协议，确定由金融企业代理发行该单位的证券数量，在发行期内如果金融企业承担发售的证券没有全部售出，则剩余部分由金融企业购入。

余额承购包销方式在会计核算上分两个阶段：一是发行期内收到发行单位交来证券及代售证券的核算，与代销方式相同；二是发行期结束后，对尚未售出的证券，与全额承购包销方式相同，作为自营库存证券或长期投资处理。

2. 代售代购证券业务的核算

（1）代售证券业务的核算

代售证券是指金融企业受客户的委托，按约定的价格，在本企业柜台或证券交易所出售证券的业务。代售证券的账务处理有两种：一种是按约定价格记账；另一种是按面值记账。

①柜台交易代售证券的核算。

金融企业收到客户交来代售证券后，按约定价格或面值记账，借记“代售证券”科目，贷记“代售证券款”科目。

售出证券后，按售价记账，借记“库存现金”（或“存放同业”）科目，贷记“代售证券”科目；将代理销售证券款交还客户，同时收取手续费。手续费可以从代售证券款中扣留，借记“代售证券款”科目，贷记“存放同业”“手续费收入”科目。

无论是按约定价格记账还是按票面价格记账，其实际售价都有可能与记账价不一致，或者高于记账价，或者低于记账价。对于售价与记账价的差额部分，要将“代售证券”和“代售证券款”科目相互对冲。如果售价高于记账价，借记“代售证券”科目，贷记“代售证券款”科目；如果售价低于记账价，其对冲的会计分录相反。

②在证券交易所出售证券业务的核算。

收到客户交来代售证券与柜台交易相同。向证券交易所交出证券，则借记“存出证券”科目，贷记“代售证券”科目。

证券售出后，按实际售出价记账，借记“证券交易清算”科目，贷记“存出证券”科目。交割日进行交割清算时，借记“存放同业”科目，贷记“证券交易清算”科目。

通知客户领取售出证券款，并收取手续费时，借记“代售证券款”科目，贷记“存放同业”“手续费收入”科目。如果实际售价高于存出证券记账价格，应补记“存出证券”和“代售证券款”科目，借记“存出证券”科目，贷记“代售证券款”科目；如果售价低于存出证券记账价格，其会计分录相反。

代售证券如有部分未售出，从证券交易所取回时，按原存出价编制会计分录，借记

“代售证券”科目，贷记“存出证券”科目。将未售出证券交与客户时，其会计分录与收到客户交来代售证券时的会计分录相反。

（2）代购证券业务的核算

代购证券是金融企业与客户达成协议，按一定价格代客户购买有价证券的业务。

①柜台交易代购证券的核算。

客户委托金融企业代购证券，应预先缴存代购款，金融企业收到预缴代购款时，借记“存放同业”科目，贷记“代购证券款”科目。按双方协议价购入时，借记“代购证券”科目，贷记“存放同业”科目。

交割证券时，结算代购证券款，并收取代购手续费，借记“代购证券款”科目，贷记“代购证券”“手续费收入”科目。

如果预缴款不足，应先补足，其会计分录同预缴款；如预缴款有剩余，应退还客户，其会计分录与预缴款相反。

②在证券交易所代购证券业务的核算。

客户预缴代购证券款的会计分录与前述相同。

通过证券交易所代购证券时，借记“存出证券”科目，贷记“证券交易清算”科目。

将代购证券转回金融企业时，借记“代购证券”科目，贷记“存出证券”科目。

将代购证券交与客户，并收取手续费时，借记“代购证券款”科目，贷记“存放同业”“手续费及佣金收入”科目。

如果预缴款不足或多余，通过“存放同业”和“代购证券款”科目补足或退还客户。其余会计分录与柜台交易相同。

3. 代理兑付证券业务的核算

代理兑付证券是指金融企业接受国家或企业等债券发行单位的委托兑付到期债券，兑付结束后，将已兑付证券集中交给发行单位，同时向发行单位收取手续费的业务。

证券发行单位应向代理兑付证券的金融企业拨付兑付证券款。金融企业收到拨来兑付证券款时，借记“存放同业”科目，贷记“代兑付证券款”科目。兑付债券时，收回债券，支付资金，借记“代兑付证券”（本金与利息）科目，贷记“库存现金”（或“存放同业”）科目。

兑付期结束，应将已兑付的债券集中交给发行单位，同时收取手续费。手续费可以从代兑付证券款中扣留，也可以单独结算。以下按单独结算手续费处理。交回证券并结清代兑付证券款时，如代兑付证券款有剩余，亦应一并交回，借记“代兑付证券款”科目，贷记“代兑付证券”“存放同业”科目。结算手续费时，借记“存放同业”科目，贷记“手续费收入”科目。

10.4.4　证券回购业务的核算

证券回购业务是一种以买卖证券的形式融通资金的业务，包括买入返售证券业务和卖出回购证券业务。

1. 买入返售证券业务的核算

买入返售证券业务是金融企业与交易对方签订协议，确定期限和价格，先以协议规定的价格买入对方持有的有价证券，到期后，再以协议规定的卖出价将有价证券返售给对方。其实质是以证券为依据向交易对方融通资金，而有价证券并不作真正的转移。金融企业在按合同规定价买入证券时，借记“买入返售证券”科目，贷记“存放同业”科目。

合同规定期限到期后，买入方按规定的卖出价返售给原交易对方。卖出价与原买入价的差额，作为金融企业的营业收入，借记“存放同业”科目，贷记“买入返售证券”“其他业务收入”科目。

2. 卖出回购证券业务的核算

卖出回购证券业务是金融企业与交易对方签订协议，确定期限与价格，先以规定的价格将有价证券卖给对方，到期后，再按协议规定价格将证券购回。这项业务一般是金融企业持有证券，但急需资金，所以将证券暂时卖给某单位以取得资金，协议规定期满后再购回。这是金融企业解决资金暂时不足问题的一项措施，属于短期融通资金性质的业务。一般来说，卖出价要低于回购价，其差额作为资金使用的代价，证券不作真正的转移。

金融企业按规定价格售出有价证券时，借记“存放同业”科目，贷记“卖出回购证券款”科目。

合同期满，购回有价证券时，回购价高于卖出价的差额作为金融企业的营业支出记账，借记“卖出回购证券款”“其他业务成本”科目，贷记“存放同业”科目。

例 10-8 某金融企业自营库存证券中2025年库存国库券面值为200万元，实际购进价为210万元；本月11日买进一笔2025年国库券，面值为100万元，实际购进价为110万元；25日又购进一笔2025年国库券，面值为80万元，实际购进价为92万元；本月29日卖出2025年国库券，面值为150万元，每百元销售价为118元，销售收入为177万元。

2025年国库券差价率=（100 000+100 000+120 000）÷（2 000 000+1 000 000+800 000）
=0.08421

本月卖出2025年国库券差价=0.08421×1 500 000
=126 315（元）

销售证券并结转销售成本的会计分录为：

借：清算备付金	1 770 000	
贷：证券销售		1 770 000
借：证券销售	1 626 315	
贷：自营库存证券——面值户		1 500 000
——差价户		126 315

例 10-9 众杰公司委托某金融公司代售某种证券，证券面值为20万元，根据市场行情，客户要求每百元面值证券以106元售出，金融公司按面值的4‰收取手续费。数

日后，该证券以每百元面值证券106.5元售出。账务处理如下：

（1）若收到证券时按协议价记账，其会计分录为：

借：代售证券 212 000
　贷：代售证券款 212 000

若收到证券时按面值记账，其会计分录为：

借：代售证券 200 000
　贷：代售证券款 200 000

（2）售出证券后，其会计分录为：

借：银行存款——某银行户 213 000
　贷：代售证券 213 000

（3）将代售证券款交与客户并收取手续费时，其会计分录为：

借：代售证券款 213 000
　贷：银行存款 212 200
　　手续费收入 800

（4）由于售价高于记账价，应对差额部分对冲。

若收到证券时按协议价记账，其会计分录为：

借：代售证券 1 000
　贷：代售证券款 1 000

若收到证券时按票面价值记账，其会计分录为：

借：代售证券 13 000
　贷：代售证券款 13 000

10.5 证券投资基金的核算

10.5.1 证券投资基金概述

1. 证券投资基金的概念和特点

证券投资基金是指通过公开发售基金份额募集资金，由基金托管人托管，由基金管理人管理和运用资金，为基金份额持有人的利益，以资产组合的方式进行证券投资活动的基金。

微课21

基金利润

证券投资基金具有以下特点：基金可以最广泛地吸收社会闲散资金，汇成规模巨大的投资资金，交给专业机构投资于各种金融工具，以谋取资产的增值；基金通过多元化的投资组合，一方面借助于资金庞大和投资者众多的优势使每个投资者面临的投资风险变小，另一方面又利用不同投资对象之间收益率变化的相关性，达到分散投资风险的目的；基金实行专业理财制度，由受过专门训练、具有比较丰富证券投资经验的专业人员制定投资策略和投资组合方案，从而最大限度地避免投资决策失误，提高投资收益。

2. 证券投资基金的分类

（1）按基金的组织形式不同，证券投资基金可分为契约型基金和公司型基金

契约型基金又称为单位信托基金，是指将投资者、管理人、托管人三者作为基金的当事人，通过签订基金契约的形式发行受益凭证而设立的一种基金。契约型基金通过基金契约来规范三方当事人的行为。基金管理人负责基金的管理操作；基金托管人作为基金资产的名义持有人，负责基金资产的保管和处置，对基金管理人的运作进行监督。

公司型基金是按照《中华人民共和国公司法》以公司形式组成的、具有独立法人资格并以营利为目的的基金公司。公司型基金以发行股份的方式募集资金，投资者购买基金公司的股份后，以基金持有人的身份成为基金公司的股东，凭其持有的股份依法享有投资收益。

（2）按基金是否可自由赎回和基金规模是否固定，证券投资基金可分为封闭式基金和开放式基金

封闭式基金是指经核准的基金份额总额在基金合同期限内固定不变，基金份额可以在依法设立的证券交易场所交易，但基金份额持有人不得申请赎回的基金。

开放式基金是指基金份额总额不固定，基金份额可以在基金合同约定的时间和证券交易场所申购或者赎回的基金。

（3）按投资标的不同，证券投资基金可分为国债基金、股票基金、货币市场基金等

国债基金是一种以国债为主要投资对象的证券投资基金。股票基金是指以上市股票为主要投资对象的证券投资基金。货币市场基金是以货币市场工具为投资对象的一种基金，其投资对象期限在1年以内，包括银行短期存款、国库券、公司债券、银行承兑票据及商业票据等货币市场工具。此外，还有指数基金、黄金基金、衍生证券投资基金等。

10.5.2 基金资产的核算

1. 股票投资的核算

（1）购入股票的核算

为了核算在证券市场购买的股票，应设置“股票投资”“证券清算款”两个科目。买入股票时，应于股票成交日按股票成交总额加相关费用，借记“股票投资”科目；按应支付的证券清算款，贷记“证券清算款”科目；按应付给券商的佣金，贷记“应付佣金”科目。其中，证券公司收取的证券交易佣金是证券公司向客户提供证券代理买卖服务时按交易金额的一定比例收取的报酬。

资金交收日，按实际支付的价款与证券登记结算机构进行清算，借记“证券清算款”科目，贷记“清算备付金”科目。

申购新股时，存在两种情况：一种情况是通过交易所网上发行，此时按实际交付的申购款，借记“证券清算款”科目，贷记“清算备付金”科目；申购新股中签时，按确认的中签金额，借记“股票投资”科目，贷记“证券清算款”科目；收到退回未中签部分余款，借记“清算备付金”科目，贷记“证券清算款”科目。另一种情况是通过网下发行，此时按实际预缴的申购款，借记“其他应收款”科目，贷记“存放同业”科目。申购新股确认当天，如果实际确认的申购新股金额小于已经预缴的申购款，则按实际确认的申购新股金额，借记“股票投资”科目，贷记“其他应收款”科目；收到退回未中签款，借记“存放同业”科目，贷记“其他应收款”科目。如果实际确认的申购新股金额大于已经预缴的申购款，按实际确认的申购新股金额，借记“股票投资”科目，贷记“其他应收款”科目；补付申购款时，按支付的余额，借记“其他应收款”科目，贷记“存放同业”科目。“股票投资”账户应按股票的种类设置明细科目进行明细核算，期末借方余额反映持有各类股票的实际成本。

（2）卖出股票的核算

卖出股票成交当天，按应收取的证券清算款，借记“证券清算款”科目；按结转的股票投资成本（采用移动加权平均法逐日结转），贷记“股票投资”科目；按应付券商佣金，贷记“应付佣金”科目；按两者的差额，贷记或借记“股票差价收入”科目；资金交收日，按实际支付的证券清算款，借记“清算备付金”科目，贷记“证券清算款”科目。

（3）股票持有期间派发的股票股利、现金股利及配股权证的核算

持有股票期间上市公司派发的股票股利，应及时计算确定增加的股票数量，在“股票投资”账户“数量”栏进行记录。因持有股票而享有的配股权，从配股除权日起到配股确认日止，按市价高于配股价的差额逐日进行估值，借记“配股权证”科目，贷记“未实现利得”科目；向证券交易所确认配股时，借记“股票投资”科目，贷记“证券清算款”科目，同时，将配股权的估值冲减为零，借记“未实现利得”科目，贷记“配股权证”科目；资金交收当天，实际缴纳配股款时，借记“证券清算款”科目，贷记“清算备付金”科目。在配股期限内放弃配股权的，应将配股权的估值冲减为零，借记“未实现利得”科目，贷记“配股权证”科目。股票投资应分派的现金股利，在除息日及时按照上市公司宣告的分红派息比例确认股利收入，借记“应收股利”科目，贷记“股利收入”科目；实际收到现金股利时，借记“清算备付金”科目，贷记“应收股利”科目。“应收股利”科目应按债务人设置明细科目进行明细核算，期末借方余额反映尚未收到的现金股利。

2. 债券投资的核算

（1）买入债券的核算

买入上市债券时，按成交日应支付的证券清算款扣除债券起息日或上次除息日至购买日止的利息，借记“债券投资”科目；按债券起息日或上次除息日至购买日止的利息，借记“应收利息”科目；按应支付的证券清算款，贷记“证券清算款”科目。

买入非上市债券时，按成交日应支付的证券清算款扣除债券起息日或上次除息日至

购买日止的利息，借记“债券投资”科目；按债券起息日或上次除息日至购买日止的利息，借记“应收利息”科目，贷记“存放同业”科目。购入新发行的国债，根据承购合同规定，按国债面值，借记“债券投资”科目，贷记“其他应付款”科目；实际付款时，借记“其他应付款”科目，贷记“存放同业”科目。“债券投资”科目应按债券的种类设置明细科目进行明细核算。期末，“债券投资”科目的借方余额反映持有各项债券的实际成本。

（2）卖出债券的核算

卖出债券的成本应逐日进行结转，结转的方法采用移动加权平均法。卖出上市债券时，按成交时应收取的证券清算款，借记“证券清算款”科目；按应收利息，贷记“应收利息”科目；按债券投资成本，贷记“债券投资”科目；按其差额，贷记或借记“债券差价收入”科目。

卖出非上市债券时，按实际收到的金额，借记“存放同业”科目；按已售债券成本，贷记“债券投资”科目；按应收利息，贷记“应收利息”科目；按其差额，贷记或借记“债券差价收入”科目。购入到期还本付息的国债，在持有到期时，按实际收到的本息，借记“存放同业”等科目，贷记“债券投资”“应收利息”科目。

对于每天都要进行的多种股票和债券的大量买入和卖出操作，可以将所有交易合并处理。证券成交当天如果买入证券成交总额大于卖出证券成交总额，借记有关科目，贷记“证券清算款”科目和有关科目；如果卖出证券成交总额大于买入证券成交总额，借记“证券清算款”科目和有关科目，贷记有关科目。资金交收时，如果买入证券成交总额大于卖出证券成交总额，按资金交收当天实际支付的金额，借记“证券清算款”科目，贷记“清算备付金”科目；如果卖出证券成交总额大于买入证券成交总额，按资金交收当天实际收到的金额，借记“清算备付金”科目，贷记“证券清算款”科目。

（3）对证券投资估值增值的核算

估值日是指对基金资产进行估值的实际日期，对大部分基金来说，每个开放日都是估值日。在估值日，证券公司应按照基金契约和招募说明书载明的估值事项，对资产估值时所估价值与其成本的差额在“投资估值增值”科目核算。对证券投资和配股权证进行估值时产生的估值增值或减值，应确认为未实现利得。

在估值日对基金持有的股票、债券所做的估值，如为估值增值，按所估价值与上一日所估价值两者的差额，借记“投资估值增值”科目，贷记“未实现利得”科目；反之，如为估值减值，按所估价值与上一日所估价值的差额，借记“未实现利得”科目，贷记“投资估值增值”科目。“投资估值增值”科目应按所估资产的种类设置明细科目进行明细核算。期末，“投资估值增值”科目借方余额反映未实现资产估值增值，贷方余额则反映未实现资产估值减值。

10.5.3 基金发行、申购和赎回的核算

1. 证券投资基金发行的核算

基金管理公司将所管理的基金分别作为会计核算主体，独立建账、独立核算，各基金

之间在名册登记、科目设置、资金划拨、账簿记录等方面都是相互独立的。

封闭式基金的发行总额是事先确定的，在封闭期内基金单位总数固定不变。基金成立时，实收基金按实际收到的基金单位发行总额入账。基金发行费收入扣除相关费用后如有结余，作为其他收入处理。核算实收基金应在基金募集发行期结束时，按照实际收到的金额，借记“存放同业”科目；按基金单位发行总额，贷记“实收基金”科目；按两者之间的差额，贷记“其他收入”科目。开放式基金与封闭式基金不同，其基金单位总额不固定，可以随时增减。基金成立时，实收基金按实际收到的基金单位发行总额入账。基金募集发行期结束时，按照实际收到的金额，借记“存放同业”科目，贷记“实收基金”科目。“实收基金”科目期末贷方余额反映封闭式基金或开放式基金的基金单位总额。

基金发行收入应及时存入开户银行，并按开户银行、存款种类等分别设置“存放同业日记账”，并根据收款、付款凭证，按照业务的发生顺序逐笔登记，每日终了应结出余额。“存放同业日记账”应定期与“银行对账单”核对，至少每月核对一次。月份终了，存放同业日记账账面结余与银行对账单余额之间如有差额，必须逐笔查明原因并进行处理，应按月编制“存放同业余额调节表”调节相符。

2. 开放式基金申购和赎回的核算

《开放式证券投资基金试点办法》第二十四条规定：“开放式基金每周至少有一天应为基金的开放日，办理基金投资人申购、赎回、变更登记、基金之间转换等业务申请。”开放式基金的申购价格和赎回价格依据申购或赎回日基金单位资产净值加、减有关费用计算而得。

（1）开放式基金申购的核算

根据《开放式证券投资基金试点办法》的规定，开放式基金成立初期，需要有较长一段时间逐步依市场状况完成持股布局。因此，基金契约和招募说明书一般都规定只接受申购、不办理赎回的期限，这一期间称作封闭期。但封闭期最长不得超过3个月。在封闭期结束后，投资者即可进行基金的申购和赎回。基金管理人应当在收到投资人申购、赎回申请之日起3个工作日内，对该交易的有效性进行确认。

基金管理公司应当在接受基金投资人有效申请之日起3个工作日内收回申购款项，尚未收回之前作为“应收申购款”入账。基金申购确认日，按有效申购款，借记“应收申购款”科目；按有效申购款中含有的实收基金，贷记“实收基金”科目；按有效申购款中含有的未实现利得，贷记“未实现利得”科目；按有效申购款中含有的未分配收益，贷记“损益平准金”科目。收到有效申购款时，借记“存放同业”科目，贷记“应收申购款”科目。“应收申购款”科目应按办理申购业务的机构设置明细科目进行明细核算。期末，“应收申购款”科目的借方余额反映尚未收回的有效申购款。

（2）开放式基金赎回的核算

基金管理公司应当在接受基金投资人有效申请之日起7个工作日内支付赎回款项，尚未支付之前作为“应付赎回款”入账。开放式基金按规定收取的赎回费，其中，基本手续费部分归办理赎回业务的机构所有，尚未支付之前作为“应付赎回费”入账；赎回费扣除基本手续费后的余额归基金所有，作为“其他收入”入账。基金赎回确认日，按赎回款中含有的实收基金，借记“实收基金”科目；按赎回款中含有的未分配收益，借记“损益平准金”科目；按赎回款中含有的未实现利得，借记“未实现利得”科目；按应付投资人的赎回款，贷记“应付赎回款”科目；按赎回费中属于销售机构所有的部分，贷记“应付赎回费”科目；按赎回费中属于基金所有的部分，贷记“其他收入——赎回费”科目。支付投资人赎回款时，借记“应付赎回款”科目，贷记“存放同业”科目。“应付赎回款”科目应按申请赎回业务的投资人设置明细科目进行明细核算。期末，贷方余额反映尚未支付的基金赎回款。向办理赎回业务的机构支付赎回费时，借记“应付赎回费”科目，贷记“存放同业”科目。“应付赎回费”科目应按办理赎回业务的机构设置明细科目进行明细核算，期末贷方余额反映尚未支付的基金赎回费用。

10.5.4 基金收入和费用的核算

1. 基金收入的核算

（1）投资于股票所获收入

基金通过购买股票进行投资，在股票持有期间因上市公司分红派息而确认的股利收入，通过“股利收入”科目核算。基金持有的股票，应在除息日按上市公司宣告的分红派息比例计算确认的股利收入，借记“应收股利”科目，贷记“股利收入”科目。“股利收入”科目应按股票种类设置明细科目进行明细核算。期末，应将“股利收入”科目的贷方余额全部转入“本期收益”科目，结转后本科目无余额。

通过买卖股票所实现的差价收入在“股票差价收入”科目核算。卖出股票成交时，按应收取的证券清算款，借记“证券清算款”科目；按结转的股票投资成本，贷记“股票投资”科目；按应付券商佣金，贷记“应付佣金”科目；按其差额，贷记或借记“股票差价收入”科目。“股票差价收入”科目按股票种类设置明细科目进行明细核算。期末，应将本科目的余额全部转入“本期收益”科目，结转后本科目无余额。

（2）投资于债券所获收入

基金进行债券投资实现的利息收入通过“债券利息收入”科目核算。在债券持有期间收到的自债券起息日或上次除息日至购买日止的利息，不作为利息收入，直接冲减“应收利息”科目。买入上市债券，逐日计提持有期债券利息时，借记“应收利息”科目，贷记“债券利息收入”科目；债券除息日，按应收利息，借记“证券清算款”科目，贷记“应收利息”科目；资金交收时，按实收债券利息，借记“清算备付金”科目，贷记“证券清算款”科目。买入非上市债券，逐日计提持有期债券利息时，借记“应收利息”科目，贷记“债券利息收入”科目；收到债券利息时，借记“存放同业”科目，贷记“应收利息”科目。“债券利息收入”科目应按债券种类等设置明细科目进行明细核算。期末，应将本科目的贷方余额全部转入“本期收益”科目，结转后本科目无余额。

买卖债券实现的差价收入通过“债券差价收入”科目核算。卖出上市债券时，按成交日应收取的证券清算款，借记“证券清算款”科目；按已计利息，贷记“应收利息”科目；按结转的债券投资成本，贷记“债券投资”科目；按其差额，贷记或借记“债券差价收入”科目。卖出非上市债券，按实际收到的金额，借记“存放同业”科目；按结转的债券投资成本，贷记“债券投资”科目；按已计利息，贷记“应收利息”科目；按其差额，贷记或借记“债券差价收入”科目。“债券差价收入”科目应按债券种类，如国债、企业债、可转换债等，设置明细科目进行明细核算。期末，应将本科目的余额全部转入“本期收益”科目，结转后本科目无余额。

（3）存款利息收入

基金将货币资金存入银行或将清算备付金存入证券交易所就会产生存款利息收入，存款的利息收入通过“存款利息收入”科目核算。逐日计提存放同业、清算备付金存款等各项存款利息时，借记“应收利息”科目，贷记“存款利息收入”科目。实际结息时，借记“存放同业”“清算备付金”科目，贷记“应收利息”科目。“存款利息收入”科目应按存放同业、清算备付金存款等设置明细科目进行明细核算。期末，应将“存款利息收入”科目贷方余额全部转入“本期收益”科目，结转后本科目无余额。

（4）买入返售证券收入

在国家规定的场所进行融券业务而取得的收入通过“买入返售证券收入”科目核算。买入返售证券在融资期限内逐日按直线法计提的利息，借记“应收利息”科目，贷记“买入返售证券收入”科目。“买入返售证券收入”科目应按证券种类等设置明细科目进行明细核算。期末，应将“买入返售证券收入”科目贷方余额全部转入“本期收益”科目，结转后本科目无余额。

（5）其他收入

除上述收入以外，在基金运作过程中还会发生其他一些收入项目，如赎回费扣除基本手续费后的余额、配股手续费返还等。按发生的其他收入，借记有关科目，贷记“其他收入”科目。“其他收入”科目应按其他收入种类设置明细科目进行明细核算。期末，应将“其他收入”科目的贷方余额全部转入“本期收益”科目，结转后本科目无余额。

2. 基金费用的核算

（1）基金管理人报酬

按基金契约和招募说明书的规定计提的基金管理人报酬，包括管理费和业绩报酬，通过“管理人报酬”科目核算。基金管理人报酬应按照基金契约和招募说明书规定的方法和标准计提，并按计提的金额入账。计提基金管理费和业绩报酬时，借记“管理人报酬”科目，贷记“应付管理人报酬”科目；支付基金管理人报酬时，借记“应付管理人报酬”科目，贷记“存放同业”科目。“应付管理人报酬”科目和“管理人报酬”科目都应按管理费和业绩报酬设置明细科目进行明细核算。期末，应将“管理人报酬”科目的借方余额全部转入“本期收益”科目，结转后“管理人报酬”科目无余额。“应付管理人报酬”科目期末贷方余额反映尚未支付给基金管理人的基金管理费和业绩报酬。

（2）基金托管费

按基金契约和招募说明书的规定计提的基金托管费通过“基金托管费”科目核算。计提基金托管费时，借记“基金托管费”科目，贷记“应付托管费”科目；支付基金托管费时，借记“应付托管费”科目，贷记“存放同业”科目。期末，应将“基金托管费”科目的借方余额全部转入“本期收益”科目，结转后“基金托管费”科目无余额。“应付托管费”科目的贷方余额反映尚未支付给基金托管人的基金托管费。

(3) 卖出回购证券支出

在国家规定的场所进行证券回购业务发生的卖出回购证券支出，通过“卖出回购证券支出”科目核算。卖出回购证券在融资期限内按直线法逐日计提的利息支出，借记“卖出回购证券支出”科目，贷记“应付利息”科目。“卖出回购证券支出”科目应按卖出回购证券的种类等设置明细科目进行明细核算。期末，应将“卖出回购证券支出”科目的借方余额全部转入“本期收益”科目，结转后本科目无余额。

(4) 利息支出

基金运作过程中发生的利息支出通过“利息支出”科目核算。逐日计提利息支出时，借记“利息支出”科目，贷记“应付利息”科目。“利息支出”科目应按利息支出的种类设置明细科目进行明细核算。期末，应将“利息支出”科目的借方余额全部转入“本期收益”科目，结转后本科目无余额。

(5) 其他费用

基金运作过程中发生的除上述费用支出以外的其他各项费用，如注册登记费、上市年费、信息披露费用、持有人大会费用、审计费用、律师费用等，通过“其他费用”科目核算。

发生的其他费用，如不影响估值日基金单位净值小数点后第五位，发生时直接计入基金损益，借记“其他费用”科目，贷记“存放同业”等科目。“其他费用”科目应按费用种类设置明细科目进行明细核算。期末，应将“其他费用”科目的借方余额全部转入“本期收益”科目，结转后本科目无余额。

例 10-10 2025年3月1日，ZHL基金在上海证券中央登记结算公司购入150万股A股票，购入价格为10元/股，应付佣金为12 750元，其他各项费用为3 000元，印花税税率为1‰，那么：

股票投资的成本=15 000 000+12 750+3 000+15 000 000×1‰

=15 030 750（元）

作会计分录如下：

借：股票投资——A股票　　15 030 750

　贷：证券清算款——上海证券中央登记结算公司　　15 018 000

　　　应付佣金——上海证券中央登记结算公司　　12 750

次日为资金交收日，作会计分录如下：

借：证券清算款——上海证券中央登记结算公司　　15 018 000

　贷：清算备付金——上海证券中央登记结算公司　　15 018 000

2025年3月3日，上市公司宣布A股票股利政策：以3月3日为除权日，每10股送3股、转2股、配2股、派发1元现金股利，配股价为5元/股，当日收盘价为8元/股，则：

由于送红股和现金股利都要缴纳所得税（所得税税率为20%），ZHL基金可得到的现金股利收入如下：

1 500 000×［0.1×（1−20%）−0.3×20%］=30 000（元）

作会计分录如下：

借：应收股利——A股票　　30 000

　贷：股利收入　　30 000

ZHL基金可得到的股票股利共75万股，其中：送红股45万股（150×3÷10），公积金转增股本30万股（150×2÷10）。在“股票投资”科目“数量”栏增加75万股，但金额不变。

关于因持有股票而享有的配股权，在实际操作中，常常在配股除权日记入“股票投资”科目，并单独为其设立明细账户进行核算，同时从配股除权日起到配股确认日止，按市价高于配股价的差额逐日进行估值，借记“配股权证”科目，贷记“未实现利得”科目。如果在配股期限内未向证券交易所配股，再将其冲销。则本例对配股权核算的会计分录如下：

借：股票投资——A股票（配股权）（5×1 500 000×2÷10）　　1 500 000

　贷：应付股票投资款　　1 500 000

借：配股权证——A股票（（8−5）×1 500 000×2÷10）　　900 000

　贷：未实现利得　　900 000

例10-11 承上例，2025年3月2日，ZHL基金以12元/股的价格卖出A股票50万股，应支付的佣金为5 100元，其他费用为1 150元，印花税税率为1‰，则：

应收取的证券清算款=6 000 000−1 150−6 000 000×1‰=5 992 850（元）

应结转的股票投资成本=15 030 750×50÷150=5 010 250（元）

作会计分录如下：

借：证券清算款——某交易所　　5 992 850

　贷：股票投资——A股票　　5 010 250

　　应付佣金——某交易所　　5 100

　　股票差价收入　　977 500

3月3日为资金交收日，作会计分录如下：

借：清算备付金——某交易所　　5 992 850

　贷：证券清算款——某交易所　　5 992 850

例10-12 2025年3月1日，ZJ基金在上海证券交易所购入D债券10万张，含息价为110元/张，每张含息5元，支付各种手续费1 100元，作会计分录如下：

借：债券投资——D债券　　10 501 100

　　应收利息——应收D债券利息　　500 000

　贷：证券清算款——上海证券中央登记结算公司　　11 001 100

3月2日，资金交收时：

借：证券清算款——上海证券中央登记结算公司　　11 001 100

　贷：清算备付金——上海证券中央登记结算公司　　11 001 100

2025年3月2日，ZJ基金以含息价112元/张的价格卖出D债券5万张，支付手续费560元，作会计分录如下：

借：证券清算款——上海证券中央登记结算公司　　5 599 440

　贷：债券投资——D债券　　5 250 550

　　应收利息——应收D债券利息　　250 000

　　债券差价收入　　98 890

互动课堂

“击鼓传花”作分录

活动目的：通过“击鼓传花”活动，加强对信托投资、保险、租赁、证券、证券投资基金业务核算的熟悉与掌握。

活动说明：在“花”（可以是笔或者其他适合在课堂上传递的物品）的传递过程中，“鼓”（适合课堂上敲击有声物品皆可）声停止，“花”在谁的手中，谁就举例说明一个业务的会计分录，不能有重复。

老师组织：先说明游戏规则和举例要求，然后老师击“鼓”，最后对举例的同学进行点评。

学生活动：在传“花”过程中要适度放松，当“花”停在手中时，要珍惜机会大方自信地恰当举例，加强自己和同学对相关内容的理解和掌握。

推荐阅读资料及网站

1.《会计改革与发展“十四五”规划纲要》

2.“十四五”期间金融会计准则重大调整说明

3.《中华人民共和国信托法》《信托公司管理办法》《中华人民共和国金融稳定法（草案征求意见稿）》

复习思考题

1.信托业务会计核算的特点有哪些？

2.保险业务的分类有哪些？保险业务会计核算的特点有哪些？

3.财产保险业务中的未决赔偿款准备金主要包括的内容有哪些？其核算应设置的科目有哪些？分别核算什么内容？

4.融资租赁出租人的会计处理中应注意哪些问题？

5. 代销、全额承购包销和余额承购包销三种发行方式各有什么特点？

6. 封闭式基金和开放式基金有什么区别？

案例分析一

恒信信托公司（持牌金融机构）2025年发生以下业务：

（1）接受甲公司存入资金5 000万元设立单一资金信托计划，期限2年，约定年化收益率6%。

（2）受自然人李某委托，向乙房地产公司发放贷款3 000万元，年利率9%，恒信信托公司按贷款金额的0.8%收取管理费。

（3）运用集合信托计划资金购入A上市公司股票2 000万元（指定为交易性金融资产），年末公允价值升至2 300万元。

（4）受丙基金公司委托，代持B私募股权基金份额1 500万元，约定超额收益的30%作为恒信信托公司报酬。

问题：

1. 恒信信托公司对甲公司信托存款与李某委托贷款业务，在会计科目设置和风险承担主体上有何本质区别？

2. 请编制恒信信托公司以下业务的会计分录：

（1）收到甲公司信托存款资金；

（2）发放李某委托贷款至乙房地产公司；

（3）年末确认A股票公允价值变动损益。

3. 若丙基金公司委托的B私募基金份额到期以1 800万元退出，恒信信托公司能否将退出收益确认为投资收益？请说明理由。

案例分析二

宏泰保险公司2025年发生以下业务：

（1）承保企业设备财产险，收取保费1 200万元（保险期间1年），年末计提未到期责任准备金。

（2）销售10年期养老年金保险，年初收取保费8 000万元，年末计提寿险责任准备金6 200万元。

（3）将财产险业务的40%分保给瑞丰再保险公司，支付分保费480万元，当期摊回赔款260万元。

问题：

1. 分别说明财产险与人身险业务所计提的法定准备金类型及其计量依据的核心差异。

2. 编制以下业务的会计分录：

（1）收到财产险保费；

（2）计提人身险寿险责任准备金；

（3）支付再保险公司分保费并确认摊回赔款。

3. 若瑞丰再保险公司破产导致20%摊回赔款无法收回，会对宏泰公司财务报表产生什么影响？

第10章

扫码答题

第11章 投资业务的核算

学习目标

通过本章的学习，能够了解投资是银行一项重要的资产业务；了解银行投资业务的内容及特殊规定；掌握企业会计准则中债券、股票投资形成的交易性金融资产、债权投资、其他债权投资等的会计核算及管理方法。

价值引领

◆人生在勤，不索何获？一分耕耘一分收获，自强不息，努力奋斗。

◆坚持风清气正，正直无私，坚守初心，廉洁自律。

专业融合

◆结合不同类型投资业务的学习，时刻警醒高收益的投资存在高风险，在人生路上亦有付出才有收获，勿贪便宜，谨防受骗。

◆在投资业务的核算工作中面对经济利益，应遵守法律规定，保持初心，廉洁自律。

能力培养

◆培养对风险与收益进行权衡及做出更优决策的能力。

◆通过对不同投资业务核算的比较学习，提升思考分析、整合归纳数据的能力。

开篇案例15

银行有发展，金融资产有增长

11.1 交易性金融资产的核算

交易性金融资产是指银行为交易目的持有的债券投资、股票投资、基金投资、权证投资等金融资产。银行持有的直接指定为以公允价值计量且其变动计入当期损益的金融资产也属于交易性金融资产，但不包括衍生金融工具。

11.1.1 科目设置

微课22

转让金融商品应交增值税

1. “交易性金融资产”科目

本科目核算银行为交易目的持有的债券投资、股票投资、基金投资、权证投资等交易性金融资产的公允价值。本科目按照交易性金融资产的类别和品种，分别设置“成本”“公允价值变动”明细科目进行明细核算。本科目期末借方余额反映银行持有交易性金融资产的公允价值。

2. “公允价值变动损益”科目

本科目核算银行交易性金融资产、交易性金融负债，以及采用公允价值模式计量的投资性房地产、衍生工具、套期保值业务中公允价值变动形成的应计入当期损益的利得或损失。本科目按照资产、负债类别进行明细核算。

3. “投资收益”科目

本科目核算银行根据投资准则确认的投资收益或投资损失。本科目按照投资项目进行明细核算。

4. “存放同业”科目

本科目是指商业银行存放在其他银行和非银行金融机构的存款，是商业银行的现金资产之一。

11.1.2 交易性金融资产的具体核算

交易性金融资产的核算主要包括取得交易性金融资产、持有期间收到利息或股利、资产负债表日公允价值变动和出售交易性金融资产的核算。

1. 取得交易性金融资产的核算

银行取得交易性金融资产时，按其公允价值记入“交易性金融资产——成本”科目，但不包括支付价款中已到付息期但尚未领取的利息或已宣告但尚未发放的现金股利，这两种款项记入“应收利息”或“应收股利”科目；交易过程中发生的交易费用按减少投资收益处理；实际支付的金额记入“存放同业”科目。其会计分录为：

借：交易性金融资产——成本

应收利息（或应收股利）

投资收益

贷：存放同业

2. 持有期间收到利息或股利的核算

银行持有交易性金融资产期间被投资单位宣告发放现金股利或在资产负债表日按照债券票面利率计算利息，将其记入“投资收益”科目。其会计分录为：

借：应收利息（或应收股利）

贷：投资收益

收到债券利息或现金股利时，其会计分录为：

借：存放同业

贷：应收利息（或应收股利）

如果债券票面利率与实际利率差异较大，应采用实际利率计算确定债券利息收入。

3. 资产负债表日公允价值变动的核算

资产负债表日，银行应考核交易性金融资产的公允价值变动情况。如果其公允价值高于账面余额，其差额记入“交易性金融资产——公允价值变动”科目。其会计分录为：

借：交易性金融资产——公允价值变动

贷：公允价值变动损益

资产负债表日，公允价值低于其账面余额，按差额作相反的会计分录。

4. 出售交易性金融资产的核算

出售交易性金融资产时，按照实际收到的金额入账；结转该交易性金融资产的成本、公允价值变动，其差额记入“投资收益”科目；同时，将公允价值变动损益转入投资收益。其会计分录为：

借：存放同业

贷：交易性金融资产——成本

（或借）交易性金融资产——公允价值变动

（或借）投资收益

同时，结转公允价值变动损益，其会计分录为：

借：（或贷）公允价值变动损益

贷：（或借）投资收益

例11-1 2024年1月1日，某金融企业从二级市场支付价款102 000元（含已到付息期但尚未领取的利息2 000元）购入某种债券，另发生交易费用3 000元。该债券面值为100 000元，剩余期限为2年，票面年利率为4%，每半年付息一次。其他资料如下：

（1）2024年1月3日，收到该债券2023年下半年利息2 000元。

（2）2024年6月30日，该债券的公允价值为115 000元（不含利息）。

（3）2024年7月3日，收到该债券2024年上半年利息。

（4）2024年12月31日，该债券的公允价值为110 000元（不含利息）。

（5）2025年1月3日，收到该债券2024年下半年利息。

（6）2025年3月31日，该企业将该债券出售，取得价款118 000元（含2025年第1季度利息1 000元）。

假定不考虑其他因素。

该企业的账务处理如下：

2024年1月1日，购入债券时：

借：交易性金融资产——成本　　100 000
　　应收利息　　2 000
　　投资收益　　3 000
　贷：存放同业　　105 000

（1）2024年1月3日，收到该债券2023年下半年利息时：

借：存放同业　　2 000
　贷：应收利息　　2 000

（2）2024年6月30日，确认债券公允价值变动和投资收益时：

借：交易性金融资产——公允价值变动　　15 000
　贷：公允价值变动损益　　15 000
借：应收利息　　2 000
　贷：投资收益　　2 000

（3）2024年7月3日，收到该债券2024年上半年利息时：

借：存放同业　　2 000
　贷：应收利息　　2 000

（4）2024年12月31日，确认债券公允价值变动和投资收益时：

借：公允价值变动损益　　5 000
　贷：交易性金融资产——公允价值变动　　5 000
借：应收利息　　2 000
　贷：投资收益　　2 000

（5）2025年1月3日，收到该债券2024年下半年利息时：

借：存放同业　　2 000
　贷：应收利息　　2 000

（6）2025年3月31日，将该债券出售时：

借：应收利息　　1 000
　贷：投资收益　　1 000
借：存放同业　　117 000
　贷：交易性金融资产——成本　　100 000
　　　　　　　　　——公允价值变动　　10 000

　　贷：投资收益　　7 000

借：公允价值变动损益　　10 000

　　贷：投资收益　　10 000

借：存放同业　　1 000

　　贷：应收利息　　1 000

11.2 其他债权投资的核算

11.2.1　科目设置

拓展阅读 12

债权投资和其他债权投资的区别

“其他债权投资”科目核算银行购买的以公允价值计量且其变动计入其他综合收益的债券等金融资产。这一类金融资产，应在“其他债权投资”总账科目下，按照股票和债券，分别设置“股权投资”和“债权投资”二级科目进行明细核算。“股权投资”下应设置成本、公允价值变动等明细科目进行明细核算。“债权投资”下应设置设“成本”“利息调整”“应计利息”“公允价值变动”等明细科目进行明细核算。其他债权投资发生减值的，可通过“其他综合收益——信用减值准备”科目进行核算。

11.2.2　其他债权投资的具体核算

其他债权投资的核算包括取得其他债权投资、持有期间收到利息或股利、公允价值变动及减值、出售其他债权投资的核算。

1. 取得其他债权投资的核算

银行取得其他债权投资时，应按照债券的面值，记入“其他债权投资——成本”科目；按支付的价款中包含的已到付息期但尚未领取的利息，记入“应收利息”科目；按照实际支付的金额，记入“存放同业”等科目；按差额借记或贷记“其他债权投资——利息调整”科目。其会计分录为：

借：其他债权投资——成本（债券面值）

　　应收利息（已到付息期但尚未领取的利息）

　贷：存放同业

　　　（或借）其他债权投资——利息调整

收到到期的利息，冲减应收利息，记入“存放同业”科目。其会计分录为：

借：存放同业

　贷：应收利息

2. 持有期间收到利息或股利的核算

持有期间其他债权投资如未发生减值，其持有期间的收益采用以下方法核算：

（1）其他债权投资为分期付息、一次还本的债券投资

分期付息、一次还本的其他债权投资，于资产负债表日按照票面利率计算确定的应收未收利息，记入“应收利息”科目；按照其他债权投资摊余成本和实际利率计算确定的利息收入，记入“投资收益”科目；其差额记入“其他债权投资——利息调整”科目。其会计分录为：

借：应收利息

　贷：投资收益

　　　（或借）其他债权投资——利息调整（差额）

收到利息后，其会计分录为：

借：存放同业

　贷：应收利息

（2）其他债权投资为一次还本付息的债券投资

一次还本付息的其他债权投资，应于资产负债表日按照票面利率计算确定的应收未收利息，记入“其他债权投资——应计利息”科目；按照其他债权投资摊余成本和实际利率计算确定的利息收入，记入“投资收益”科目；其差额记入“其他债权投资——利息调整”科目。其会计分录为：

借：其他债权投资——应计利息

　贷：投资收益

　　　（或借）其他债权投资——利息调整（差额）

持有期间其他债权投资如发生减值，其持有期间收益的确认比照“贷款”的规定处理。

3. 公允价值变动及减值的核算

（1）资产负债表日公允价值变动

资产负债表日，其他债权投资的公允价值高于其账面余额，其差额记入“其他债权投资——公允价值变动”和“其他综合收益”科目。其会计分录为：

借：其他债权投资——公允价值变动

　贷：其他综合收益——其他债权投资公允价值变动

资产负债表日，其他债权投资的公允价值低于其账面余额，作相反的会计分录。

（2）其他债权投资减值

根据金融工具确认和计量准则确定其他债权投资发生减值的，按照应减记的金额，记入“信用减值损失”科目；同时，从所有者权益转出原计入其他综合收益的累计损失金额；其差额记入“其他债权投资——公允价值变动”科目。其会计分录为：

借：信用减值损失
　贷：其他综合收益——信用减值准备
　　　其他债权投资——公允价值变动（差额）

4. 出售其他债权投资的核算

出售其他债权投资时，应按实际收到的金额入账，同时结转其账面余额（包括成本、公允价值变动、利息调整、应计利息）、所有者权益中的公允价值累计变动额，其差额记入“投资收益”科目。其会计分录为：

借：存放同业
　　（或贷）其他综合收益——其他债权投资公允价值变动
　贷：其他债权投资——成本
　　（或借）　　　——公允价值变动
　　（或借）　　　——利息调整
　　　　　　　　　——应计利息
　　（或借）投资收益（差额）

11.3 债权投资的核算

债权投资是指银行购买的以摊余成本计量的投资。

11.3.1 科目设置

1.“债权投资”科目

本科目核算银行债权投资的价值。本科目应当设置“成本”“利息调整”“应计利息”等科目进行明细核算。本科目期末借方余额反映银行债权投资的摊余成本。

2.“债权投资减值准备”科目

本科目核算银行债权投资发生减值时计提的减值准备。本科目按照债权投资的类别和品种进行明细核算。本科目期末贷方余额反映银行已计提但尚未转销的债权投资减值准备。

11.3.2 债权投资的核算

债权投资的核算包括取得债权投资、持有期间收到利息、资产负债表日债权投资减值、出售债权投资的处理等内容。

1. 取得债权投资的核算

银行取得债权投资时，按照公允价值与交易费用之和，记入“债权投资——成本”科目；已到付息期但尚未领取的利息，记入“应收利息”科目；按照实际支付的金额，记入“存放同业”“应交税费”等科目；按照其差额，记入“债权投资——利息调整”科目。其会计分录为：

借：债权投资——成本

　　应收利息

　贷：存放同业

　　　应交税费

　　　（或借）债权投资——利息调整

收到取得债权投资支付的价款中包含的已到付息期但尚未领取的债券利息，冲减应收利息，记入“存放同业”科目。其会计分录为：

借：存放同业

　贷：应收利息

2. 持有期间收到利息的核算

持有期间债权投资如未发生减值，其持有期间收益采用以下方法核算：

（1）债权投资为分期付息、一次还本债券投资

分期付息、一次还本的债权投资，应于资产负债表日按照票面利率计算确定的应收未收利息，记入“应收利息”科目；按照债权投资摊余成本和实际利率计算确定的利息收入，记入“投资收益”科目；其差额记入“债权投资——利息调整”科目。其会计分录为：

借：应收利息

　贷：投资收益

　　　（或借）债权投资——利息调整

收到债权投资持有期间利息时，其会计分录为：

借：存放同业

　贷：应收利息

（2）债权投资为一次还本付息债券投资

一次还本付息的债权投资，应于资产负债表日按照票面利率计算确定应收未收利息，记入“债权投资——应计利息”科目；按照债权投资摊余成本和实际利率计算确定的利息收入，记入“投资收益”科目；其差额记入“债权投资——利息调整”科目。其会计分录为：

借：债权投资——应计利息

　贷：投资收益

　　　（或借）债权投资——利息调整

持有期间债权投资如发生减值，其持有期间利息收入的确认比照“贷款”的规定处理。

3. 资产负债表日债权投资减值的核算

资产负债表日，银行根据金融工具确认和计量准则确定债权投资发生减值的，按照应减记的金额，借记“信用减值损失”科目，贷记“债权投资减值准备”科目。其会计分录为：

借：信用减值损失

　贷：债权投资减值准备

已计提减值准备的债权投资价值以后又得以恢复，应在原已计提的减值准备金额内，按照恢复增加的金额，作相反的会计处理。其会计分录为：

借：债权投资减值准备

　贷：信用减值损失

4. 出售债权投资的核算

出售债权投资时，应按实际收到的金额入账，同时结转其账面余额、所有者权益中的公允价值累计变动额，其差额记入“投资收益”科目。其会计分录为：

借：存放同业

　贷：债权投资——成本

　　　　　　——应计利息

　　　　　　——利息调整

　　（或借）投资收益（差额）

例11-2 2025年1月1日，某企业支付1 000元（含交易费用）价款从活跃市场上购入某公司5年期公司债券，面值1 250元。票面利率为4.72%，按年支付利息（即每年59元），本金最后一次支付。合同约定，该债券的发行方在遇到特定情况时可以将债券赎回，且不需要为提前赎回支付额外款项。该公司在购买该债券时，预计发行方不会提前赎回。假定不考虑所得税、减值损失等因素。

计算实际利率r：

$$59\times(1+r)^{-1}+59\times(1+r)^{-2}+59\times(1+r)^{-3}+59\times(1+r)^{-4}+(59+1\ 250)\times(1+r)^{-5}=1\ 000$$

由此得出r=10%。

债权投资利息及摊余成本计算表见表11-1。

表11-1　**债权投资利息及摊余成本计算表**　单位：元

年份	期初摊余成本（a）	实际利息（b）（按10%计算）	现金流入（c）	期末摊余成本（d=a+b-c）
2025	1 000	100	59	1 041
2026	1 041	104	59	1 086
2027	1 086	109	59	1 136
2028	1 136	114	59	1 191
2029	1 191	118	1 250+59	0

注：表中部分数字考虑了计算过程中出现的尾数；上述计算过程中出现小数的，四舍五入至个位；最后一年实际利息轧差得出。

根据上述数据，该公司的有关账务处理如下：

(1) 2025年1月1日，购入债券时：

借：债权投资——成本　　1 250

　贷：存放同业　　1 000

　　债权投资——利息调整　　250

(2) 2025年12月31日，确认实际利息收入、收到票面利息时：

借：应收利息　　59

　　债权投资——利息调整　　41

　贷：投资收益　　100

借：存放同业　　59

　贷：应收利息　　59

(3) 2026年12月31日，确认实际利息收入、收到票面利息时：

借：应收利息　　59

　　债权投资——利息调整　　45

　贷：投资收益　　104

借：存放同业　　59

　贷：应收利息　　59

(4) 2027年12月31日，确认实际利息收入、收到票面利息时：

借：应收利息　　59

　　债权投资——利息调整　　50

　贷：投资收益　　109

借：存放同业　　59

　贷：应收利息　　59

(5) 2028年12月31日，确认实际利息收入、收到票面利息时：

借：应收利息　　59

　　债权投资——利息调整　　55

　贷：投资收益　　114

借：存放同业　　59

　贷：应收利息　　59

(6) 2029年12月31日，确认实际利息收入、收到票面利息和本金时：

借：应收利息　　59

　　债权投资——利息调整　　59

　贷：投资收益　　118

借：存放同业　　59

　贷：应收利息　　59

借：存放同业　　1 250

　贷：债权投资——成本　　1 250

推荐阅读资料及网站

1.《会计改革与发展“十四五”规划纲要》

2. 中华人民共和国监察法动漫微视频，http：//www.xinpianchang.com/a11072660

复习思考题

1. 投资业务的分类有哪些？
2. 取得和出售其他债权投资应如何核算？
3. 取得和出售债权投资应如何核算？
4. 为何要计提债权投资减值准备？

案例分析

某银行于 2024 年 1 月 2 日购入长江公司普通股 500 000 股，每股 30 元。长江公司共有普通股 2 000 000 股流通在外，该公司股票在 2023 年 12 月 31 日每股的账面净值为 25 元。2024 年度长江公司实现的净利润为 6 000 000 元，并分配每股股利 2 元。某银行管理当局正在研究应如何将此项投资在报表上加以表述。

该银行财务经理认为，由于该银行拥有长江公司 25% 的股权，长江公司净利润的 25% 实际已为该公司所有，应将其列为投资收益。而财务副经理则认为，该项投资应与其他资产一样，按成本表达，仅收到的股利可以作为投资收益。

问题：

1. 请问如何解决此项争议。

2. 你比较赞成财务经理的见解，但财务副经理问你：“尽管你说得头头是道，但你知道按照哪种做法，投资金额既不代表股票市价（年底市价为 28 元/股），也不代表成本吗？”请你回答财务副经理的问题。

第 11 章

扫码答题

第12章 内部财务的核算

学习目标

通过本章的学习，能够理解银行内部财务管理及核算的基本内容；掌握固定资产、无形资产取得及减少的途径，以及计提折旧（摊销）、期末计价及相关计算的方法；掌握收入、费用和利润以及所有者权益的核算方法。

价值引领

◆弘扬扶贫济困的传统美德，发扬雪中送炭的温暖友爱精神。

◆树立纳税光荣的思想，建立正确的金钱观。

专业融合

◆以“营业外支出之捐赠”内容，引导乐善好施，乐于助人，在别人需要之时伸出援助之手，积极参与公益事业。

◆结合税金及附加、所得税费用与国防安全、基础设施建设等的联系，加深对税收来源与去向的理解，明白税收取之于民、用之于民、造福于民，践行依法诚信纳税。

能力培养

◆培养遵照法律规定及准则正确核算金融企业内部财务业务的专业胜任能力。

◆结合收入、支出及利润的核算，培养因果逻辑思维与抽丝剥茧的分析能力。

12.1
固定资产业务的核算

12.1.1 固定资产概述

微课 23

外购固定资产的增值税进项税额如何抵扣

1. 固定资产的确认

固定资产是指同时具有以下特征的有形资产：

① 为生产商品、提供劳务、出租或经营管理而持有的。

② 使用寿命超过一个会计年度。

固定资产同时满足下列条件的，才能予以确认：

① 与该固定资产有关的经济利益很可能流入企业。

② 该固定资产的成本能够可靠地计量。

由于各银行的经营规模、经营内容等各不相同，因此固定资产的标准也不可能强求一致，各银行应当根据制度中规定的固定资产的标准和定义，结合本行的具体情况，制定适合本行的固定资产目录、分类方法、每类或每项固定资产的使用寿命、折旧方法，作为进行固定资产核算的依据。

2. 固定资产的分类

固定资产的分类标准较多，目前主要有以下几种：

（1）按固定资产经济用途的不同，可分为经营用固定资产和非经营用固定资产

经营用固定资产是指直接参与银行的经营活动或直接为银行的经营活动服务的固定资产，如经营用的房屋、建筑物、电子设备、运输设备、工具器具、机器设备等。经营用固定资产是银行固定资产的主体。

非经营用固定资产是指不直接为银行的经营活动服务的固定资产，如职工宿舍、幼儿园、食堂、招待所等单位使用的房屋、设备和其他固定资产。

（2）按固定资产使用情况的不同，可分为使用中、未使用和不需用固定资产

使用中固定资产是指正在使用过程中的经营性固定资产和非经营性固定资产。由于季节性经营或大修理等原因，暂时停止使用的固定资产仍属于银行使用中的固定资产，企业出租给其他单位使用的固定资产和内部替换使用的固定资产也属于使用中的固定资产。

未使用固定资产是指已完工或已购建但尚未投入使用的新增固定资产，以及因进行改建、扩建等原因暂时停止使用的固定资产，如银行购建的尚待安装的固定资产、经营任务变更停止使用的固定资产以及主要的备用设备等。

不需用固定资产是指银行多余或不适用的各种固定资产。

(3) 按固定资产所有权的不同，可以分为自有固定资产和租入固定资产

自有固定资产是指银行拥有所有权，可供银行自由支配使用的固定资产。租入固定资产是指银行没有所有权和最终处置权，而只是以定期支付租金的方式从其他单位租入，在一定时期内使用的固定资产。

目前，银行一般将以上分类标准结合起来，对固定资产进行综合分类，分为经营用固定资产、非经营用固定资产、未使用固定资产、不需用固定资产、租入固定资产、经营租出固定资产等。

12.1.2　固定资产的计价

1. 固定资产的计价基础

固定资产的计价基础主要有以下两种：

(1) 按历史成本计价

历史成本是指银行购建某项固定资产达到可使用状态前所发生的一切合理、必要的支出。银行新购建固定资产的计价、确定计提折旧的依据等，均采用历史成本。这种计价方法的主要优点是具有客观性和可验证性；其缺点是当经济环境和市场物价水平发生变化时，它不能反映固定资产的真实价值。

(2) 按净值计价

净值，又叫折余价值，是指固定资产的原始价值减去已计提折旧后的余额。这种计价方法可以反映实际占用的固定资产价值，从而了解固定资产的新旧程度，以便安排固定资产的更新改造。这种计价方法主要用于计算盘盈、盘亏、毁损固定资产的溢余或损失的实际价值。

2. 固定资产的价值构成

固定资产的价值构成是指固定资产价值所包括的范围。由于固定资产的来源渠道不同，因此其价值构成的具体内容也有所差异。

①自行建造的固定资产，其成本由建造该项资产达到预定可使用状态前所发生的必要支出构成。

②购入的固定资产，其成本包括实际支付的买价、相关税费以及使固定资产达到预定可使用状态前所发生的可归属于该项资产的运输费、装卸费、安装费和专业人员服务费等。

③投资者投入的固定资产，其成本按照投资合同或协议约定的价值确定，合同或协议约定价值不公允的除外。

④因非货币性资产交换换入的固定资产，在换出资产公允价值能够可靠计量时，以换出资产的公允价值作为计价基础，再根据补价进行调整。

⑤因债务重组收到的用以清偿债务的固定资产，按公允价值入账，债权的账面余额与固定资产的公允价值之间的差额，计入当期损益。

⑥同一控制下企业合并取得的固定资产，按照合并日被合并方的账面价值计量；非同

一控制下企业合并取得的固定资产，按照购买日固定资产公允价值计量。

⑦在原有固定资产基础上进行改建、扩建的固定资产，按原固定资产的账面价值加上改建、扩建时发生的实际支出，扣减改建、扩建过程中发生的变价收入后的金额作为入账价值。

⑧接受捐赠的固定资产，按以下规定确定其入账价值：

捐赠方提供了有关凭据的，按凭据上标明的金额加上应支付的相关税费，作为入账价值。捐赠方没有提供有关凭据的，按如下顺序确定其入账价值：

第一，同类或类似资产存在活跃市场的，按市场价格估计的金额加上应支付的相关税费，作为入账价值。

第二，同类或类似资产不存在活跃市场的，按接受捐赠固定资产的预计未来现金流量现值，作为入账价值。如受赠的是旧的固定资产，按照上述方法确认的新固定资产价值，减去按该项资产的新旧程度估计的价值损耗后的余额，作为入账价值。

⑨盘盈的固定资产，按以下规定确定其入账价值：

第一，同类或类似资产存在活跃市场的，按市场价格估计的金额减去按该项资产的新旧程度估计的价值损耗后的余额作为入账价值；

第二，同类或类似资产不存在活跃市场的，以该项固定资产的预计未来现金流量现值，作为入账价值。确定固定资产成本时，应当考虑预计弃置费用因素。

3. 固定资产的期末计价

金融企业的固定资产应当在期末按照账面价值与可收回金额孰低计量，可收回金额低于账面价值的差额，应当计提固定资产减值准备。

12.1.3 固定资产业务的核算

1. 固定资产增加业务的核算

（1）购入固定资产

①购入不需要安装的固定资产时，按实际支付的买价、运输费、保险费、包装费和缴纳的有关税费等作为固定资产原价入账。其会计分录为：

借：固定资产——使用中××固定资产

　　应交税费——应交增值税——进项税额

　　贷：存放同业（或××科目）

②购入需要安装的固定资产时，安装前实际支付的买价、运输费、装卸费和缴纳的有关税费等，以及安装过程中发生的安装费等均应通过“在建工程”科目进行核算，待安装完毕交付使用时，再由“在建工程”科目转入“固定资产”科目。

购入这类固定资产等待安装时，其会计分录为：

借：在建工程——××工程

　　贷：存放同业（或××科目）

安装固定资产发生安装费用时，其会计分录为：

借：在建工程——××工程

贷：存放同业（或××科目）

固定资产安装完毕交付使用时，其会计分录为：

借：固定资产——使用中××固定资产

贷：在建工程——××工程

（2）自行建造固定资产

自行建造固定资产是指银行自行建造房屋、建筑物、各种设施以及进行大型机器设备的安装工程等，也称为在建工程，包括固定资产新建工程、改扩建工程、大修理工程、设备安装工程等。在建工程按其实施的方式不同，分为自营工程和出包工程两种。

①自营工程。

自营建造工程的，购入的工程物资按购入物资的实际支出入账。其会计分录为：

借：工程物资——工程用材料物资

贷：存放同业（或××科目）

领用工程材料物资时，其会计分录为：

借：在建工程——××工程

贷：工程物资——工程用材料物资

建造过程中发生其他有关工程费用时，按实际发生金额入账。其会计分录为：

借：在建工程——××工程

贷：存放同业（或××科目）

工程达到预定可使用状态并交付使用时，其会计分录为：

借：固定资产——使用中××固定资产

贷：在建工程——××工程

虽已交付使用，但尚未办理竣工决算手续的工程，自交付使用之日起，按工程预算、造价或工程成本等资料，先估价转入“固定资产”科目，并按制度中关于计提固定资产折旧的规定，计提固定资产的折旧，待办理了竣工决算手续后再作调整。

②出包工程。

凡采取出包方式建造固定资产的，工程成本的具体支出在承包单位核算，在这种方式下，“在建工程”科目实际成为银行与承包单位的结算科目，银行应将与承包单位结算的工程价款作为工程成本，通过“在建工程”科目核算。

银行按合同或协议规定预付承包单位工程价款时，按预付的实际金额入账。其会计分录为：

借：在建工程——××工程

贷：存放同业（或××科目）

工程完工交付使用时，按实际发生的全部支出入账。其会计分录为：

借：固定资产——使用中××固定资产

贷：在建工程——××工程

（3）接受捐赠的固定资产

银行接受捐赠的固定资产，按照确定的入账价值，借记“固定资产”科目；按未来应缴的所得税，贷记“递延所得税负债”科目；按确定的入账价值减去未来应缴所得税的余额，贷记“营业外收入”科目；按应支付的相关税费，贷记“存放同业”等科目。其会计分录为：

借：固定资产——使用中××固定资产

贷：递延所得税负债

营业外收入

存放同业（或××科目）

（4）投资者投入的固定资产

投资者投入的固定资产，按投资合同或协议确认的价值记账。其会计分录为：

借：固定资产——使用中××固定资产

贷：实收资本——××投资人

（5）租入固定资产

①短期租赁和低价值资产租赁。

短期租赁是指在租赁期开始日，租赁期不超过12个月的租赁。包括购买选择权的租赁不属于短期租赁。

低价值资产租赁是指单项租赁资产为全新资产时价值较低的租赁，低价值资产租赁的判定仅与资产的绝对价值有关，不受承租人规模性质或其他情况的影响。承租人转租或逾期转租租赁资产的，原租赁不属于低价值资产租赁。

对于短期租赁和低价值资产租赁，承租人可以选择不确认使用权资产和租赁负债。做出该选择的承租人应当将短期租赁和低价值资产租赁的租赁付款额在租赁期内各个期间按照直线法或其他系统合理的方法计入相关资产成本或当期损益，其他系统合理的方法，能够更好地反映承租人的受益模式的，承租人应当采用该方法。

②承租人的一般租赁。

承租人的一般租赁即融资租赁的会计处理主要涉及以下几个问题：

A. 租赁开始日的会计处理。租赁开始日承租人同时确认使用权资产和租赁负债。使用权资产按照成本进行初始计量，成本包括：租赁负债初始计量金额，在租赁开始日或之前支付的租赁付款额，初始直接费用，承租人为拆卸及移除租赁资产、复原租赁资产所在场地等发生的成本。租赁负债应当按照租赁期开始日尚未支付的租赁付款额的现值进行初始计量。如果直接按租赁付款额进行登记，则需要同时按尚未支付的租赁付款额与其现值的差额记入“租赁负债——未确认融资费用”。

B. 初始直接费用的会计处理。对所发生的初始直接费用登记为租赁资产价值，借记“融资租赁资产”，贷记“银行存款”。

C. 融资费用的分摊。在融资租赁下，承租人向出租人支付的租金中包含了本金和利息两部分，承租人支付租金时，一方面减少租赁负债，另一方面同时将未确认的融资费用，按一定的方法确认为当期的融资费用。在先付租金（每期期初等额支付租金）的情况下，租赁期第1期支付的租金不含利息，只需要减少长期应付款，不必确认当期融资费用，在分摊融资费用时，承租人应采用一定的方法加以计算，这些方法包括实际利率法、直线法、年数总和法等。租赁准则要求采用实际利率法。

D. 租赁资产折旧的计提。承租人应对融资租入的固定资产计提折旧，主要应解决两个问题，一是折旧政策，二是折旧期间。折旧政策：计提租赁资产折旧时，承租人应采用与自有应折旧资产相一致的折旧政策，如果承租人或与其相关的第三方对租赁资产余值提供了担保，则应计提折旧总额为租赁开始日固定资产入账价值扣除担保余值后的余额，如果承租人或与其有关的第三方未对租赁资产余值进行担保，则应计提折旧总额为租赁开始日固定资产的入账价值。折旧期间：确定租赁资产的折旧期间时，如果能够合理确定租赁期满时承租人将会取得租赁资产所有权或认为承租人拥有该项资产的全部尚可使用年限，则从租赁开始，以租赁资产的尚可使用年限作为折旧期间；如果无法合理确定租赁期满后承租人是否能够取得租赁资产的所有权，则应以租赁期和租赁资产尚可使用年限两者中较短者，作为折旧期间。

E. 履约成本和可变租赁付款额的会计处理。对租入资产的改良支出、技术咨询、人员培训费等支出应予递延或直接计入当期费用，借记“长期待摊费用”“业务及管理费用”等，贷记“存放同业”。经常性修理和保险费等直接计入当期费用

F. 租赁期届满时的会计处理。租赁期届满时，分不同情况进行以下会计处理：

一是返还租赁资产的会计处理：

借：租赁负债——租赁付款额

　　累计折旧

　贷：使用权资产

二是如果承租人行使优惠续租选择权，则应视同该项租赁一直存在而做出相应的账务处理。

三是承租人享有优惠购买权的情况下，支付购买价款时：

借：租赁负债——应付融资租赁款

　贷：存放同业

同时将使用权资产转入固定资产。

（6）盘盈的固定资产

银行应定期或不定期地对固定资产进行清查盘点，在清查过程中发现盘盈的固定资产，应按同类或类似固定资产的市场价格，减去按该项资产的新旧程度估计的价值损耗后的余额进行处理。其会计分录为：

盘盈固定资产时：

借：固定资产（市价减去估计折旧）

　贷：待处理财产损溢——待处理固定资产损溢

报经批准后转销：

借：待处理财产损溢——待处理固定资产损溢

　贷：以前年度损益调整——固定资产盘盈

2. 固定资产减少业务的核算

(1) 固定资产出售、报废和毁损等

金融企业因固定资产出售、报废、毁损、对外投资、非货币性资产交换、债务重组等减少固定资产时，设置“固定资产清理”科目进行核算。本科目核算依上述原因转入清理的固定资产价值以及在清理过程中发生的清理费用和清理收入等。本科目按照被清理的固定资产项目进行明细核算。

根据《营业税改征增值税试点有关事项的规定》，一般纳税人销售自己使用过的、纳入营改增试点之日前取得的固定资产（非不动产），适用简易办法依照3%征收率减按2%征收。一般纳税人转让其2016年4月30日前取得（不含自建）的不动产，可以选择适用简易计税方法计税，以取得的全部价款和价外费用扣除不动产购置原价为销售额，按照5%的征收率计算应纳税额。纳税人应按照上述计税方法向不动产所在地预缴税款，向机构所在地主管税务机关申报纳税。

①将出售、报废、毁损、对外投资、非货币性资产交换、债务重组等原因处置的固定资产的账面净值转入“固定资产清理”科目。其会计分录为：

借：固定资产清理
　　累计折旧
　　固定资产减值准备
　贷：固定资产

②对于发生的清理费用以及应支付的相关税费，应根据支款凭证，按照实际支出数转账。其会计分录为：

借：固定资产清理
　贷：存放同业（或××科目）
　　应交税费——应交增值税

③取得出售固定资产价款、残料价值、变价收入时，其会计分录为：

借：存放同业（或××科目）
　　其他应收款（应由保险公司或过失人赔偿部分）
　贷：固定资产清理

④固定资产清理完毕时，分两种情况处理：

一是对于因固定资产已丧失使用功能或因自然灾害发生毁损等原因而报废清理产生的利得或损失应计入营业外收支。

其会计分录为：

借：营业外支出——非常损失（非正常损失）
或　　　　　　——非流动资产处置损失（正常原因）
　贷：固定资产清理

二是如为经营期间固定资产服务潜能尚未耗尽而将固定资产出售，售价与固定资产账面净值之间的差额，作为资产清理损益，计入资产处置损益。其会计分录为：

借：资产处置损益

贷：固定资产清理

或 借：固定资产清理

贷：资产处置损益

例12-1 某银行为营改增后增值税一般纳税人，2024年7月销售2015年12月1日购入的小汽车，小汽车账面原值为117 000元，已提折旧69 468.75元。销售价格为50 000元。销售营改增之前取得的固定资产可以适用简易计税办法按3%计算，减按2%缴纳增值税，但不得开具增值税专用发票，只能开具增值税普通发票。

本月应交增值税=50 000÷1.03×0.02=970.87（元）

借：固定资产清理 47 531.25

累计折旧 69 468.75

贷：固定资产——小汽车 117 000

借：存放同业 50 000

贷：固定资产清理 49 029.13

应交税费——应交增值税 970.87

借：固定资产清理 1 497.88

贷：资产处置损益 1 497.88

下月申报缴纳税款时：

借：应交税费——应交增值税 970.87

贷：存放同业 970.87

例12-2 某银行为增值税一般纳税人，出售其2016年4月30日前购入房产1套给B公司，取得含税收入200万元，房产购入原价120万元，已提折旧60万元。

本月应交增值税=（2 000 000−1 200 000）÷1.05×0.05=38 095.24（元）

借：固定资产清理 600 000

累计折旧 600 000

贷：固定资产——房屋 1 200 000

借：存放同业 2 000 000

贷：固定资产清理 1 961 904.76

应交税费——应交增值税 38 095.24

借：固定资产清理 1 361 904.76

贷：资产处置损益 1 361 904.76

缴纳增值税时：

借：应交税费——应交增值税 38 095.24

贷：存放同业 38 095.24

（2）投资转出固定资产

银行用固定资产对外投资时，按转出固定资产的账面价值加上应支付的相关税费，借记“长期股权投资”科目；按投出固定资产已计提折旧，借记“累计折旧”科目；按该项固定资产已计提的减值准备，借记“固定资产减值准备”科目；按投出固定资产的账面原价，贷记“固定资产”科目；按应支付的相关税费，贷记“应交税费”等科目。

（3）无偿调出固定资产

银行根据有关部门的批准，无偿调出固定资产给其他行时，应按照调出固定资产的账面净值及所发生的清理费用冲减资本公积。其会计分录为：

借：资本公积——无偿调出固定资产

　　累计折旧

　贷：固定资产

（4）盘亏固定资产

银行对固定资产进行清查盘点时，发现盘亏的固定资产，应由实物保管部门报经有关部门批准处理。在处理前，应将其账面净值记入“待处理财产损溢——待处理固定资产损溢”科目；报经批准处理后，对盘亏净损失作相应处理。

①处理前，其会计分录为：

借：待处理财产损溢——待处理固定资产损溢

　　累计折旧

　　固定资产减值准备

　贷：固定资产——使用中××固定资产

②经有关部门批准，应由有关责任人员赔偿时，其会计分录为：

借：其他应收款——××（或××科目）

　贷：待处理财产损溢——待处理固定资产损溢

③经有关部门批准，结转盘亏净损失，其会计分录为：

借：营业外支出——固定资产盘亏

　贷：待处理财产损溢——待处理固定资产损溢

3. 固定资产折旧业务的核算

（1）影响固定资产折旧的因素

银行的固定资产可以长期参加经营过程而仍保持其原有的实物形态，但其价值将随着固定资产的使用而逐渐转移到营业费用中。在固定资产使用寿命内，按照确定的方法对应计折旧额进行系统分摊的部分称为折旧。

在计提固定资产折旧时，影响折旧的因素主要有：

① 应计折旧额。

它是指应当计提折旧的固定资产的原值扣除其预计净残值后的金额。已计提减值准备的固定资产，还应当扣除已计提的固定资产减值准备的累计金额。

② 预计净残值。

它是指假定固定资产预计使用寿命已满并处于使用寿命终了时的预期状态，企业从该项资产处置中获得的扣除预计处置费用后的金额。

③ 使用寿命。

它是指固定资产的预计使用寿命。

④ 折旧方法。

它是指固定资产计提折旧的会计核算方法。

（2）计提固定资产折旧的有关规定

银行一般应按月提取折旧，并根据用途计入相关资产的成本或者当期损益。当月增加的固定资产，当月不计提折旧，从下月起计提折旧；当月减少的固定资产，当月照旧计提折旧，从下月起不计提折旧。

固定资产提足折旧后，不论能否继续使用，均不再提取折旧；计提前报废的固定资产，也不再补提折旧；单独计价入账的土地不计提折旧。

银行因改建、扩建等原因而调整固定资产价值的，应当根据调整后的价值，预计尚可使用年限和净残值，按选定的折旧方法计提折旧。

对于接受捐赠的旧的固定资产，应当按照规定的固定资产入账价值、预计尚可使用年限、预计净残值以及所选用的折旧方法，计提折旧。

（3）计算固定资产折旧的方法

银行应当根据固定资产的性质和消耗方式，合理地确定固定资产的预计使用寿命和预计净残值，并根据科技发展、环境及其他因素，选择合理的固定资产折旧方法。

固定资产折旧方法可以采用年限平均法、工作量法、年数总和法、双倍余额递减法等，其中后两种折旧方法统称加速折旧法。折旧方法一经确定，不得随意变更。但在年末，银行需要对固定资产的使用寿命、预计净残值和折旧方法进行复核，如有差异，可进行调整。下面主要介绍年限平均法。

年限平均法，又称直线法，是将固定资产的应计折旧总额均衡地分摊到使用年限内各期间的一种方法。采用这种方法计算的每期折旧额是等额的。其计算公式如下：

年折旧率=（1-预计净残值率）÷预计使用年限×100%

月折旧率=年折旧率÷12

月折旧额=固定资产原价×月折旧率

上述折旧率按个别固定资产单独计算的称为个别折旧率，即某项固定资产在一定期间的折旧额与该项固定资产原价的比率。此外，还可以计算分类折旧率和综合折旧率。采用年限平均法计算固定资产折旧虽然比较简便，但它存在明显的局限性。首先，该种方法没有考虑固定资产在使用前期和后期提供不同的经济效益这一事实；其次，该种方法也没有考虑固定资产在不同的使用年限内发生不同的维修费用这一因素。

（4）固定资产折旧的账务处理

银行每期计提的固定资产折旧一般计入业务及管理费用。其会计分录如下：

借：业务及管理费用——固定资产折旧

　贷：累计折旧

4. 固定资产期末计价的核算

会计期末时，应按照固定资产账面价值与可收回金额孰低的原则，对固定资产计价。按照可收回金额低于账面价值的差额，计提固定资产减值准备。其会计分录为：

借：资产减值损失——计提固定资产减值准备

　贷：固定资产减值准备

12.2
无形资产和其他资产业务的核算

拓展阅读13

大行工匠

12.2.1　无形资产概述

1. 无形资产的计价

无形资产是指企业拥有或者控制的没有实物形态的可辨认非货币性资产。

银行的无形资产应当按照成本进行初始计量。在实际工作中，由于各项无形资产的取得渠道不同，所以应区分下列情况具体确定：

①银行购买另一个企业时，商誉应根据银行支付的价款扣除被收购企业可辨认资产的公允价值减去负债后的余额计价入账。

②外购除商誉以外的其他无形资产，其成本包括购买价款、相关税费以及直接归属于使该项资产达到预定用途所发生的其他支出。

③接受投资者投入的无形资产，其成本应当按照投资合同或协议约定的价值确定，但合同或协议约定价值不公允的除外。首次发行股票而接受投资者投入的无形资产，应以该项无形资产在投资方的账面价值作为实际成本。

④接受捐赠的无形资产，应按以下规定确定其实际成本：

捐赠方提供了有关凭据的，按凭据上标明的金额加上应支付的相关税费，作为实际成本。

捐赠方没有提供有关凭据的，按如下顺序确定其实际成本：

第一，同类或类似无形资产存在活跃市场的，按市场价格估计的金额，加上应支付的相关税费，作为实际成本；

第二，同类或类似无形资产不存在活跃市场的，按该无形资产的预计未来现金流量现值，作为实际成本。

⑤自行开发研制并依法取得的无形资产，应当区分研究阶段支出与开发阶段支出。研究阶段支出应当于发生时计入当期损益；开发阶段支出，满足相关条件才能确认为无形资

产的成本。

⑥因非货币性资产交换、债务重组、政府补助和企业合并取得的无形资产分别按照相关会计准则确定其成本。

企业自创商誉以及内部产品品牌、报刊名等，不应确认为无形资产。

2. 无形资产的核算

（1）购入无形资产

银行购入无形资产时，应根据支付凭证按照购入时实际支付的总价款办理转账。其会计分录为：

借：无形资产——××

应交税费——应交增值税——进项税额

贷：存放同业（或××科目）

（2）投资者投入无形资产

银行接受投资者投入的无形资产，按合同或协议确认的价值转账。其会计分录为：

借：无形资产——××

贷：实收资本——××（或拨入营运资金——上级行户）

（3）接受捐赠的无形资产

银行接受捐赠的无形资产，根据所附单据列示金额或参照同类无形资产的市场价格，办理转账。其会计分录为：

借：无形资产——××

贷：营业外收入

（4）自创并按法定程序申请取得的无形资产

借：无形资产——××

贷：存放同业等

（5）购入的土地使用权

银行购入的土地使用权，或以支付土地出让金方式取得的土地使用权，应按照实际支付的价款，借记“无形资产”科目，贷记“存放同业”等科目。银行利用土地建造自用项目时，将土地使用权的账面价值全部转入该在建工程，借记“在建工程”科目，贷记“无形资产”科目。

（6）无形资产的摊销

①无形资产的摊销期限。

第一，使用寿命有限的无形资产。

企业应当于取得无形资产时分析判断其使用寿命。无形资产的使用寿命有限的，应当估计该使用寿命的年限或者构成使用寿命的产量等类似计量单位数量。

使用寿命有限的无形资产，其应摊销金额应当在使用寿命内合理摊销。

第二，使用寿命不确定的无形资产。

无法预见其为企业带来经济利益期限的无形资产，应当视为使用寿命不确定的无形资产。该无形资产不应摊销。

②无形资产的摊销方法。

企业选择的无形资产摊销方法，应当反映与该项无形资产有关的经济利益的预期实现方式。无法可靠确定预期实现方式的，应当采用直线法摊销。按月摊销时，其计算公式为：

每月无形资产的摊销额=无形资产的取得成本÷无形资产的摊销年限÷12

③无形资产摊销的账务处理。

无形资产摊销一般是在每季度末月进行的，摊销金额一般计入当期损益。无形资产的应摊销金额为其成本扣除预计净残值后的金额。已计提减值准备的无形资产，还应扣除已计提的无形资产减值准备累计金额。

银行财会部门每季度末月按照该季度应当摊销的金额，编制借方记账凭证和贷方记账凭证，办理转账手续。其会计分录为：

借：业务及管理费——无形资产摊销

　贷：累计摊销——××

（7）无形资产转让的核算

银行的无形资产可依法进行转让，其转让方式一般有转让无形资产的所有权和转让无形资产的使用权两种。

① 转让无形资产的所有权。

按企业会计准则的有关规定，出售无形资产，应当将取得的价款与该无形资产账面价值的差额计入当期损益。应按实际取得的收入，借记“存放同业”等科目；按无形资产已计提的减值准备，借记“无形资产减值准备”科目；按无形资产的账面余额，贷记“无形资产”科目；按应支付的相关税费，贷记“应交税费”科目；按其差额，贷记“资产处置损益——出售无形资产净收益”科目或借记“资产处置损益——出售无形资产净损失”科目。

② 转让无形资产的使用权。

银行转让无形资产使用权时，所取得的租金收入，借记“存放同业”等科目，贷记“其他业务收入”等科目；发生的相关支出，借记“其他业务成本”科目，贷记“存放同业”等科目。

（8）无形资产的期末计价

期末时，应按无形资产账面价值与可收回金额孰低原则计量无形资产，如果可收回金额低于账面价值，应按其差额计提无形资产减值准备。其会计分录为：

借：资产减值损失——计提无形资产减值准备

　贷：无形资产减值准备

企业合并形成的商誉，至少应当在每年年度终了进行减值测试。

12.2.2 其他资产业务的核算

对银行其他资产应设置“长期待摊费用”和“其他资产”等科目进行核算，并在“其他资产”科目之下设置专户进行明细核算。

1. 长期待摊费用

长期待摊费用是指金融企业已经支出，但摊销期限在1年以上（不含1年）的各项费用，包括租入固定资产的改良支出等。应当由本期负担的借款利息、租金等，不得作为长期待摊费用处理。

长期待摊费用应当单独核算，在费用项目的受益期限内分期平均摊销。租入固定资产改良支出应当在租赁期限与租赁资产尚可使用年限两者孰短的期限内平均摊销；其他长期待摊费用应当在受益期内平均摊销。

除购建固定资产以外，所有筹建期间发生的费用，先在长期待摊费用中归集，自金融企业开始经营当月起一次计入开始经营当月的损益。

长期待摊的费用项目不能使以后会计期间受益的，应当将尚未摊销的该项目的摊余价值全部转入当期损益。

2. 其他资产

（1）“产权待界定资产”科目

该科目核算被他人诉讼尚未处理的财产、本行产权待界定的有争议的资产。

（2）“行使抵押权或质权资产”科目

该科目核算未破产企业的抵押和质押贷款到期不能归还，本行行使抵押权和质权，以及与借款企业协商后收取抵偿贷款本息，按评估确认价或双方协商公允价而取得的尚未处分的各项资产。

（3）“受偿破产和关闭企业资产”科目

该科目核算破产企业经法院终结裁定、清收关闭企业尚未处分的各项资产。

当发生上述其他资产业务时，应根据原始凭证编制借、贷方记账凭证办理转账。其会计分录为：

借：其他资产

　贷：××科目

当处分其他资产时，应根据原始凭证编制借、贷方记账凭证。其会计分录为：

借：存放同业

　贷：其他资产

12.3 损益的核算

12.3.1 损益业务核算的基本要求

拓展阅读14

税收取之于民、用之于民

银行的损益是指一定时间内从事业务经营活动所取得的纯利润或发生的纯亏损，它是银行业务经营的最终财务成果，是综合反映和考核一个银行经营状况的重要指标。

银行的损益由银行收入和银行费用构成。银行收入包括利息净收入、手续费及佣金净收入、投资收益、公允价值变动收益、汇兑收益和其他业务收入。收入不包括为第三方或者客户代收的款项，如企业代垫的工本费、代邮电部门收取的邮电费等；银行费用则包括营业成本、税金及附加和营业外支出。营业成本是指应计入某项业务成本的费用。它是银行费用的主要组成部分，包括利息支出、手续费及佣金支出、业务及管理费用。税金及附加是指银行缴纳的城市维护建设税和教育费附加等。营业外支出是指银行发生的与经营业务无直接关系的各项支出。

1. 收入核算的基本要求

收入核算的基本要求为：

①银行的收入要严格按照国家有关法律、法规的规定准确计息，认真核实，正确反映，加强监督检查，以保证其损益的真实性。各银行应当严格按照制度规定的收入确认原则来确认其收入的实现，并及时将实现的收入统一纳入损益进行核算。在收入的确认过程中，要坚持严格按照权责发生制的核算原则，不能将应计收入放在账外。

②银行的收入要按照规定分别列入有关收入项目，不得截留或作其他处理。发生少收或多收时，要查明原因，并由有关经办人员提出凭据，经有关主管人员批准后，从有关收入中退还或补收入账。严格禁止向借款人及客户以佣金、劳务费、手续费等名义坐支收入或进行私分。

2. 成本、费用核算的基本要求

成本、费用核算的基本要求为：

①要严格按照规定如实反映成本支出，不准随意摊提成本费用，不准擅自提高开支标准，不准扩大开支范围，不准挥霍国家资财，不准截留收入，应正确计算本期损益，保证银行经营成本的真实性。

②划清本期成本、费用和下期成本、费用的界限，不得任意预提和摊销费用，不得提前或延后列支成本。

③划清成本支出与营业外支出的界限，不属于成本开支的范围，不得列入成本；应列入成本开支的费用，也不得列入营业外支出。

④成本核算要以月、年为成本计算期，同一计算期内的成本与收入核算的起讫日期、计算范围和口径必须一致。

⑤加强基础工作，保证成本资料真实可靠。在进行成本核算时，必须严格执行会计制度，确保成本核算资料的完整、真实、准确，如实反映经营过程中的各项支出。有关成本核算的原始凭证、账册、成本汇总表、统计资料，必须按规定格式和内容真实记载、填写和汇总，不得弄虚作假。

12.3.2 收入的核算

银行收入主要是让渡资产使用权的收入。它是指银行提供金融产品服务所取得的各项收入。

银行为客户提供金融产品服务取得的收入，应当在以下两个条件均能满足时予以确认：

第一，与交易相关的经济利益能够流入银行。

第二，收入的金额能够可靠地计量。

1. 利息收入的核算

（1）利息收入的内容

利息收入是指商业银行根据收入准则确认的收入，包括发放各类贷款（银团贷款、贸易融资、贴现和转贴现融出资金、协议透支、信用卡透支和垫款等）、与其他金融机构（中央银行、同业等）之间发生的资金往来业务、买入返售金融资产等所取得的利息收入等。利息收入应按照他人使用本企业货币资金的时间和实际利率计算确定。

利息收入在商业银行的营业收入中占有较大比重，应通过“利息收入”科目予以反映。本科目应按照业务类别进行明细核算。资产负债表日，银行按照合同约定的名义利率计算确定的应收未收利息，借记“应收利息”科目，按照收入准则或按照贷款的摊余成本和实际利率计算确定的利息收入，贷记“利息收入”科目，差额记入“贷款——利息调整”科目。期末应将“利息收入”科目余额转入“本年利润”科目，结转后“利息收入”科目无余额。

（2）利息收入的会计处理

借：应收利息

　贷：利息收入

　　应交税费——应交增值税——销项税额

　　（或借）贷款——利息调整

银行利息收入的确认要遵循谨慎性原则，对于因借款单位经营问题或其他原因而无法收取或收取的可能性较低的利息收入不再予以确认。

2. 手续费及佣金收入的核算

（1）手续费及佣金收入的内容

手续费及佣金收入，是指商业银行根据收入准则确认的手续费及佣金收入，包括结算业务手续费收入、咨询业务收入、委托贷款业务手续费收入、拆借资金手续费收入、信用卡签购手续费收入、代发债券的代理业务手续费收入、提供金融服务应收取的手续费收入等。

银行应设置“手续费及佣金收入”科目对手续费及佣金收入进行核算。“手续费及佣金收入”是损益类科目，用以核算银行向客户提供各种服务而收取的手续费。银行收取各种手续费时，记入贷方；期末将手续费收入结转至“本年利润”科目时，记入借方。该科目期末一般无余额。“手续费及佣金收入”科目应按手续费及佣金收入的类别设置明细分类科目进行明细核算。

（2）手续费及佣金收入的会计处理

银行向企业收取手续费的时间根据具体情况而定，既可定期，也可逐笔向有关单位和个人收取。收取手续费的方式有现金和转账结算两种。

①确认手续费及佣金收入时，其会计分录为：

借：应收账款（或代理承销证券款等）

贷：手续费及佣金收入

②实际收到手续费及佣金收入时，其会计分录为：

借：库存现金（或吸收存款、存放中央银行款项等）

贷：应收账款

③期末余额结转利润时，其会计分录为：

借：手续费及佣金收入

贷：本年利润

3. 汇兑损益的核算

（1）汇兑损益的内容

汇兑损益是指银行进行外汇买卖和外币兑换等业务时，由于汇率和业务发生的时间不同而产生的损益。

银行设置“汇兑损益”科目对其进行核算。“汇兑损益”科目是损益类科目，用以核算银行进行外汇买卖和外币兑换等业务而产生的收益和损失。银行取得汇兑收益时记入贷方，发生损失时记入借方；期末将汇兑损益结转至“本年利润”科目，期末一般无余额。“汇兑损益”科目应按外汇买卖币种设置明细分类科目进行明细核算。

银行的外汇买卖和外币兑换业务是通过“货币兑换”科目核算的。

（2）汇兑损益的会计处理

发生收益时：

借：货币兑换

贷：汇兑损益

发生损失时：

借：汇兑损益

贷：货币兑换

期末余额结转利润时，其会计分录为：

借：汇兑损益

贷：本年利润

4. 其他业务收入的核算

（1）其他业务收入的内容

其他业务收入是指商业银行根据收入准则确认的除主营业务以外的其他经营活动实现的收入，包括出租固定资产、出租无形资产、出租包装物和商品、销售材料、用材料进行非货币性资产交换（在非货币性资产交换具有商业实质且公允价值能够可靠计量的情况下）或债务重组等实现的收入。

银行应设置“其他业务收入”科目对其他业务收入进行核算。“其他业务收入”是损益类科目。银行取得各项其他业务收入时，记入贷方；期末将其他业务收入结转“本年利润”科目时，记入借方。该科目期末一般无余额。“其他业务收入”科目应按其他业务收入的种类设置明细分类科目进行明细核算。

（2）其他业务收入的会计处理

①确认其他业务收入时，会计分录为：

借：应收账款（或存放同业等科目）

　贷：其他业务收入

②期末余额结转利润时，会计分录为：

借：其他业务收入

　贷：本年利润

5. 公允价值变动损益的核算

（1）公允价值变动损益的内容

公允价值变动损益是指商业银行由于交易性金融资产、交易性金融负债，以及采用公允价值模式计量的衍生工具、套期保值业务中公允价值变动形成的应计入当期损益的利得或损失。

银行核算该业务时设置“公允价值变动损益”科目。“公允价值变动损益”是损益类科目。该科目按照交易性金融资产、交易性金融负债等进行明细核算。期末，应将本科目余额转入“本年利润”科目，结转后本科目无余额。

（2）公允价值变动损益的会计处理

①交易性金融资产的公允价值变动。

资产负债表日，交易性金融资产的公允价值高于其账面余额时，其会计分录为：

借：交易性金融资产——公允价值变动

　贷：公允价值变动损益

若其公允价值低于账面余额，作相反的会计分录。

出售交易性金融资产，以实际收到金额入账。其会计分录为：

借：存放中央银行款项

　贷：交易性金融资产——成本

　　　（或借）投资收益——公允价值变动

同时，按照“交易性金融资产——公允价值变动”科目的余额，借记或贷记“公允价值变动损益”科目，贷记或借记“投资收益”科目。

②交易性金融负债的公允价值变动。

资产负债表日，交易性金融负债的公允价值高于其账面余额时，会计分录为：

借：公允价值变动损益

　贷：交易性金融负债——公允价值变动

若其公允价值低于账面余额，作相反的会计分录。

出售交易性金融负债，以实际收到的金额入账。其会计分录为：

借：交易性金融负债（账面余额）

　贷：存放中央银行款项

　　　（或借）投资收益——公允价值变动

同时，按照“交易性金融负债——公允价值变动”科目的余额，借记或贷记“公允价值变动损益”科目，贷记或借记“投资收益”科目。

12.3.3 投资收益的核算

投资收益是指银行在规定的范围内对外进行投资，按照合同或协议的规定分得的股利、利润和利息，以及处置投资时所取得的收益。

银行应设置“投资收益”科目进行核算。“投资收益”是损益类科目，用以核算银行对外投资取得的收入或发生的损失。银行取得投资收益或将投资净损失结转“本年利润”科目时，记入贷方；发生投资损失或将投资净收益结转“本年利润”科目时，记入借方。本科目期末一般无余额。

12.3.4 营业外收入的核算

营业外收入是指与商业银行的经营活动无直接关系的各项净收入，包括罚没利得、政府补助利得、确实无法支付而按规定程序经批准后转作营业外收入的应付款项、捐赠利得、盘盈利得等。

银行应设置“营业外收入”科目进行核算。“营业外收入”是损益类科目，用以核算银行发生的与经营业务无直接关系的各项收入。银行取得各项营业外收入时，记入贷方；期末将营业外收入结转“本年利润”科目时，记入借方。本科期末一般无余额。

银行取得各项营业外收入时，其会计分录为：

借：相关科目

　贷：营业外收入

期末将营业外收入结转至本年利润时，其会计分录为：

借：营业外收入

　贷：本年利润

12.3.5 费用的核算

金融企业在从事经营活动中，不仅吸收资金要支付相应利息，而且需要支付经营和管理人员的工资等费用，同时还要消耗一定的物品，所有这些耗费以货币价值表现出来，就构成了金融企业的费用。具体费用主要包括利息支出、手续费及佣金支出、税金及附加、业务及管理费用、资产减值损失、所得税费用等。

银行发生费用的目的是取得收入，因此费用的确认与收入的确认相联系，应当遵循以下三项原则：

第一，划分收益性支出与资本性支出原则。按照划分收益性支出与资本性支出的原则，当某项支出的效益涉及本会计年度时，应作为收益性支出，在一个会计期间内确认为费用；当某项支出的效益涉及几个会计年度时，应予以资本化。这一原则为费用的确认给定了一个时间上的总体界限。正确区分收益性支出和资本性支出，保证了资产的价值计量和各期的营业成本和期间费用计算的正确性。

第二，权责发生制原则。权责发生制原则规定了具体在什么时点上确认费用。凡是当期应当负担的费用，不论款项是否支付，都应作为当期的费用；凡是不属于当期应当承担的费用，即使款项已在当期支付，也不应当作为当期的费用。

第三，配比原则。按照配比原则，取得当期收入所发生的费用，应当确认为该期的费用。当业务发生后，已发生的业务成本应当在确认有关收入的期间予以确认。如果收入要在未来期间实现，相应的费用就应递延分配于未来的实际受益期间。

1. 利息支出

（1）利息支出的内容

利息支出是指银行以负债形式筹集各种资金，按照国家规定的利率应向企业及个人支付的利息。银行对存款按照权责发生制原则分别按季结付和预提利息支出。利息支出在银行营业成本中占有极大的比重。

利息支出是指商业银行吸收的各种存款（单位存款、个人存款、信用卡存款、特种存款和转贷款资金等）、与其他金融机构（中央银行、同业等）之间发生资金往来业务、卖出回购金融资产等产生的利息支出以及按期分摊的未确认融资费用等。对于利息支出，商业银行设置“利息支出”科目进行核算，并按照利息支出项目进行明细核算。期末，应将本科目余额转入“本年利润”科目，结转后本科目无余额。

（2）利息支出的核算

资产负债表日，银行应按照金融工具确认和计量准则计算的各项利息费用，记入“利息支出”科目，应按照合同约定的名义利率计算确定的应付利息，记入“应付利息”等科目，其差额记入“吸收存款——利息调整”等科目。

借：利息支出

　贷：应付利息

　　　（或借）吸收存款——利息调整

2. 手续费及佣金支出

（1）手续费及佣金支出的内容

手续费及佣金支出是指商业银行委托其他单位办理存款、结算等业务时所发生的手续费、佣金等支出。

银行设置“手续费及佣金支出”科目对手续费及佣金支出进行核算。“手续费及佣金支出”是损益类科目，用以核算银行委托其他单位办理业务而支付的各种手续费。银行支付各种手续费及佣金支出时，记入借方；期末结转“本年利润”科目时，记入贷方。期末一般无余额。“手续费及佣金支出”科目应按手续费及佣金支出的种类设置明细分类科目进行明细核算。

（2）手续费及佣金支出的核算

手续费及佣金支出按有关规定和付费标准如实列支，不得预提。

借：手续费及佣金支出

　贷：库存现金（或相关科目）

3. 税金及附加

（1）税金及附加的内容

税金及附加是指企业经营活动发生的消费税、城市维护建设税、资源税、教育费附加、房产税、城镇土地使用税、车船税等相关税费；需要提醒的是，之前在“管理费用”科目中列支的房产税、城镇土地使用税、车船税、印花税，也同步调整到“税金及附加”科目。

（2）税金及附加的核算

计提的账务处理：

借：税金及附加

　贷：应交税费——应交消费税/城市维护建设税/资源税/教育费附加/房产税/城镇土地使用税/车船税等

缴纳时：

借：应交税费——应交消费税/城市维护建设税/资源税/教育费附加/房产税/城镇土地使用税/车船税等

　贷：存放同业

4. 业务及管理费用

（1）业务及管理费用的内容

业务及管理费用，是指银行在业务经营和管理过程中发生的各项费用，主要包括折旧费、业务宣传费、业务招待费、电子设备运转费、钱币运送费、安全防范费、邮电费、劳动保护费、外事费、印刷费、低值易耗品摊销、职工工资、差旅费、水电费、职工教育经费、工会经费、会议费、诉讼费、公证费、咨询费、无形资产摊销、取暖降温费、聘请中介机构费、技术转让费、绿化费、董事会费、财产保险费、劳动保险费、待业保险费、住房公积金、物业管理费、研究费用、提取保险保障基金等。

（2）业务及管理费用的核算

对于业务及管理费用，商业银行应设置“业务及管理费用”科目，并按照费用项目进行明细核算。“业务及管理费用”科目的期末余额应转入“本年利润”科目。

业务及管理费用的各项支出，除财政部有规定可先提后用外，其他一律据实列支，不得预提。各行对于待摊和预提的费用，应根据权责发生制的原则，结合本行的具体情况确定。根据重要性原则，对其中的重要项目简述如下。

①采购办公用品进项税额的会计处理。

借：业务及管理费用——低值易耗品摊销

　　　　　　　　　——印刷费等

　　应交税费——应交增值税——进项税额

　贷：存放同业等

②业务宣传费的会计处理。

借：业务及管理费用

　　应交税费——应交增值税——进项税额

　贷：库存现金（或相关科目）

③职工工资、职工福利费、工会经费、职工教育经费的会计处理。

职工工资通过“应付职工薪酬”科目核算，该科目属负债类科目，即应付给职工的劳动报酬。分配时根据“工资分配表”填制贷方记账凭证办理转账。其会计分录为：

借：业务及管理费用——职工工资

　贷：应付职工薪酬——职工工资

《企业会计准则第9号——职工薪酬》规定，企业发生的职工福利费，应当在实际发生时根据实际发生额计入当期损益或相关资产成本。职工福利费为非货币性福利的，应当按照公允价值计量。《中华人民共和国企业所得税法实施条例》第四十条规定，企业发生的职工福利费支出，不超过工资薪金总额14%的部分，准予扣除。此处的“工资薪金总额”是指企业实际发生的，并且允许税前扣除的工资薪金总额，而不是会计上的工资薪金提取数总额。

计提时：

借：业务及管理费用——职工福利费

　贷：应付职工薪酬——职工福利费

《企业会计准则第9号——职工薪酬》规定，企业按规定提取的工会经费应当在职工为其提供服务的会计期间，根据规定的计提基础和计提比例计算确定相应的工会经费金额，并确认相应负债，计入当期损益或相关资产成本。

计提时：

借：生产成本、管理费用等

　贷：应付职工薪酬——工会经费

缴纳时：

借：应付职工薪酬——工会经费

　贷：存放同业等

《企业会计准则第9号——职工薪酬》规定，企业按规定提取的职工教育经费应当在职工为其提供服务的会计期间，根据规定的计提基础和计提比例计算确定相应的职工教育经费金额，并确认相应负债，计入当期损益或相关资产成本。

计提时：

借：生产成本、管理费用等

　贷：应付职工薪酬——职工教育经费

使用时：

借：应付职工薪酬——职工教育经费

　贷：存放同业等

5. 资产减值损失

（1）资产减值损失的内容

银行应根据资产减值准则等计提各项资产减值准备（坏账准备、存货跌价准备、长期股权投资减值准备、债权投资减值准备、固定资产减值准备、在建工程减值准备、工程物资减值准备、无形资产减值准备、商誉减值准备、贷款损失准备、抵债资产跌价准备等）。对资产减值损失，银行应设置“资产减值损失”科目，并按照资产减值损失的项目进行明细核算。期末，应将“资产减值损失”科目余额转入“本年利润”科目，结转后“资产减值损失”科目无余额。

（2）资产减值损失的核算

确定资产发生减值时，其会计分录为：

借：资产减值损失

　贷：贷款损失准备等

银行计提坏账准备、存货跌价准备、债权投资减值准备、贷款损失准备等后，相关资产价值又得以恢复，应在原计提的减值准备金额内，按照恢复增加的金额冲回，其会计分录为：

借：贷款损失准备等

　贷：资产减值损失

6. 所得税费用

（1）所得税费用的内容

所得税费用是指应从当期利润总额中扣除的所得税费用。在经济领域中，财务会计和税收会计是两个不同的分支。其区别在于，财务会计是按照会计制度核算收益、费用、损失、资产、负债等，税收会计是按照税收法规确认收益、费用、损失、资产、负债等。因此，按照财务会计方法计算的税前利润与按照税法规定计算的应税所得不一定相同。

按照新的企业会计准则，企业的所得税要以取得资产、负债时的金额确定其计税基础。资产、负债的账面价值与其计税基础是存在差异的，应当按照会计准则确认所产生的递延所得税资产和递延所得税负债。资产的计税基础，是指企业在收回资产账面价值的过程中，计算应纳税所得额时按照税法规定可以在应税经济利益中抵扣的金额；负债的计税基础，是指负债的账面价值减去未来期间计算应纳税所得额时按照税法规定可予抵扣的金额。根据新的企业会计准则的规定，现行所得税的会计处理采用纳税影响会计法中的资产负债表债务法进行核算。

（2）所得税费用的核算

对所得税费用，银行应设置“所得税费用”科目进行核算。期末，应将“所得税费用”科目余额转入“本年利润”科目，结转后“所得税费用”科目无余额。其主要账务处理如下：

资产负债表日，银行应按照税法计算确定的当期应交所得税金额，记入“所得税费用”科目，其会计分录为：

借：所得税费用——当期所得税费用

　贷：应交税费——应交所得税

资产负债表日，若应予确认的递延所得税资产大于“递延所得税资产”科目余额，依据其差额贷记“所得税费用”科目。其会计分录为：

借：递延所得税资产

　贷：所得税费用——递延所得税费用

当应予确认的递延所得税资产小于“递延所得税资产”科目余额，作相反的会计分录。

银行应予确认的递延所得税负债的变动，比照上述原则调整“所得税费用”“递延所得税负债”科目及有关科目。

7. 营业外支出

（1）营业外支出的内容

营业外支出是指与银行经营业务无直接关系的各项支出。它主要包括固定资产盘亏、计提的固定资产减值准备、罚款支出、捐赠支出和非常损失等。

（2）营业外支出的核算

银行应设置“营业外支出”科目对营业外支出进行核算。“营业外支出”科目是损益类科目，用以核算银行发生的与经营业务无直接关系的各项支出。银行发生各项营业外支出时，记入该科目借方；期末将该科目余额结转至“本年利润”科目时，记入该科目贷方。期末一般无余额。“营业外支出”科目按营业外支出项目设置明细分类科目。

业务发生时，其会计分录为：

借：营业外支出

　贷：库存现金（或相关科目）

期末结转时，其会计分录为：

借：本年利润

　贷：营业外支出

12.4 利润及利润分配的核算

利润是银行在一定会计期间业务经营活动的最终结果，集中反映银行经营活动各方面的效益，是银行最终的财务成果，也是衡量银行经营管理水平的重要综合指标。它包括营业利润、利润总额和净利润。利润表现为银行净资产的增加（亏损则为减少）。但需要注意一点，银行净资产的增加，并非都是因为利润。在经营过程中，所有者追加投资也会导致净资产的增加。同样，所有者撤回部分投资、银行向所有者分配利润也会导致净资产的减少。

营业利润，是指营业收入减去营业支出后的净额。

利润总额，是指营业利润加上营业外收入，减去营业外支出后的金额。

净利润，是指利润总额减去所得税费用后的金额。

营业利润=营业收入-营业支出

利润总额=营业利润+营业外收入-营业外支出

净利润=利润总额-所得税费用

12.4.1 金融企业所得税

所得税是指国家对境内企业就其生产、经营所得和其他所得依法征收的税款。所得税是以企业全年的应纳税所得额作为纳税依据。由于利润总额与应纳税所得额之间存在着一定差异，因此，在计算所得税税额时，需要对利润总额进行调整，调整后为应纳税所得额，再乘以所得税税率为所得税税额，公式为：

所得税税额=应纳税所得额×所得税税率

“所得税费用”是损益类科目，用以核算银行按规定从当期损益中扣除的所得税税额，计提时，记入该科目借方；月末结转至“本年利润”账户时，记入该科目贷方。其会计分录为：

计提时：

借：所得税费用

　贷：应交税费——应交所得税

结转时：

借：本年利润

　贷：所得税费用

12.4.2 利润结转及分配的核算

1. 利润结转

银行实现的利润净额或亏损额一律通过“本年利润”科目进行核算，期末将各损益类收入科目余额转入“本年利润”科目的贷方，各损益类支出科目余额转入“本年利润”科目的借方，结平各损益类收支科目的余额。其分录如下：

借：利息收入

　　手续费及佣金收入

　　汇兑收益

　　其他业务收入

　　投资收益

　　营业外收入

　　公允价值变动损益

　贷：本年利润

借：本年利润

　贷：利息支出

　　　手续费及佣金支出

　　　税金及附加

　　　业务及管理费

　　　其他业务成本

　　　营业外支出

　　　所得税费用

结转后，如果“本年利润”科目余额在贷方，表示盈利；如果“本年利润”科目余额在借方，则表示亏损。年度终了，应将本年收入和支出相抵后结出的本年实现的净利润，转入“利润分配”科目的贷方，其会计分录为：

借：本年利润

　贷：利润分配——未分配利润

或者，将本年收入和支出相抵后结出的本年实现的净亏损，转入“利润分配”科目的借方，其会计分录为：

借：利润分配——未分配利润

　贷：本年利润

2. 利润分配的内容和核算

（1）利润分配的内容

利润分配是指将银行实现的利润总额，按照有关法规和投资协议所确认的比例，在国家、银行、投资者之间进行分配。

银行当期实现的净利润，加上年初未分配利润（或减去年初未弥补亏损）和其他转入后的余额，为可供分配的利润，并作下列分配：

① 提取法定盈余公积。

按照税后净利润的10%提取。当提取的法定盈余公积累计额为总行注册资本的50%以上时，可以不再提取法定盈余公积。法定盈余公积弥补亏损和转增资本后的余额，不得低于注册资本的25%。

② 提取任意盈余公积。

任意盈余公积是根据公司章程及股东会的决议，从公司盈余中提取的公积金。任意盈余公积的计提标准由股东大会确定，其累计总额没有上限。

③ 提取各项准备金和基金。

从事存贷款业务的商业银行，按规定提取的一般风险准备也应作为利润分配处理；外商投资商业银行应当按照法律、行政法规的规定，按净利润提取储备基金、银行发展基金、职工奖励基金及福利基金等。

④ 向投资者分配利润或股利。

这是利润分配的重要环节，直接影响股东权益和公司财务结构。

（2）利润分配的核算

银行应设置“利润分配”科目对利润分配进行核算。“利润分配”是所有者权益类科目，也是“本年利润”科目的抵减科目，用以核算银行利润的分配（或弥补亏损）和历年分配（或弥补亏损）后的余额。发生利润分配时，记入该科目借方；发生亏损弥补以及年终将“本年利润”账户余额转入时，记入该科目贷方。若余额在贷方，表示未分配利润；若余额在借方，则表示未弥补亏损。该科目应设置“盈余公积补亏”“提取法定盈余公积”“提取任意盈余公积”“应付现金股利或利润”“未分配利润”“提取一般风险准备”等明细科目。

①以利润弥补亏损的核算。

根据我国财务制度的规定，银行发生亏损后，可以用下一年度的税前利润弥补，若下一年度利润不足弥补的，可以在5年内延续弥补。若5年以内还没有以税前利润将亏损额补足，从第6年开始，则只能以税后利润弥补亏损。

由于以前年度的亏损反映为“利润分配”科目的借方余额，而本年度内实现的利润反映为“本年利润”科目的贷方余额，年终清算后，“本年利润”科目的余额转入“利润分配”科目贷方时，即对以前年度的亏损作了弥补。因此，无论以税前利润弥补亏损，还是以税后利润弥补亏损，均不必另行编制会计分录。

②提取盈余公积的核算。

盈余公积分为法定盈余公积和任意盈余公积。其会计分录为：

借：利润分配——提取法定盈余公积

——提取任意盈余公积

贷：盈余公积——法定盈余公积

——任意盈余公积

③以盈余公积补亏的。

以累积提取的盈余公积来弥补以前年度的亏损。其会计分录为：

借：盈余公积

贷：利润分配——盈余公积补亏

④提取一般风险准备的。

金融机构根据监管要求或内部风险管理需要，从税后利润中按一定比例计提专项储备资金。其会计分录为：

借：利润分配——提取一般风险准备

贷：一般风险准备

银行用一般风险准备弥补亏损时，其会计分录为：

借：一般风险准备

贷：利润分配——一般风险准备补亏

⑤分配给投资者利润的核算。

银行实现的净利润，在提取了盈余公积和一般风险准备后，剩余的利润可作为投资者的收益，按投资的比例分配给投资者。其会计分录为：

借：利润分配——应付优先股股利

——应付普通股股利

贷：应付股利

银行经股东大会或类似机构决议，向投资者分配股票股利，应办理增资手续。其会计分录为：

借：利润分配——转作股本的股利

贷：股本

资本公积——股本溢价（差额）

银行在分配给投资者现金股利或利润时，可以将历年结余的未分配利润，并入本年度向投资者分配。

⑥利润分配科目的结转。

在年终利润分配完毕后，应将“利润分配”科目下的“提取盈余公积”“应付普通股股利”“应付优先股股利”等明细分类科目的余额全部转入“利润分配”科目下的“未分配利润”明细分类科目。

将利润分配各有关明细分类科目余额转入“利润分配——未分配利润”明细分类科目，其会计分录为：

借：利润分配——未分配利润

　贷：利润分配——提取法定盈余公积

　　　　　　——提取任意盈余公积

　　　　　　——提取一般风险准备

　　　　　　——应付普通股股利

　　　　　　——应付优先股股利

借：利润分配——盈余公积补亏

　贷：利润分配——未分配利润

12.5 所有者权益的核算

所有者权益是指企业资产扣除负债后由所有者享有的权益。

所有者权益包括实收资本（或者股本）、资本公积、其他综合收益、盈余公积和未分配利润。其中，盈余公积和未分配利润又合称为留存收益。

12.5.1　实收资本的核算

实收资本是指投资者按照企业章程或合同、协议的约定，实际投入商业银行的资本。它是商业银行最原始的资金来源，是商业银行设立和生存的前提。我国有关法律规定，投资者设立企业首先必须投入资本。商业银行根据法律的规定，可以采用吸收货币资金、实物和无形资产或发行股票的方式筹集资金。

《中华人民共和国商业银行法》对商业银行的设立提出了最低资本限额的要求。设立全国性商业银行的注册资本最低限额为10亿元人民币；设立城市商业银行的注册资本最低限额为1亿元人民币，设立农村商业银行的注册资本最低限额为5 000万元人民币。

注册资本应当是实缴资本。根据《中华人民共和国外资银行管理条例》(2006年11月15日，国务院令第478号)对外资银行的最低资本金要求，外商独资银行、中外合资银行的注册资本最低限额为10亿元人民币或者等值的自由兑换货币，注册资本应当是实缴资本。

为了反映投资者实收资本的情况，除股份制商业银行以“股本”科目核算外，其他商业银行以“实收资本”科目核算。“实收资本”科目是所有者权益类科目，贷方登记实际收到投资者投入的资本、按法定程序结转的资本公积、盈余公积转增资本的增加数；借方登记商业银行按法定程序报经批准退出资本的减少数；余额在贷方，表示银行实有资本的数额。实收资本应按投资者进行明细分类核算。

1. 投资者以现金投入资本的核算

收到投入资本时，以实际收到的金额入账。其会计分录为：

借：库存现金（存放同业、存放中央银行款项）

　　贷：实收资本（或股本）

2. 投资者以固定资产、无形资产等非现金资产投入资本的核算

收到投资者以固定资产、无形资产进行的投资时，可按投资各方确认的价值，借记“固定资产”“无形资产”科目；按投资确认的价值在注册资本中所占的份额部分，贷记“实收资本”（或“股本”）科目；以两者之间的差额贷记“资本公积”科目。其会计分录为：

借：固定资产（或无形资产等）

　　贷：实收资本（或股本）

　　　　资本公积——资本溢价（或股本溢价）

例 12-3　某行顺至支行收到投资者投入房屋，价值15 000 000元，已计提折旧1 500 000元，投资各方确认以13 000 000元入账，房屋已验收使用，会计分录为：

借：固定资产	13 000 000	
贷：实收资本		13 000 000

3. 以资本公积、盈余公积转增资本的核算

经股东大会或类似机构决议，用资本公积（或盈余公积）转增资本时，应冲减资本公积（或盈余公积），同时按照转增前的实收资本（或股本）的结构或比例，将转增的金额记入“实收资本”（或“股本”）科目，其会计分录为：

借：资本公积（或盈余公积）

　　贷：实收资本（或股本）

12.5.2　资本公积

资本公积是商业银行收到投资者超出其在银行注册资本（或股本）中所占份额的投资，以及直接计入所有者权益的利得和损失等。资本公积包括资本溢价（或股本溢价）和

直接计入所有者权益的利得和损失等。

资本溢价（或股本溢价），是商业银行收到投资者的超出其在银行注册资本（或股本）中所占份额的投资。形成资本溢价（或股本溢价）的原因有溢价发行股票、投资者超额缴入资本等。

直接计入所有者权益的利得和损失是指不应计入当期损益、会导致所有者权益发生增减变动的、与所有者投入资本或者向所有者分配利润无关的利得或者损失。

除股份制商业银行外的其他类型的商业银行，在创立时，投资者认缴的出资额与注册资本一致，一般不会产生资本溢价。但在商业银行重组或有新的投资者加入时，常常会出现资本溢价。因为在商业银行进行正常经营后，其资本利润率通常要高于银行初创阶段。另外，商业银行有内部积累，新投资者加入银行后，对这些积累也要分享，所以新加入的投资者往往要付出大于原投资者的出资额，才能取得与原投资者相同的出资比例。投资者多缴的部分就形成了资本溢价，记入“资本公积”科目。

股份制商业银行是以发行股票的方式筹集股本的，股票可按面值发行，也可按溢价发行，我国目前不准折价发行。在按面值发行股票的情况下，银行发行股票取得的收入，应全部作为股本处理；在溢价发行股票的情况下，银行发行股票取得的收入，等于股票面值部分作为股本处理，超出股票面值的溢价收入应作为股本溢价处理，记入“资本公积”科目。发行股票相关的手续费、佣金等交易费用，如果是溢价发行股票的，应从溢价中抵扣，冲减资本公积（股本溢价）；无溢价发行股票或溢价金额不足以抵扣的，应将不足抵扣的部分冲减盈余公积和未分配利润。

“资本公积”科目是所有者权益类科目，贷方登记商业银行收到投资者超出其在银行注册资本（或股本）中所占份额的投资等；借方登记银行按规定程序将资本公积转增资本的金额；余额在贷方，表示资本公积结存的数额。

例12-4 某行顺至支行原有注册资本540 000 000元，留存收益20 000 000元。现东方公司准备参与投资，经双方协商，同意其投资218 000 000元，将注册资本增至750 000 000元，东方公司占28%。今收到东方公司出资的转账支票218 000 000元，存入该行存款户，会计分录为：

借：存放同业	218 000 000	
贷：实收资本		210 000 000
资本公积——资本溢价		8 000 000

12.5.3 其他综合收益

其他综合收益是指企业根据其他会计准则规定未在当期损益中确认的各项利得和损失，包括以后会计期间不能重分类进损益的其他综合收益和以后会计期间满足规定条件时将重分类进损益的其他综合收益两类。

1. 以后会计期间不能重分类进损益的其他综合收益项目

其主要包括重新计量设定受益计划净负债或净资产导致的变动，以及按照权益法核算因被投资单位重新计量设定受益计划净负债或净资产变动导致的权益变动，投资企业按持股比例计算确认的该部分其他综合收益项目。

2. 以后会计期间满足规定条件时将重分类进损益的其他综合收益项目

（1）其他债权投资公允价值的变动

其他债权投资公允价值变动形成的利得，除减值损失和外币货币性金融资产形成的汇兑差额外：

借：其他债权投资——公允价值变动

　贷：其他综合收益

形成损失的，作相反的会计分录。

（2）其他债权投资外币非货币性项目的汇兑差额

对于发生的汇兑损失：

借：其他综合收益

　贷：其他债权投资

对于发生的汇兑收益，作相反的会计分录。

3. 金融资产的重分类

（1）将其他债权投资重分类为以摊余成本计量的金融资产

重分类日该项金融资产的公允价值或账面价值作为摊余成本，该项金融资产没有固定到期日的，与该金融资产相关、原直接计入所有者权益的利得或损失，仍应记入“其他综合收益”科目，在该金融资产被处置时转入当期损益。

（2）将债权投资重分类为其他债权投资

此时，应将这部分其他债权投资以公允价值进行后续计量

借：其他债权投资（金融资产的公允价值）

　　债权投资减值准备

　贷：债权投资

　　　（或借）其他综合收益（差额）

产生的其他综合收益在该其他债权投资发生减值或终止确认时转入当期损益。

（3）按规定应当以公允价值计量但以前公允价值不能可靠计量的其他债权投资

在其公允价值能够可靠计量时改按公允价值计量，将相关账面价值与公允价值之间的差额记入“其他综合收益”科目，在该其他债权投资发生减值或终止确认时转入当期损益。

4. 采用权益法核算的长期股权投资

（1）被投资单位的其他综合收益变动

当被投资单位发生其他综合收益变动，投资方按持股比例计算应享有的份额。

借：长期股权投资——其他综合收益

　贷：其他综合收益

被投资单位其他综合收益减少，作相反的会计分录。

（2）处置采用权益法核算的长期股权投资

借：其他综合收益

　贷：投资收益（或相反分录）

5. 存货或自用房地产转换为投资性房地产

企业将作为存货的房地产转为采用以公允价值模式计量的投资性房地产，其公允价值大于账面价值的：

借：投资性房地产——成本（转换日的公允价值）

　贷：开发产品等

　　其他综合收益（差额）

企业将自用房地产转为采用以公允价值模式计量的投资性房地产，其公允价值大于账面价值的：

借：投资性房地产——成本（转换日的公允价值）

　　累计折旧

　　固定资产减值准备

　贷：固定资产

　　其他综合收益（差额）

处置该项投资性房地产时，因转换计入其他综合收益的金额应转入当期其他业务成本。

借：其他综合收益

　贷：其他业务成本

6. 现金流量套期工具产生的利得或损失中属于有效套期的部分

现金流量套期工具利得或损失中属于有效套期部分，直接确认为其他综合收益。

7. 外币财务报表折算差额

按照外币折算的要求，企业在处置境外经营的当期，将已列入合并财务报表所有者权益的外币报表折算差额中与该境外经营相关部分，自其他综合收益项目转入处置当期损益。部分处置境外经营的，应当按处置的比例计算处置部分的外币报表折算差额，转入处置当期损益。

例 12-5 2024 年 2 月 20 日，某行顺至支行以每股 10 元的价格从二级市场购入乙公司股票 10 万股，支付价款 100 万元，另支付相关交易费用 2 万元。该行顺至支行将购入的乙公司股票作为其他债权投资核算。2024 年 12 月 31 日，乙公司股票市场价格为每股 15 元。该行顺至支行适用的所得税税率为 25%。该行顺至支行 2024 年利润表中因所持有乙公司股票应确认的“其他综合收益”金额是多少万元？

该行顺至支行持有乙公司股票 2024 年 12 月 31 日的账面价值=15×10=150（万元）

初始成本=100+2=102（万元）

2024 年利润表中因该项投资应确认的“其他综合收益”的金额=（150−102）×（1−25%）=36（万元）

12.5.4 留存收益

留存收益包括盈余公积和未分配利润两个部分。

1. 盈余公积的核算

盈余公积是指商业银行按规定从净利润中提取的银行积累资金。按照用途不同，盈余公积分为法定盈余公积和任意盈余公积。法定盈余公积是指商业银行按照规定从税后净利润中提取的积累资金，按税后利润的10%提取；达到注册资本的50%时，可不再提取。任意盈余公积，主要用于弥补亏损、经批准转增实收资本金或用于向投资者分配利润。

"盈余公积"科目是所有者权益类科目，贷方登记提取的盈余公积金额；借方登记弥补亏损、转增资本、分派现金股利或利润的金额；余额在贷方，表示盈余公积的结存数额。

（1）提取盈余公积

按照规定的比例，从税后利润中提取盈余公积时，其会计分录为：

借：利润分配——提取任意盈余公积
　　　　　　——提取法定盈余公积
　贷：盈余公积——法定盈余公积
　　　　　　　——任意盈余公积

例12-6 某行顺至支行全年净利润为800 000元，按10%的比例提取法定盈余公积，按5%的比例提取任意盈余公积，会计分录为：

借：利润分配——提取法定盈余公积	80 000	
——提取任意盈余公积	40 000	
贷：盈余公积——法定盈余公积		80 000
——任意盈余公积		40 000

（2）以盈余公积转增资本

以盈余公积转增资本的会计分录为：

借：盈余公积
　贷：实收资本（或股本）

（3）以盈余公积弥补亏损

以盈余公积弥补亏损的会计分录为：

借：盈余公积
　贷：利润分配

（4）以盈余公积发放现金股利或利润

以盈余公积发放现金股利或利润时，宣告分派股利的会计分录为：

借：盈余公积
　贷：应付股利

支付股利的会计分录为：

借：应付股利

　贷：存放同业

2. 未分配利润的核算

未分配利润是经过弥补亏损、提取法定盈余公积、提取任意盈余公积、提取一般风险准备和向投资者分配利润等利润分配之后剩余的利润，它是商业银行历年结存的留待以后年度进行分配的利润。

商业银行的未分配利润通过“利润分配——未分配利润”明细科目进行核算。年度终了，商业银行应将全年实现的净利润或发生的净亏损，自“本年利润”科目转入“利润分配——未分配利润”科目，并将“利润分配”科目所属其他明细科目的余额，转入“利润分配——未分配利润”科目。结转后，“利润分配——未分配利润”科目如为贷方余额，表示累积未分配的利润数额，如为借方余额，则表示累积未弥补的亏损数额。

小知识

1. 固定资产折旧年限的规定

除国务院财政、税务主管部门另有规定外，固定资产计算折旧的最低年限如下：

（1）房屋、建筑物，为20年；

（2）飞机、火车、轮船、机器、机械和其他生产设备，为10年；

（3）与生产经营活动有关的器具、工具、家具等，为5年；

（4）飞机、火车、轮船以外的运输工具，为4年；

（5）电子设备，为3年。

2. 其他综合收益的相关规定

企业在计算利润表中的其他综合收益时，应当扣除所得税影响；在计算合并利润表中的其他综合收益时，除了扣除所得税的影响以外，还需要分别计算归属于母公司所有者的其他综合收益和归属于少数股东的其他综合收益。企业在编制利润表时，应当在利润表“每股收益”项目前增列“其他综合收益的税后净额”项目和“综合收益总额”项目。企业在编制合并利润表时，除应当按照上述做法进行调整以外，还应当在“综合收益总额”项目下单独列示“归属于母公司所有者的综合收益总额”项目和“归属于少数股东的综合收益总额”项目。

推荐阅读资料及网站

1.《企业会计准则》

2. 中国民生银行官网，http：//www.cmbc.com.cn

复习思考题

1. 按照不同的分类标准，固定资产可分为哪几类？
2. 固定资产折旧的计提范围是如何规定的？
3. 影响固定资产折旧的因素有哪些？
4. 简述无形资产摊销年限确定的原则。
5. 简述投资收益和营业外收入的定义。
6. 简述营业成本和营业费用的内容。
7. 简述利润的含义及内容。
8. 简述利润分配的内容。
9. 什么是所有者权益？其内容有哪些？
10. 什么是实收资本？其内容有哪些？
11. 什么是资本公积？其内容有哪些？
12. 什么是盈余公积？其内容有哪些？

案例分析

某银行有一台设备经批准报废，该设备原价为100 000元。固定资产卡片记载：分类折旧率为4.86%，2004年投入使用，2024年报废。该银行处置该设备时作会计分录如下：

借：固定资产清理	19 000	
累计折旧	81 000	
贷：固定资产		100 000

问题：税务人员检查时应发现什么问题？

第12章

扫码答题

第13章 年度决算及财务会计报告

学习目标

通过本章的学习，了解金融企业会计决算的内容；掌握年度决算报表的组成和编报要求；掌握资产负债表、利润表、现金流量表的基本格式及编制方法。

价值引领

- 培育爱岗敬业、诚实守信的职业道德。
- 践行敬业、诚信的社会主义核心价值观。

专业融合

- 结合年度会计报表和财务状况说明书等内容，坚持实事求是，增强减实可靠、客观公正的工作意识。
- 金融企业的年度决算及财务会计报告具有重要意义，增强职业荣誉感，热爱工作，忠于职守，克己奉公，服务人民，服务社会。

能力培养

- 培养按照规定进行年度决算及编制财务会计报告的专业胜任能力。
- 培养坚持原则、坚守底线及对虚假信息说“不”的能力。

开篇案例16

银行年报竟
“打马赛克”

13.1
年度决算

13.1.1 年度决算的意义

年度决算是指年度终了时，银行在对会计账务进行核实整理的基础上，运用会计核算资料，对会计年度内的业务活动和财务活动进行数字总结和文字说明的一项综合性工作，是会计工作的重要组成部分。我国商业银行的会计年度采用日历年度，每年自公历1月1日起至12月31日止为一个会计年度，每年的12月31日为年度决算日。凡属独立会计核算单位，都必须办理年度决算，附属会计核算单位则通过并账或并表的方式，由管辖机构合并办理年度决算。认真、及时、准确地做好年度决算工作，对总结工作经验、了解银行业务活动和经营成果、发现问题及改进工作具有重要的意义。

1. 全面核实和整理各项会计资料

银行的年度决算，要求对日常的会计资料进行全面的核实和整理。年度决算的过程就是对会计工作进行全面检查、总结的过程，是确保会计资料真实、维护国家财产安全、准确反映业务和财务活动的有效措施。进行年度决算有利于提高会计工作质量。

2. 综合反映全年业务活动和财务情况

年度决算主要是根据日常会计核算资料，加工整理成具有内在联系的年度综合指标体系，编制内容完整、数字正确、反映真实的年度会计报表和财务状况说明书，其可以总括反映银行全年资产、负债、所有者权益的增减变动，经营成果，资金的来源和运用情况，以及具体说明资金增减变动的原因等，从而为管理者提供可靠的数据。这对于总结经验、找出差距、吸取教训、进一步提高银行的经营管理水平十分重要。

3. 系统反映宏观经济决策的信息数据

银行是国民经济的综合部门，是全国信贷、结算、现金出纳、货币发行和外汇收支的中心。其会计日常记录的各项会计资料，是国民经济各部门、各单位经济活动的综合反映。通过年度决算，将一年来记录的会计资料加以核实和整理，利用报表的形式，逐级汇总，能更集中、更系统地反映国民经济的活动情况，对宏观经济决策具有重要意义。

13.1.2 年度决算前的准备工作

银行的年度决算工作包括：决算前的准备工作、决算日工作、编制决算报表和决算说明书三个阶段。其中，决算前的准备工作做得充分与否，直接影响年度决算质量的高低。

因此，银行一般在每年第四季度开始后即着手进行年度决算前的准备工作。银行年度决算前的准备工作主要有以下几个方面：

1. 清理资金

对资金的清理主要包括以下四方面内容：

（1）清理存款资金

在各类存款账户中，由于各种原因，长期不发生收付活动（一年以上没有收付往来），经联系又查找不到存户的，视为“久悬户”。对这类存款户要逐户清理，查清原因，主动与有关部门联系，妥善处理，及时办理并户和销户手续。

（2）清理贷款资金

贷款是银行的主要资产，为保证信贷资产不受损失，会计部门应与信贷部门配合，落实各项贷款。对到期贷款，应争取如期收回；对非正常贷款，应弄清情况，积极进行清理收回或按照规定范围、审批程序和审批权限用损失准备予以核销；对收不回的抵押贷款，应根据合同对抵押品依法处置，以保证贷款的流动性、效益性。

（3）清理结算资金

年度决算前，应对各种结算资金进行全面清理，包括托收承付、商业汇票、应解汇款等。对于各种结算资金，该划出的要及时划出，应收回的要积极催收。

（4）清理内部资金

年度决算前，要对各种暂收和暂付的临时性资金逐项进行清理，该上缴的上缴，该收回的收回，该报损的报损。经过清理仍暂时无法解决的，要注明原因，以备日后查考和清理。

2. 盘点财产

对实物财产的清理主要包括现金及各种票证和实物的清理，具体内容为：

① 对现钞、铸币、金银、面额单证、重要空白凭证、收费凭证、代保管有价证券等，应根据有关账簿进行盘点，账面余额要与实际库存保持一致。若发现溢缺，应按规定程序进行调整，做到账实相符。

② 对房屋、器具、设备等固定资产及低值易耗品，应配合有关部门根据相关账簿进行盘点，发现问题及时处理。通过盘点财产，做到账实相符。

3. 清理账务

年度决算前，要对所有的账、簿、卡、据进行一次全面检查和核对，切实做到账账、账款、账据、账实、账表、内外账务相符。决算前应全面核对内外账务。对各单位的存款、各项贷款等账户，应于11月底前向各单位填发对账单；如有未达账项，应查明情况，及时正确处理。另外，应对当年会计科目的使用进行检查，会计科目是各项业务分类的依据，是会计核算的基础，必须正确运用才能保证年度决算报表数字的真实有效。因此，在年度决算前必须对当年各科目的归属和使用情况进行全面的复查，如有不当，应立即核实并改正。

4. 核实损益

年度决算前要对构成损益的各项收入、费用成本等账户进行全面的复查，重点应复查利息收支的计算，包括复查利率使用、积数计算、利息计算是否正确等。同时注意审查费用开支范围标准的执行情况，如应审查应付利息、贷款损失准备是否按照规定提取和使用，营业外支出是否按国家有关部门规定列报，并按权责发生制核实全年的收入、支出及费用的划分、入账的时间是否与制度的要求一致。发现不符，应及时进行账务调整，以保证年度利润计算准确无误。

5. 编制试算平衡表

在核实资金、财产、账务、收支的基础上，为保证年度决算工作的顺利进行，各银行应于每年11月底根据总账各科目累计发生额和借贷方余额编制试算平衡表，进行试算平衡。如有差错，要采取措施，加以解决，从而减轻决算日工作的压力，为正式编制报表打下可靠的基础。

13.1.3 年度决算日的主要工作

在我国，每年12月31日，无论是否为节假日，均为银行的年度决算日。在决算日(12月31日)，除了将当日发生的业务全部入账，轧平账务外，在年度决算准备的基础上，还应着重做好以下几项工作：

1. 全面处理和核对账务

为了完整、全面地反映全年各项业务及财务活动情况，尽可能减少未达账项，决算日发生的业务应于当日全部入账。因此，在决算日应当延长工作时间，增加同城票据交换次数，使当日收到的联行往来凭证和同城行处代收、代付款项全部得以转账，不要留到下年处理。决算日对外营业终了，要对各科目总账、分户账进行全面核对，以保证账务的正确。

2. 检查各项库存

年终查库工作量大，不宜在决算日进行，查库日期应有随机性，既不能固定日期，也不能事先告知，一般在12月间，抽一天傍晚营业终了后进行。由行长（经理）、稽核人员和会计主管等在管库员的陪同下，对库存现金、外币、金银以及有价单证、有价实物的实存数进行检查和核对，确保实存数与账面、登记簿上的记录相一致。检查核对相符，应在有关库存簿和登记簿上签名或盖章；如发现不符的，应在查库记录中记载，并查明原因。对发现巨额款项短缺的，应立即报告有关部门，采取相应措施。

3. 计算外汇买卖损益

在决算日，应将各种外币买卖科目的外币余额，一律按决算当日公布的外汇牌价折算成人民币，并与外币买卖科目的人民币余额进行比较，其差额为本年度外汇买卖损益，记入相关损益类科目。

4. 核实应缴税款

按规定的税率，核实各项税款缴纳情况，先计算出本年应缴纳的各种税款总数，然后减去第一至第三季度已缴税款，即为第四季度应缴数，在决算日当日办理转账。

5. 结转本年损益

决算日营业终了，应将各损益类科目的最后余额分别结转至“本年利润”科目，以计算本年损益。若“本年利润”科目的余额在贷方，则为全年净利润；若“本年利润”科目的余额在借方，则为全年净亏损。

6. 办理新旧账目的结转

决算日在核实结转全部账务后，为标志一个新会计年度的开始，应当及时办理新旧账簿结转。除卡片账不办理结转、储蓄分户账可继续沿用外，其余分户账、登记簿以及总账等均应办理结转，更换新账页。账簿结转后，应对新账页的有关数字进行核对，如有不符，及时更正，以免影响新年度的账务处理。

13.2 财务会计报告体系与编制要求

13.2.1 财务会计报告体系

拓展阅读15

发展中的商业银行

金融企业的财务会计报告是对金融企业财务状况、经营成果和现金流量的结构性表述。金融企业对外提供的财务会计报告至少应当包括资产负债表、利润表、现金流量表、所有者权益（或股东权益）变动表、附注。

13.2.2 财务会计报告的编制要求

财务会计报告作为对外提供信息的主要工具，为了保证会计报表所提供的信息能满足各有关方面的需要，必须遵守以下要求：

① 企业应当以持续经营为基础，根据实际发生的交易和事项，按照基本准则和具体准则的规定进行确认和计量。

② 财务报表项目的列报应当在各个会计期间保持一致，不得随意变更。

③ 在编制财务报表的过程中，对于性质或功能不同的项目要单独列报，但不具有重要性的项目除外；对于性质或功能类似的项目要予以合并。

④ 财务报表中的资产项目和负债项目的金额、收入项目和费用项目的金额不得相互抵销，但另有规定的除外。

⑤ 当期财务报表的列报，至少应当提供所有列报项目上一可比会计期间的比较数据，以及与理解当期财务报表相关的说明，但另有规定的除外。

13.3
资产负债表

资产负债表是反映企业在某一特定日期的财务状况的报表，是静态报表，是企业财务报表的核心报表之一。资产负债表主要反映资产、负债和所有者权益三方面的内容，并满足“资产=负债+所有者权益”。商业银行作为特殊企业，也必须编制资产负债表。通过编制资产负债表，有关部门可以了解商业银行所掌握的经济资源及其构成，进而了解其资产质量的总体情况；可以了解商业银行的负债渠道及其构成，揭示其内在风险；还可以了解商业银行所有者权益的构成、未来财务状况的变化趋势等。

13.3.1 资产负债表的格式

我国金融企业的资产负债表采用账户式结构，表的左边列示资产项目，右边列示负债和所有者权益项目，直观体现了“资产=负债+所有者权益”这一平衡公式。左方列示资产项目，大体按资产的流动性大小排列，右方列示负债及所有者权益项目。商业银行资产负债表的具体格式见表13-1。

表13-1 资产负债表 会商银01表

编制单位： 年 月 日 单位：元

资　产	期末余额	年初余额	负债和所有者权益（或股东权益）	期末余额	年初余额
资产：			负债：		
现金及存放中央银行款项			向中央银行借款		
存放同业款项			同业及其他金融机构存放款项		
贵金属			拆入资金		
拆出资金			交易性金融负债		
交易性金融资产			衍生金融负债		
衍生金融资产			卖出回购金融资产款		
买入返售金融资产			吸收存款		
应收利息			应付职工薪酬		

续表

资　产	期末余额	年初余额	负债和所有者权益（或股东权益）	期末余额	年初余额
发放贷款和垫款			应交税费		
债权投资			其他应付款		
其他债权投资			预计负债		
长期股权投资			应付债券		
投资性房地产			递延所得税负债		
固定资产			其他负债		
无形资产			负债合计		
递延所得税资产			所有者权益（或股东权益）：		
其他资产			实收资本（或股本）		
			资本公积		
			减：库存股		
			其他综合收益		
			盈余公积		
			一般风险准备		
			未分配利润		
			所有者权益（或股东权益）合计		
资产总计			负债和所有者权益（或股东权益）总计		

单位负责人：　　　　会计机构负责人：　　　　复核：　　　　制表：

13.3.2 资产负债表的编制方法

资产负债表各项目均需要填列“年初余额”和“期末余额”两栏。其中“年初余额”栏内各项数字，应根据上年年末资产负债表的“期末余额”栏内所列数字填列。“期末余额”栏主要有以下几种填列方法：

① 根据总账科目余额填列。如“拆出资金”“交易性金融资产”“应付职工薪酬”等项目均可以直接按相应的账户余额填列。

② 根据同类科目余额相加后填列。如“现金及存放中央银行款项”项目就是根据“库存现金”和“存放中央银行款项”科目的期末余额相加后填列。

③ 根据总账余额和分户账余额分析计算填列。如“应付债券”项目，应根据“应付债券”总账科目余额扣除“应付债券”科目所属明细科目中将在一年内到期的金额计算填列。

④ 根据有关科目余额减去其备抵科目余额后的净额填列。如“长期股权投资”科目，应根据“长期股权投资”科目的期末余额减去“长期股权投资减值准备”科目余额后的净额填列。“固定资产”项目，应当根据“固定资产”科目的期末余额减去“累计折旧”“固定资产减值准备”等备抵科目的余额后的净额填列。

互动课堂

我的报表为何不平？

活动目的：通过角色扮演活动，了解银行会计编制资产负债表时易错的情况，加强对银行资产负债表编制的理解与掌握。

活动说明：每组2位同学，一位扮演会计，另一位扮演财务主管。

老师组织：先组织学生分成多个小组，提前准备好多份有不同类型错误的资产负债表，然后请小组同学纠错并使得报表左右平衡，最后对学生表现进行点评。

学生活动：会计拿到一张因业务处理错误或者计算出错而导致左右不平衡的资产负债表，于是与财务主管讨论分析、查找错误原因并且改正，最终实现资产负债表平衡。

13.4 利润表

利润表是反映企业在一定会计期间的经营成果的报表，是动态报表。利润表可以反映商业银行在一定会计期间收入、费用、利润（或亏损）的数额、构成情况，帮助财务报表使用者全面了解商业银行的经营成果，分析其获利能力及盈利增长趋势，从而为其做出经济决策提供依据。

13.4.1 利润表的格式

微课 24

利润表

我国金融企业的利润表采用多步式格式，它能充分揭示收支项目之间的增减关系，为使用者提供科学的数据结构。多步式利润表根据构成利润的主要内容分为营业收入、营业支出、营业利润、利润总额、净利润、每股收益、其他综合收益几个大项目，通过各项目之间的加减计算得出后续项目。利润表的具体内容与格式见表13-2。

表13-2　　**利润表**　　会商银02表

编制单位：　　年度　　单位：

项　目	本期金额	上期金额
一、营业收入		
利息净收入		
利息收入		
利息支出		
手续费及佣金净收入		
手续费及佣金收入		
手续费及佣金支出		
投资收益（损失以“-”号填列）		
其中：对联营企业和合营企业的投资收益		
公允价值变动收益（损失以“-”号填列）		
汇兑收益（损失以“-”号填列）		
其他业务收入		
二、营业支出		
税金及附加		
业务及管理费		
资产减值损失		
其他业务成本		
三、营业利润（损失以“-”号填列）		
加：营业外收入		
减：营业外支出		
四、利润总额（亏损总额以“-”号填列）		
减：所得税费用		
五、净利润（净亏损以“-”号填列）		
六、其他综合收益的税后净额		
七、综合收益总额		
八、每股收益		
（一）基本每股收益		
（二）稀释每股收益		

单位负责人：　　会计机构负责人：　　复核：　　制表：

13.4.2 利润表的编制方法

“本期金额”栏反映各项目的本期实际发生数。报表中各项目主要根据各损益类科目的发生额分析填列。其具体填列方法如下：

①“营业收入”项目，反映“利息净收入”“手续费及佣金净收入”“投资收益”“公允价值变动收益”“汇兑收益”“其他业务收入”等项目的合计金额。

②“利息净收入”项目，反映“利息收入”项目金额减去“利息支出”项目金额后的余额。

“利息收入”“利息支出”项目，反映企业经营存贷款业务等确认的利息收入和发生的利息支出。

③“手续费及佣金净收入”项目，反映“手续费及佣金收入”项目金额减去“手续费及佣金支出”项目金额后的余额。

“手续费及佣金收入”“手续费及佣金支出”项目，反映企业确认的包括办理结算业务等在内的手续费、佣金收入和发生的手续费、佣金支出。

④“汇兑收益”项目，反映外币货币性项目因汇率变动形成的净收益。

⑤“营业支出”项目，反映“税金及附加”“业务及管理费”“资产减值损失”等项目的金额合计。

⑥“业务及管理费”项目，反映在业务经营和管理过程中发生的电子设备运转费、安全防范费、物业管理费等费用。

13.5 现金流量表

现金流量表，是反映企业一定会计期间现金和现金等价物流入和流出情况的报表，是动态报表。它既反映了企业在一定会计期间现金总流量的情况，又分别反映了企业经营活动、投资活动和筹资活动引起的现金流量的变化。编制现金流量表的目的是为会计报表使用者提供商业银行一定会计期间内现金和现金等价物流入和流出的信息，以便于报表使用者了解和评价商业银行获取现金和现金等价物的能力，并据以预测商业银行未来获取现金的能力。

13.5.1 现金流量表概述

现金流量，是指商业银行一定时期的现金和现金等价物的流入和流出。

现金是指商业银行库存现金以及可以随时用于支付的存款，包括库存现金、存放同业等。不能随时用于支付的存款不属于现金。

现金等价物，是指商业银行持有的期限短、流动性强、易于转换为已知金额现金、价值变动风险很小的投资。期限短，一般是指从购买日起3个月内到期。现金等价物通常包括3个月内到期的债券投资等。

现金流量一般分为经营活动产生的现金流量、投资活动产生的现金流量和筹资活动产生的现金流量3大类。

① 经营活动产生的现金流量。经营活动是指除商业银行投资活动和筹资活动以外的所有交易和事项。其所产生的现金流量包括：对外发放的贷款和收回的贷款；吸收的存款和支付的存款；同业存款和存放同业存款；向其他金融机构拆借的资金；利息收入和利息支出；收回的前已核销的贷款及融资租赁所收到的现金。经营活动产生的现金流量是商业银行自身通过运用所拥有的资产创造的现金流量，主要是与银行的净利润有关的现金流量。在现金流量表中，经营活动的现金流量应当按照商业银行经营活动的特点分项列示。

② 投资活动产生的现金流量。投资活动是指商业银行长期资产的购建和不包括在现金等价物范围内的投资及其处置活动，包括购建固定资产、处置子公司及其他营业单位等流入和流出的现金和现金等价物。在现金流量表中，投资活动产生的现金流量应当按照其投资活动的现金流入和现金流出的性质分项列示。

③ 筹资活动产生的现金流量。筹资活动是指能够导致商业银行资本及债务规模和构成发生变化的活动，包括吸收投资、发行股票、分配利润、发行债券、偿还债务等活动。在现金流量表中，筹资活动的现金流量应当按照筹资活动的现金流入和现金流出的性质分项列示。

商业银行的现金流量项目的归类与其他行业相比，有其特殊性。在编制现金流量表时，应根据其行业特点和现金流量的实际情况合理确定。

13.5.2　现金流量表的格式

我国商业银行现金流量表采用报告式结构，分类反映经营活动产生的现金流量、投资活动产生的现金流量和筹资活动产生的现金流量，最后汇总反映商业银行某一期间现金及现金等价物的净增加额。商业银行的现金流量表参考格式见表13–3。

表13–3　　**现金流量表**　　会商银03表

编制单位：　　年度　　单位：

项　　目	本期金额	上期金额
一、经营活动产生的现金流量：		
客户存款和同业存放款项净增加额		
向中央银行借款净增加额		
向其他金融机构拆入资金净增加额		
收取利息、手续费及佣金的现金		
收到其他与经营活动有关的现金		

续表

项　　目	本期金额	上期金额
经营活动现金流入小计		
客户贷款及垫款净增加额		
存放中央银行和同业款项净增加额		
支付手续费及佣金的现金		
支付给职工及为职工支付的现金		
支付的各项税费		
支付其他与经营活动有关的现金		
经营活动现金流出小计		
经营活动产生的现金流量净额		
二、投资活动产生的现金流量：		
收回投资收到的现金		
取得投资收益收到的现金		
收到其他与投资活动有关的现金		
投资活动现金流入小计		
投资支付的现金		
购建固定资产、无形资产和其他长期资产支付的现金		
支付其他与投资活动有关的现金		
投资活动现金流出小计		
投资活动产生的现金流量净额		
三、筹资活动产生的现金流量：		
吸收投资收到的现金		
发行债券收到的现金		
收到其他与筹资活动有关的现金		
筹资活动现金流入小计		
偿还债务支付的现金		
分配股利、利润或偿付利息支付的现金		
支付其他与筹资活动有关的现金		
筹资活动现金流出小计		
筹资活动产生的现金流量净额		
四、汇率变动对现金及现金等价物的影响		
五、现金及现金等价物净增加额		
加：期初现金及现金等价物余额		
六、期末现金及现金等价物余额		

单位负责人：　　　　会计机构负责人：　　　　复核：　　　　制表：

13.5.3　现金流量表的编制方法

在我国，金融企业应当采用直接法列示经营活动产生的现金流量。直接法，是指通过现金收入和现金支出的主要类别列示经营活动的现金流量。现金流量一般应按现金流入和现金流出总额列报，但代客户收取或支付的现金，以及周转快、金额大、期限短的项目的现金流入和现金流出，可以按照净额列报。采用直接法编制经营活动的现金流量时，一般以利润表中的营业收入为起点，调整与经营活动有关的现金流量的增减变动，然后计算出经营活动的现金流量净额。采用直接法具体编制现金流量表时，可以采用工作底稿法或T形账户法，也可以根据有关科目记录分析填列。

《企业会计准则第31号——现金流量表》规定现金流量表正表的编制采用直接法，同时要求在附表中用间接法来反映现金的变动。

13.6 所有者权益变动表

所有者权益变动表，是指反映构成所有者权益各组成部分当期增减变动情况的报表。

13.6.1　所有者权益变动表的格式

当期损益、直接计入所有者权益的利得和损失，以及与所有者的资本交易导致的所有者权益的变动，应当分别列示。在所有者权益变动表中，企业至少应当单独列示反映下列信息的项目：

①净利润；

②其他综合收益；

③会计政策变更和差错更正的累积影响金额；

④所有者投入资本和向所有者分配利润等；

⑤提取的盈余公积；

⑥实收资本或股本、资本公积、盈余公积、未分配利润的期初和期末余额及其调节情况。

商业银行的所有者权益变动表格式见表13-4。

13.6.2　所有者权益变动表的编制方法

1.“上年年末余额”项目，反映商业银行上年资产负债表中的实收资本（或股本）、资本公积、库存股、盈余公积、未分配利润等的年末余额。

表13-4

所有者权益变动表

会商银04表

编制单位：　　　　　　　　　　　年度　　　　　　　　　　　单位：

项目	本年金额								上年金额							
	实收资本（或股本）	资本公积	减：库存股	其他综合收益	盈余公积	一般风险准备	未分配利润	所有者权益合计	实收资本（或股本）	资本公积	减：库存股	其他综合收益	盈余公积	一般风险准备	未分配利润	所有者权益合计
一、上年年末余额																
加：会计政策变更																
前期差错更正																
二、本年年初余额																
三、本年增减变动金额（减少以“-”号填列）																
（一）净利润																
（二）其他综合收益																
⋮																
（三）综合收益总额																
（四）所有者投入和减少资本																
⋮																
（五）利润分配																
1.提取盈余公积																
2.提取一般风险准备																
3.对所有者（或股东）的分配																
4.其他																
（六）所有者权益内部结转																
1.资本公积转增资本（或股本）																
2.盈余公积转增资本（或股本）																
3.盈余公积弥补亏损																
4.一般风险准备弥补亏损																
5.其他																
四、本年年末余额																

2.“会计政策变更”“前期差错更正”项目，分别反映商业银行采用追溯调整法处理的会计政策变更的累积影响金额和采用追溯重述法处理的会计差错更正的累积影响金额。

3.“本年增减变动额”项目。

（1）“净利润”项目，反映商业银行当年实现的净利润（或净亏损）金额。

（2）“其他综合收益”项目，反映商业银行当年直接计入所有者权益的利得和损失金额。

（3）“综合收益总额”项目，反映商业银行的综合收益合计金额。

（4）“所有者投入和减少资本”项目，反映商业银行当年所有者投入的资本和减少的资本。

（5）“利润分配”项目，反映商业银行当年的利润分配金额。

①“提取盈余公积”项目，反映商业银行按照规定提取的盈余公积。

②“提取一般风险准备”项目，反映商业银行按规定提取的一般风险准备。

③“对所有者（或股东）的分配”项目，反映对所有者（或股东）分配的利润（或股利）金额。

（6）“所有者权益内部结转”项目，反映商业银行构成所有者权益的组成部分之间的增减变动情况。

①“资本公积转增资本（或股本）”项目，反映商业银行以资本公积转增资本或股本的金额。

②“盈余公积转增资本（或股本）”项目，反映商业银行以盈余公积转增资本的金额。

③“盈余公积弥补亏损”项目，反映商业银行以盈余公积弥补亏损的金额。

13.7 商业银行财务报表附注

会计报表附注是对在资产负债表、利润表、现金流量表和所有者权益变动表等报表中列示项目的文字描述或明细资料，以及对未能在这些报表中列示项目的说明等。

附注包括的主要内容有：

①商业银行的基本情况；

②财务报表的编制基础；

③遵循企业会计准则的声明；

④重要的会计政策和会计估计；

⑤会计政策和会计估计变更以及差错更正的说明；

⑥报表重要项目说明，

⑦或有事项的披露；

⑧资产负债表日后事项比照一般企业进行披露；

⑨关联方关系及其交易比照一般企业进行披露；

⑩风险管理。

推荐阅读资料及网站

1.《企业会计准则》

2. 中国民生银行官网，http：//www.cmbc.com.cn

3.《企业会计准则第30号——财务报表列报》

复习思考题

1. 什么是金融企业的年度决算？我国金融企业的年度决算日是怎样规定的？

2. 年度决算前的准备工作主要包括哪些内容？

3. 金融企业的年度财务会计报告包括哪些内容？财务会计报告的报送有何要求？财务会计报告的编制又有哪些要求？

4. 其他综合收益项目如何列报？

5. 何为财务报表附注？财务报表附注在财务报告中的作用是什么？

案例分析

银行是傻瓜还是聪明人？

不久前举行的“某资本市场论坛”上，一位集团公司的老总说了这样一段话：“我们的银行在贷款时，主要看企业的报表。尤其在看房地产企业的报表时，常盯着注册资本。这一点与国外的做法大不相同。如果是一个境外的公司，报表上的注册资本可能只有1美元，这样我国所有的银行都不会给其贷款，因为注册资本太低。但外国银行认为，我主要看的不是你的注册资本，而是你的利润来源，你的现金流。报表上那些静态的东西，恰恰不能反映企业的真实情况。所以我说银行像傻瓜。”

问题：运用你所学的财务会计报告知识对这段话进行评述，发表自己的见解。

第13章

扫码答题

主要参考文献

[1] 中华人民共和国财政部. 企业会计准则（2025年版）[M]. 上海：立信会计出版社，2025.

[2] 财政部会计司. 保险公司会计制度讲解 [M]. 北京：经济科学出版社，2000.

[3] 企业会计准则编审委员会. 企业会计准则案例讲解（2024年版）[M]. 上海：立信会计出版社，2024.

[4] 中国注册会计师协会. 2025年注册会计师全国统一考试辅导教材会计 [M]. 北京：中国财政经济出版社，2025.

[5] 董华，张萌萌. 金融业营改增会计实务与纳税处理 [M]. 北京：机械工业出版社，2016.

[6] 丁元霖. 银行会计 [M]. 5版. 上海：立信会计出版社，2018.

[7] 王允平，关新红，李晓梅. 金融企业会计学 [M]. 5版. 北京：经济科学出版社，2017.

[8] 李晓梅，陈玥. 金融企业会计精讲 [M]. 4版. 大连：东北财经大学出版社，2025.

[9] 高金清. 金融企业会计 [M]. 上海：立信会计出版社，2018.

[10] 志学红. 银行会计 [M]. 4版. 北京：中国人民大学出版社，2019.

[11] 中华人民共和国财政部网站，www.mof.gov.cn.

[12] 中国证券监督管理委员会网站，www.csrc.gov.cn.

[13] 中国银行保险管理委员会网站，www.cbirc.gov.cn.

[14] 中国人民银行网站，http：//www.pbc.gov.cn.